国家社会科学基金项目(21BJL002)

西北大学"双一流"建设项目

国家社科基金丛书
GUOJIA SHEKE JIJIN CONGSHU

数字经济推动经济高质量发展的机制及路径研究

Research on the Mechanism and Path of Digital Economy
Promoting High-Quality Economic Development

钞小静　著

人民出版社

序

　　党的二十大指出,高质量发展是全面建设社会主义现代化国家的首要任务。推动高质量发展是当前和今后一个时期确定发展思路、制定经济政策、实施宏观调控的根本要求,凸显了高质量发展的全局和长远意义。从高速度增长转向高质量发展,是我国经济发展的重大逻辑转换,是党中央基于对新时代我国经济发展内在规律性的科学认识作出的一个重大战略性判断。高质量发展要求加快形成科技创新驱动发展的新模式。科技创新是高质量发展的源泉和动能。要加快建设创新引领、协同发展的产业体系,实现实体经济、科技创新、现代金融、人力资源协同发展,真正发挥科技创新在提升劳动生产率和全要素生产率方面的决定性作用,培育高质量发展的新源泉和新动能。基于"技术—经济"范式,每一历史时期的技术革命都会带来整个生产体系的更新,由此形成新的经济形态推动经济持续发展。近年来,随着数字经济的快速发展,它已成为推动中国经济稳步增长和高质量发展的重要引擎。数字经济的发展为实现中国经济高质量发展注入了新活力。数字经济在推动经济增长的同时,也促进着经济结构的优化和升级。数字经济也为创新驱动发展提供了新的支撑,催生了各种新兴产业和业态,为经济发展带来了新的增长点和新的创新源泉。总之,数字经济作为推动经济增长和高质量发展的新引擎,已成为中国经济高质量发展的重要力量。

数字经济推动经济高质量发展的机制及路径研究

  钞小静教授的《数字经济推动经济高质量发展的机制及路径研究》一书基于经济高质量发展条件、过程和结果三个维度整体协同联动的逻辑深入探索数字经济对我国经济高质量发展影响的具体机制及路径。该书的理论特色体现在：(1)立足经济高质量发展的理论内涵构建分析框架，并基于数字经济的典型特征论述数字经济对经济高质量发展的影响路径。(2)从数字经济的四种形态属性构建数字经济发展综合评价指标体系，并对中国省际数字经济发展水平进行测度及区域差异分析。(3)从条件、过程、结果三个维度对经济高质量发展的分布状态、时空演进趋势进行刻画，并基于数字经济和经济高质量发展水平之间关系的初步经验观察，系统考察数字经济对经济高质量发展的影响效应以及在空间上的溢出表现。(4)综合数字经济的典型特征与经济高质量发展的理论内涵，分别研究数字经济对各个维度经济高质量发展的影响机制，提炼数字经济推动中国经济高质量发展的实现路径。

  该书依据数字经济的典型特征，立足动态发展的视角，从理论与实证两个层面阐明数字经济与经济高质量发展之间的逻辑关系，具有鲜明的理论与应用价值：第一，该书基于数字经济视角重点研究数字经济对经济高质量发展的逻辑机理，为推动经济高质量发展的相关研究提供学理依据。当前新一轮科技革命和产业变革迎来了重要的"机会窗口"，该书系统讨论数字经济对经济高质量发展产生的经济效应及内在机理，为推动我国经济高质量发展理论的相关研究提供新视角。第二，该书量化考察当前我国数字经济及经济高质量发展的真实状态，为推动我国数字经济与经济高质量发展提供重要的数据参考。随着新一轮科技革命和产业变革的深入发展，该书将中国式现代化道路的基本规律与数字经济时代的典型特征相结合，系统构建数字经济与经济高质量发展的指标评价体系，并分析其时空演化、空间关联与区域差异特征，为理解我国数字经济与经济高质量发展的趋势和规律提供数据支撑。第三，该书提出了数字经济推动经济高质量发展的具体实现路径，为解决新形势下重塑发展新动能、新优势提供决策依据，对推动我国经济高质量发展的决策具有重要参考价值。

　　数字经济是引领经济高质量发展的重要引擎,新形势下深刻认识数字经济影响经济高质量发展的作用机制及实现路径,对促进经济高质量发展取得新突破具有重要意义。希望该书的出版为研究者更深入地了解数字经济在赋能高质量发展过程中发挥的作用提供理论与实践支撑,为政府各级部门以数字经济推动高质量发展提供决策参考。是以为序。

任保平

南京大学数字经济与管理学院特聘教授

2023 年 9 月 24 日

目　　录

导　　论

第一节　研究数字经济与经济高质量
发展的必要性

推动经济高质量发展是全面建设社会主义现代化国家的核心主题。面对错综复杂的国际形势、艰巨繁重的国内改革发展稳定任务,党的十八大作出了中国特色社会主义进入新时代的重要判断,并首次提出要把推动发展的立足点转到提高质量和效益上来。党的十九大根据发展阶段和社会主要矛盾的重大变化,明确提出我国经济已由高速增长阶段转向高质量发展阶段。党的二十大进一步强调,实现高质量发展是中国式现代化的本质要求,是全面建设社会主义现代化国家的首要任务。由此可见,着力推动经济高质量发展已经成为关乎全局的重大战略性部署。

当前百年变局和世纪疫情交织叠加,逆全球化思潮抬头,世界经济复苏乏力,局部冲突频发,世界进入新的动荡变革期。在我国开启全面建设社会主义现代化国家新征程中,也面临着不少躲不开、绕不过的深层次矛盾和问题亟待解决。高质量发展追求在质的有效提升中实现量的合理增长,是由经济发展的条件、过程和结果三个维度协同联动所形成的一种高级状态。面对经济发展形势的深刻变化,实现我国经济高质量发展迫切需要全面塑造发展新优势、增添经济发展新动能。

数字经济是数字技术与经济活动不断融合、演进迭代的产物,是继农业经济、工业经济之后的主要经济形态,在推动人类生产方式变革、社会生产关系再造以及经济社会结构变迁等方面都展现出其独特的优势,这种独特优势能够塑造出经济高质量发展的新优势、新动能。在更大范围、更深层次的科技革命和产业变革中,发展数字经济已经成为构筑国家竞争新优势、重塑全球竞争格局的关键力量。面对新一轮科技革命和产业变革的重大机遇,我国将发展数字经济作为推动经济高质量发展的重要发力点。党的二十大报告明确提出,我们要坚持以推动高质量发展为主题,加快建设数字中国,构建新一代信息技术、人工智能、生物技术等一批新的增长引擎。

一、理论价值

本书立足数字经济集成迭代渗透、人机物全面互联以及网络叠加倍增的典型特征,结合经济高质量的理论逻辑系统构建分析框架,深入阐释数字经济对我国经济高质量发展影响的理论机制,在理论上具有重要的研究价值:

第一,以数字经济为视角研究经济高质量发展问题,拓展了经济高质量发展的研究范围。现有文献集中于从传统经济形态视角研究国家治理模式、服务业发展、国际经济格局变动如何为我国实现经济高质量发展提供新动力支撑的问题。当前新一轮科技革命和产业变革加速演进正在创造历史性的重大机遇,本书针对主要经济形态的发展变化,重点研究了数字经济作为一种新型经济形态如何影响经济高质量发展的理论机理与实现路径,拓展了现有经济高质量发展理论的研究视角。

第二,构建了经济高质量发展的理论分析范式,深化了经济高质量发展的相关研究。现有文献主要从经济发展的过程和结果两个层面来界定经济高质量发展的理论内涵、评价经济高质量发展的变动趋势、分析经济高质量发展的影响因素。而事实上,理解经济高质量发展不仅需要关注经济发展的运行过程与最终结果,还需要充分考虑其初始条件。本书基于经济高质量发展条件、过程和结果三个维度整体协同联动的理论逻辑,构建数字经济影响经济高质量发展的分析框架,深化了现有经济高质量发展理论的研究深度。

第三,基于数字经济的典型特征梳理影响经济高质量发展的影响机制,完善了经济高质量发展的相关研究。现有文献或是倾向于在经济增长数量框架下研究数字经济发展的影响效应,或是以数字化转型为切入点研究其在要素优化配置、效率提升等方面所产生的作用。本书从数字经济集成迭代渗透、人机物全面互联以及网络叠加倍增的典型表现出发,研究其影响经济高质量发展的理论机理,这有助于发现数字经济影响经济发展质量的新机制。

二、实践价值

本书对我国数字经济与经济高质量发展的基本状态进行细致的量化考察,并基于理论分析结论提出加快发展数字经济、着力推动我国经济高质量发展的实现路径,在中国经济发展实践层面具有鲜明的应用价值。

第一,从更加细微的尺度量化考察我国数字经济的时空演进趋势,为"不断做强做优做大我国数字经济"提供精确的数据参考。随着新一轮科技革命和产业变革的深入发展,数字经济的理论内涵呈现出更加丰富多维的业态表现,已有研究对数字经济的范围与分类缺乏明确界定,使其评价指标体系的构建缺乏一致性,动态追踪并科学评估我国数字经济发展水平存在一定难度。本书基于数字经济的形态属性,从信息经济、平台经济、共享经济、智能经济四个维度构建综合评价指标体系,在时间和空间层面刻画了我国数字经济的动态分布特征,并进行了系统的区域差异分析,为有效度量数字经济提供了研究范式,为推进我国数字经济发展的战略措施提供了数据参考。

第二,从更加全面的维度系统刻画我国经济高质量发展的时空演进趋势,为"着力推动高质量发展"提供精确的数据参考。现有研究主要围绕过程和结果两个维度来界定和测度经济高质量发展的基本状态,而没有充分考虑经济高质量发展的基础条件以及数字经济时代下经济高质量发展内在要求的变化。本书立足中国式现代化道路的基本规律以及数字经济时代的典型特征，依据"条件—过程—结果"整体协同联动的逻辑思路，系统评价我国经济高质量发展的时空演化、空间关联与区域差异，从而为政府部门科学制定进一步推动经济高质量发展的相关政策提供具有针对性的数据参考。

第三，提出了数字经济推动经济高质量发展的具体实现路径，为科学制定相关政策方案提供针对性的决策依据。当前，我国正处于全面建设社会主义现代化国家开局起步的关键时期，经济高质量发展取得新突破是这一时期的主要目标任务。推动数字经济健康发展是我国围绕实现高质量发展所作出的重大战略决策，意义尤为深远。本书在梳理数字经济影响经济高质量发展理论机理和现实困境的基础上，将实践路径明确为完善科技创新体制机制、加快数字经济与实体经济融合以及构建普惠化数字网络生态三个方面，为解决新形势下塑造发展新动能新优势，着力推动经济高质量发展问题提供了有益的施政参考。

第二节　研究数字经济对经济高质量发展影响的整体设计

本书按照"理论研究—实践研究—政策研究"的逻辑来展开研究：第一层次从条件、过程和结果三个维度出发构建数字经济影响经济高质量发展的理论框架；第二层次分别从数字技术、互联能力、网络溢出来探讨我国数字经济对经济高质量发展条件、过程、结果影响的作用机制；第三层次则依据理论机理与实践研究结果，探索刻画数字经济推动我国经济高质量发展的实现路径。

一、研究内容

本书主要研究数字经济推动经济高质量发展的作用机制与实现路径问

题,研究内容包括以下八个部分:

第一,数字经济影响经济高质量发展的理论框架。本部分首先界定了经济高质量发展的理论内涵,进一步将数字经济的典型特征与经济高质量发展的目标要求相结合,厘清数字经济影响经济高质量发展的理论逻辑。经济高质量发展是条件、过程和结果三个维度整体协同联动的一种高级状态,数字经济是数字技术与经济活动不断融合所形成的新型经济形态,由于数字技术的集成迭代、人机物的全面互联使其可以更加快速、全面地渗透至经济运行的全过程,并通过网络溢出产生几何级的叠加倍增效应,这会对经济高质量发展的条件、过程以及结果维度均产生重要影响。为此,基于数字技术、互联能力与网络溢出三个特征阐释数字经济影响经济高质量发展的逻辑机理。

第二,我国数字经济的综合评价。本部分从数字经济形态属性的演化逻辑出发,将信息经济、平台经济、共享经济、智能经济 4 个核心维度细化为 13 个二级指标、27 个三级指标,并据此构建数字经济发展综合评价指标体系,运用纵横向拉开档次法对 2013—2020 年中国省际数字经济发展水平进行测度,利用核密度估计、全局与局域莫兰指数、社会网络分析法刻画其动态演化特征和空间关联效应,并使用达格姆基尼系数法、西格玛收敛性分析法以及“五级分类法—非劣解交集法”进行区域差异分析。

第三,我国经济高质量发展的综合评价。本部分将经济高质量发展理解为“发展条件—发展过程—发展结果”三个维度协同联动、共同改善,不断迈向高级形态的动态演进过程,立足数字经济的时代背景,从条件—过程—结果三个维度构建包含 7 个二级指标、31 个三级指标的经济高质量发展综合评价指标体系,运用主客观结合的赋权方法对 2013—2020 年我国地级市层面的经济高质量发展水平进行测度,采用核密度估计和 Markov 链方法刻画其分布状态与时空演进趋势,使用达格姆基尼系数分析地区差异。

第四,我国数字经济影响经济高质量发展的实证分析。数字经济具有技术集成迭代渗透、人机物全面互联以及网络叠加倍增的典型特征,对经济高质量发展的条件、过程以及结果维度均有显著影响。本部分首先依据我国数字经济和经济高质量发展水平的测度结果对二者之间的关系进行初步的经验观察，其次基于数字经济对经济高质量发展影响的理论分析，以 2013—2020 年我国 282 个地级及以上城市的面板数据为样本，系统考察数字经济对经济高质量发展的影响效应、空间溢出效应、作用机理及异质表现。

第五，我国数字经济影响经济高质量发展的扩散机制。创新作为经济高质量发展的重要基础条件，是引领经济高质量发展的第一动力。数字经济以数字技术为核心驱动力，数字技术的交叉集成迭代使其渗透力与扩散性呈现出几何级倍增，这一技术属性会通过创新要素的集聚和创新组织的优化对经济高质量发展产生重要影响。本部分以数字经济的技术扩散特征为切入点，聚焦经济高质量发展条件维度，分析检验数字经济对经济高质量发展的影响机制。

第六，我国数字经济影响经济高质量发展的协同机制。经济高质量发展的过程维度从供需两个层面、内外两个市场可以理解为产业转型和贸易转型的高级状态。数字经济具有实现人、机、物三大主体全面互联、高效互通的核心特征，这种互联属性能够构建跨区域多维生产网络，产生供给端生产协同效应促进产业转型，并通过扩展消费市场边界，激发需求端市场整合效应促进贸易转型，由此形成影响过程维度经济高质量发展的协同机制。本部分从数字经济的互联能力入手聚焦，分析检验数字经济对经济高质量发展过程维度的影响机制。

第七，我国数字经济影响经济高质量发展的倍增机制。提高效率是实现经济高质量发展在结果维度的重要表现。数字技术集成下的叠加迭代与网络互联下的辐射范围几何级倍增，可以形成巨大的正反馈溢出，这种网络溢出属性能够通过扩大网络节点和用户规模提高分工协作能力，通过促进网络信息互联互通提高要素生产效率，通过整合重构零散资源形成价值共创的生产模式，由此形成影响结果维度经济高质量发展的倍增机制。本部分结合数字经济的网络溢出特征,深入剖析并检验数字经济对经济高质量发展结果维度的影响机制。

第八,中国数字经济推动经济高质量发展的实现路径。数字经济的数字技术、互联能力以及网络溢出特征,会形成影响经济高质量发展的扩散机制、协同机制与倍增机制。依据前文测度、理论和实证分析的研究结果,从完善科技创新体制机制、加快数字经济与实体经济深度融合以及构建普惠化数字网络生态三个方面,系统分析推动数字经济健康发展,实现经济高质量发展的具体路径。

二、研究思路

本书沿着"理论研究—实践研究—政策研究"的逻辑思路展开:首先,综合信息经济学、新经济地理学以及经济发展等相关理论,采用归纳推理法构建数字经济影响经济高质量发展的分析框架,梳理二者间的具体作用机制。其次,运用大数据挖掘等方法获取数字经济与经济高质量发展测度的相关数据,采用纵横向拉开档次法测算我国数字经济与经济高质量发展的基本状态,并借助核密度估计、马尔可夫链等方法刻画二者时空演变趋势,运用社会网络分析法、达格姆基尼系数法、西格玛收敛性分析法以及"五级分类法—非劣解交集法"方法探析二者的区域差异特征。再次,使用双重差分模型、广义矩估计、空间计量等方法对具体的作用机制和影响效应进行经验检验。最后,基于理论与实证研究结果,采用历史分析法、归纳推理法等方法探寻数字经济推动经济高质量发展的实现路径,如图0-1所示。

三、研究方法

第一,归纳推理法。采用归纳推理法阐明数字经济影响经济高质量发展的逻辑机理。基于数字经济的演化过程将其理解为信息经济、平台经济、共享经济、智能经济等新型经济形态的有机结合体,从"数字技术—互联能力—网

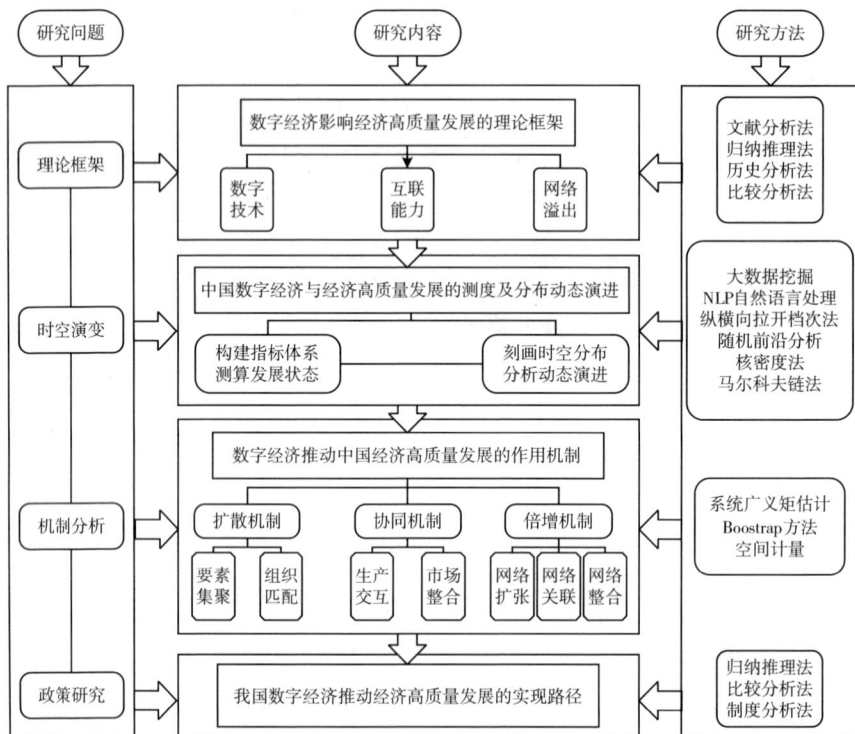

图 0-1　本书的研究框架

络溢出"三个方面总结其典型特征,并立足动态发展的视角将经济高质量发展界定为"发展条件—发展过程—发展结果"三个维度协同联动、共同改善,不断迈向高级形态的动态演进过程,进一步结合数字经济的典型特征,将数字经济影响经济高质量发展的作用机制归纳为"扩散机制—协同机制—融合机制"。

第二,统计分析法。采用统计分析法测算我国数字经济与经济高质量发展水平。从信息经济、平台经济、共享经济、智能经济四个维度构建数字经济综合指数,采用纵横向拉开档次法对我国 2013—2020 年省级层面数字经济发展水平进行测算;从发展条件—发展过程—发展结果三维视角建立经济高质量发展综合指数,运用纵横向拉开档次法与均值赋权结合的方法对中国

2013—2020 年地级及以上城市的经济高质量发展水平进行测算；根据数字经济与经济高质量发展的测算结果，使用核密度估计、马尔可夫链方法分析二者的动态演进趋势，运用莫兰指数、社会网络分析二者的空间关联效应，刻画总结中国各地区数字经济与经济高质量发展的主要特征。

第三，计量经济法。采用计量经济法实证研究我国数字经济对经济高质量发展的影响，进一步经验分析数字经济发展对经济高质量发展的"扩散机制—协同机制—融合机制"。基于 2013—2020 年我国 283 个地级及以上城市的面板数据，使用系统广义矩估计、工具变量法、空间计量分析实证检验我国数字经济对经济高质量发展的影响；进一步地，以我国地级市数字经济与经济高质量发展"发展条件—发展过程—发展结果"各维度指数为样本，使用自举方法、倾向得分匹配、双重差分模型，具体检验数字经济影响经济高质量发展的扩散机制、协同机制和倍增机制。

第四，比较分析法。采用比较分析法研究我国数字经济与经济高质量发展的地区差异。运用达格姆基尼系数法揭示 2013—2020 年中国东北、大西北、大西南、黄河中游、长江中游、北部沿海、东部沿海和南部沿海八大经济综合区数字经济和经济高质量发展的区域差异及来源，识别八大经济综合区数字经济和经济高质量发展水平差异及变动趋势等基本特征；在此基础上，运用西格玛收敛性分析法刻画中国数字经济和经济高质量发展在发展速度方面的收敛趋势，运用"五级分类法—非劣解交集法"方法统计 2013—2020 年中国八大经济综合区数字经济发展达标情况。

第三节　研究数字经济与经济高质量
发展的突破点

本书依据数字经济"数字技术—互联能力—网络溢出"的典型特征，构建条件—过程—结果三维协同联动的理论框架，研究数字经济影响经济高质量

发展的理论机制与实现路径,将在以下三个方面对现有研究进行拓展:

第一,在学术思想方面,运用"条件—过程—结果"的系统性思维,构建数字经济影响经济高质量发展的分析框架。已有研究大多将新发展理念作为理解高质量发展的实践基础,刻画了高质量发展的外在轮廓与核心目的,但是具体到经济学领域研究经济高质量发展相关问题,还需要依据经济发展相关理论对其理论内涵作出进一步深化。在这一方面,现有研究往往仅从经济发展过程和结果两个维度对经济高质量发展的理论内涵进行界定,但经济高质量发展作为一个由我国经济发展新阶段衍生形成的动态演变过程,不仅涉及经济发展过程好坏的认识和经济发展结果优劣的判断,还应该充分关注经济发展的初始条件,需要从发展条件—发展过程—发展结果三个维度以动态发展的视角理解经济高质量发展的理论内涵。因此,本书运用"条件—过程—结果"的系统性思维构建分析框架,在统一框架下探讨了数字经济主要通过何种机制与路径影响经济高质量发展这一根本性问题,从数字技术、互联能力与网络溢出三个视角挖掘数字经济影响经济高质量发展的逻辑机理。

第二,在学术观点方面,阐明数字经济与经济高质量发展之间的逻辑关系,提出我国数字经济推动经济高质量发展的作用机制与实现路径。现有少量文献从创业活跃度等单一视角研究数字经济对城市高质量发展的促进作用,而事实上已有的理论阐释已经充分说明其影响机制是多维复合的,本书尝试从数字经济"数字技术—互联能力—网络溢出"的典型特征出发,基于数字经济的技术集成渗透特征刻画以要素集聚效应与组织匹配效应推动经济高质量发展的扩散机制,立足数字经济的人、机、物互联互通特征,梳理以生产交互效应与市场整合效应驱动经济高质量发展的协同机制,并进一步基于数字技术与互联能力的正反馈溢出特征讨论以网络扩张效应、网络关联效应、网络整合效应促进经济高质量发展的倍增机制。

第三,在研究方法方面,采用前沿数据分析方法与工具,为理解数字经济助推我国经济高质量发展提供更为科学的现实依据。仅有的相关文献主要采用规范分析法对数字经济影响经济高质量发展的机制进行定性分析,本书运用归纳推理的方法结合数字经济的典型特征与经济高质量发展的理论内涵,梳理二者间的理论逻辑,利用大数据挖掘、神经网络自然语言处理技术等来克服数据获取的有限性与时滞性,采用纵横向拉开档次法提高评价度量的有效性与准确性,借助核密度估计、马尔可夫链方法、莫兰指数、社会网络分析和达格姆基尼系数等方法深入分析数字经济与经济高质量发展的时空演进特征与区域差异,并进一步采用自举方法、倾向得分匹配、双重差分模型等方法精准识别出其具体的影响效应和作用机制,由此为数字经济以何种机制与路径推动经济高质量发展提供充足的理论支撑和经验证据。

第一章　数字经济影响经济高质量
发展的文献综述

　　高质量发展是中国全面建设社会主义现代化国家的首要任务,而数字经济作为现阶段新经济形态的主要表现形式,已经逐渐成为推动中国经济高质量发展的新引擎。基于此,本章归纳、梳理数字经济与经济高质量的相关文献,以期为分析数字经济对经济高质量发展的影响机理提供参考。

第一节　数字经济的相关文献梳理

　　信息技术革命是催生数字经济萌芽的引擎。因此,关于数字经济的探讨最早可溯源至 20 世纪 40—50 年代斯蒂格勒(Stigler)、马克卢普(Machlup)等学者对信息经济概念的初探。早期研究强调信息在形态转换过程中对经济生产的作用,一部分学者将信息经济视为国民经济生产中的一个部门,认为信息经济是与"信息从一个模式转向另一个模式"相关的一系列经济活动;另一部分学者则将信息经济看作一种社会经济形态,认为信息可以替代产品制造过程中的能源、资本与劳动力消耗。随着信息通信技术的进步与网络基础设施的日益完善,数字经济逐渐引起学术界的广泛关注。"数字经济"一词最早出现在唐·泰普斯科特(Tapscott)[①]于 1996 年出版的《数字经济:智力互联时代的希望与风险》一书中。随着人工智能、工业互联网、第五代移动通信技术等新一代信息技术与传统产业的渗透融合,数字经济发展进入新阶段,学术界对其内涵与外延的认识不断演化。大部分学者认为数字经济是以信息通信技术为核心的经济活动网络(王伟玲、王晶,2019)[②],其主要表现在数字产业化和产业数字化两方面(蔡跃洲,2018)[③]。"十四五"时期,大力发展数字经济已上升为国家发展战略,建设数字中国,推动中国经济实现高质量发展成为新时期的历史使命。

一、数字经济的内涵界定研究

数字经济是继农业经济、工业经济之后又一种崭新的经济发展形态(裴长洪、倪江飞、李越,2018)[④]。自唐·泰普斯科特(Tapscott,1996)提出数字经济的概念以来,数字经济经历了萌芽期、高速成长期和成熟期等多个阶段。在不同历史时期,学者们对数字经济的内涵界定有所差异。早期研究主要强调数字技术的发展,并将数字经济狭义地理解为信息通信技术、数字媒体与电子商务活动的总和。而后一部分学者对这一碎片化、机械化的概念进行了有益补充,进一步强调了数字技术发展引致的经济效应和经济价值(Landefeld 和 Fraumeni,2001)[⑤],并从微观视角界定数字经济的理论内涵,认为数字经济是以电子通信硬件、网络等信息基础设施为物理基础支撑,通过计算机平台促成

---

① Tapscott D.,"The Digital Economy:Promise and Peril in the Age of Networked Intelligence", New York:McGraw-Hill,1996,pp.160-190.

② 王伟玲、王晶:《我国数字经济发展的趋势与推动政策研究》,《经济纵横》2019 年第 1 期。

③ 蔡跃洲:《数字经济的增加值及贡献度测算:历史沿革、理论基础与方法框架》,《求是学刊》2018 年第 5 期。

④ 裴长洪、倪江飞、李越:《数字经济的政治经济学分析》,《财贸经济》2018 年第 9 期。

⑤ Landefeld J.S.,Fraumeni B.M.,"Measuring the New Economy",*Survey of Current Business*, Vol.81,No.3,2001,pp.23-40.

在线商品交易的一种经济活动(Haltiwanger 等,2001)①。韩兆安、赵景峰、吴海珍(2021)②则在此基础上将数字化投入、数字化生产的逻辑链条延伸至数字经济流通、数字经济交换和数字经济消费。

信息通信产业与互联网融合是传统产业变革的重要驱动力。传统经济对新型经济增长的迫切需求促使数字经济进入与传统产业渗透融合的快速发展期。在这一时期,信息通信技术凭借其高度的渗透性、融合性与协同性加速了其与三大产业的融合速度,同时,信息经济理论的演化和ICT技术的持续变革夯实了数字经济发展的技术,也为数字经济发展奠定了坚实的理论与技术基础。部分学者逐步以经济规模评估为目的,将数字经济理解为数字产业化和产业数字化的总和,认为数字经济发展是软件服务业、计算机通信和电子设备制造业等数字化产业发展以及数字技术与传统产业融合所引致的经济产出增长(蔡跃洲、牛新星,2021)③。

随着数字经济发展进入成熟期,学者们对数字经济的内涵界定更加全面,其综合考虑了开展数字经济活动所需的生产要素、发展载体、技术条件和外部环境等因素,指出数字经济是以新型数字基础设施为重要载体,以数据为新型生产要素,以数字技术扩散与融合应用为推动产出增长的一系列经济活动(李晓华,2019)④。陈晓红等(2022)⑤也指出数字经济是以数字技术创新为牵引,以数字信息和数据要素为关键资源,以互联网平台为发展载体,以新模式、新业态为重要表现形式的经济活动。在这一时期,数字经济逐渐演化出了

① Haltiwanger J., Jarmin R.S., "Measuring the Digital Economy", *Understanding the Digital Economy:Data,Tools and Research*, Vol.8,2001,pp.13-33.
② 韩兆安、赵景峰、吴海珍:《中国省际数字经济规模测算、非均衡性与地区差异研究》,《数量经济技术经济研究》2021年第8期。
③ 蔡跃洲、牛新星:《中国数字经济增加值规模测算及结构分析》,《中国社会科学》2021年第11期。
④ 李晓华:《数字经济新特征与数字经济新动能的形成机制》,《改革》2019年第11期。
⑤ 陈晓红、李杨扬、宋丽洁、汪阳洁:《数字经济理论体系与研究展望》,《管理世界》2022年第2期。

依靠高效数据采集以及功能强大的数据处理算法来集成生产、分配、交换与消费活动的平台经济形态以及数据驱动、人机协同的智能经济形态(谢富胜、吴越、王生升,2019①;钞小静、薛志欣、王宸威,2021②)。

二、数字经济的测度研究

动态监测与科学评估数字经济发展水平可以为推动中国数字经济健康发展提供参考依据。在数字经济的度量上,早期研究主要采用单一指标作为数字经济发展的代理指标,另一部分研究则根据数字经济活动(刘军、杨渊鋆、张三峰,2020)③或数字经济发展所需要的生产要素、基础设施、技术条件、外部环境等构建综合评价指标体系(王军、朱杰、罗茜,2021)④。例如,盛斌、刘宇英(2022)⑤从数字基础设施、数字产业和数字治理三个维度构建中国省级数字经济发展指数,发现数字经济发展存在明显的省域差距。

随着数字经济的相关研究逐步深入,学术界逐渐采用增加值测算、卫星账户构建、指数编制、文本分析等更加多元化的方法测度评价当前阶段中国数字经济发展水平。在增加值测算方面,中国信息通信研究院将数字产业化增加值与产业数字化增加值二者加总来衡量中国数字经济发展现状。一部分学者以此为依据,从数字经济基础产业发展和数字经济融合发展两方面测度数字经济规模(刘方、孟祺,2019)⑥;另一部分学者则将数字设备制造、数字信息传

① 谢富胜、吴越、王生升:《平台经济全球化的政治经济学分析》,《中国社会科学》2019 年第 12 期。

② 钞小静、薛志欣、工宸威:《中国新经济的逻辑、综合测度及区域差异研究》,《数量经济技术经济研究》2021 年第 10 期。

③ 刘军、杨渊鋆、张三峰:《中国数字经济测度与驱动因素研究》,《上海经济研究》2020 年第 6 期。

④ 王军、朱杰、罗茜:《中国数字经济发展水平及演变测度》,《数量经济技术经济研究》2021 年第 7 期。

⑤ 盛斌、刘宇英:《中国数字经济发展指数的测度与空间分异特征研究》,《南京社会科学》2022 年第 1 期。

⑥ 刘方、孟祺:《数字经济发展:测度、国际比较与政策建议》,《青海社会科学》2019 年第 4 期。

输和数字技术服务等产业定义为数字化产业,并进行数字经济产业规模进行测算(关会娟等,2020①;韩兆安、赵景峰、吴海珍,2021②)。自国家统计局公布《数字经济及其核心产业统计分类》以来,部分学者根据其对数字经济产业的界定编制中国数字经济产业投入产出表,重新对中国数字经规模进行测算(杨立勋、王涵、张志强,2022)③。在卫星账户构建方面,张美慧(2021)④从供给和使用层面构建数字经济供给使用表的概念框架,并尝试完善数字经济统计核算体系;柏培文、张云(2021)⑤从数字创新、数字平台、数字产业与数字用户活跃度四个角度衡量数字经济发展水平,王军、朱杰、罗茜(2021)⑥则着眼于数字经济发展的基础条件、融合应用与外部环境,从数字经济发展载体、数字产业化、产业数字化及数字经济发展环境四个维度评价中国省域数字经济发展水平。大部分学者根据企业数字经济发展的技术支撑和技术应用,构造包含人工智能、大数据、云计算、区块链、智能交通、智能医疗等的数据词典,并通过测算关键词词频总量或占比以表征企业数字化发展水平(吴非等,2021⑦;赵宸宇、王文春、李雪松,2021⑧)。

区域、城市、产业、企业等的数字经济发展水平可能会因为主体不同而存

① 关会娟、许宪春、张美慧、郁霞:《中国数字经济产业统计分类问题研究》,《统计研究》2020年第12期。
② 韩兆安、赵景峰、吴海珍:《中国省际数字经济规模测算、非均衡性与地区差异研究》,《数量经济技术经济研究》2021年第8期。
③ 杨立勋、王涵、张志强:《中国工业数字经济规模测度及提升路径研究》,《上海经济研究》2022年第10期。
④ 张美慧:《数字经济供给使用表:概念架构与编制实践研究》,《统计研究》2021年第7期。
⑤ 柏培文、张云:《数字经济、人口红利下降与中低技能劳动者权益》,《经济研究》2021年第5期。
⑥ 王军、朱杰、罗茜:《中国数字经济发展水平及演变测度》,《数量经济技术经济研究》2021年第7期。
⑦ 吴非、胡慧芷、林慧妍、任晓怡:《企业数字化转型与资本市场表现——来自股票流动性的经验证据》,《管理世界》2021年第7期。
⑧ 赵宸宇、王文春、李雪松:《数字化转型如何影响企业全要素生产率》,《财贸经济》2021年第7期。

在差异。在城乡数字经济发展水平测度方面,张珂贤、黎红梅(2022)①探究中国 9 个城市群数字经济发展的空间差异、分布动态及空间收敛情况;朱红根、陈晖(2022)②则通过测算发现中国数字乡村发展水平正在逐步提升,但区域差异仍较为明显。在产业数字经济发展水平测度方面,如何对数字产业进行准确界定是关键所在,已有研究主要将 ICT 制造业、软件和信息技术服务业等视为数字化产业,并对其进行增加值规模核算(蔡跃洲、牛新星,2021)③。《数字经济及其核心产业统计分类》发布后,武晓婷、张恪渝(2022)④利用投入产出模型的结构分解技术将产业关联机制分解为部门内乘数效应、部门间溢出效应与反馈效应,并在考察产业自循环能力的基础上测度中国制造业和数字经济产业的融合水平。在企业数字经济发展水平测度方面,一部分学者根据企业数字化发展的内部资源条件和动态过程设计包含数据标准化建设程度、数字设备使用情况、数字研发设计程度、数字生产制造程度和数字市场服务程度等方面的问卷为企业数字化水平赋值打分,即采用问卷调查的方式测度企业数字化水平(毛宁等,2022⑤;曹勇等,2022⑥)。另一部分学者则利用 Python 软件爬取上市公司年报中与企业数字化转型相关的词频作为代理指标(宋德勇、朱文博、丁海,2022)⑦。

① 张柯贤、黎红梅:《城市群数字经济发展水平的空间差异及收敛分析》,《经济地理》2022年第 9 期。

② 朱红根、陈晖:《中国数字乡村发展的水平测度、时空演变及推进路径》,《农业经济问题》2022 年第 11 期。

③ 蔡跃洲、牛新星:《中国数字经济增加值规模测算及结构分析》,《中国社会科学》2021 年第 11 期。

④ 武晓婷、张恪渝:《中国数字经济产业与制造业融合测度研究》,《统计与信息论坛》2022年第 12 期。

⑤ 毛宁、孙伟增、杨运杰、刘哲:《交通基础设施建设与企业数字化转型——以中国高速铁路为例的实证研究》,《数量经济技术经济研究》2022 年第 10 期。

⑥ 曹勇、刘弈、东志纯、王子欣:《动态能力视角下组织惯性对制造企业数字化转型的影响研究》,《中国科技论坛》2022 年第 10 期。

⑦ 宋德勇、朱文博、丁海:《企业数字化能否促进绿色技术创新?——基于重污染行业上市公司的考察》,《财经研究》2022 年第 4 期。

第二节 经济高质量发展的相关文献梳理

经济增长数量和质量长期以来都是经济发展领域的研究重点,而有关经济高质量发展的分析讨论,最早可以追溯至学界关于经济增长质量的界定。经济增长质量是相对经济增长数量而言的一个复合概念,可以从狭义层面将其定义为经济增长结果的优劣,例如从经济增长效率视角将其理解为要素投入产出比或全要素生产率(卡马耶夫,1983)①;也可以从广义层面将其界定为经济增长内在的性质与规律,是构成经济增长进程的关键性内容,具体可以理解为经济增长数量扩张到一定阶段背景下,经济增长各个维度同时得以改善的产物(钞小静、任保平,2011②;任保平、钞小静,2012③)。在中国经济逐渐由高速增长转变为更高质量增长的背景下,高质量发展成为中国全面建设社会主义现代化国家的首要任务。高质量发展是对一国经济发展优劣状态的多维综合评价,是相对于经济增长质量而言更宽范围、更高要求的质量状态,涉及经济总量、物质财富和价值判断等多方面内容(任保平、文丰安,2018)④。

一、经济高质量发展的内涵界定研究

经济高质量发展作为一种规范性的价值判断,对其内涵与外延的理解是一个见仁见智的问题。早期阶段,大多学者从经济发展结果的优劣程度出发

---

① [苏]卡马耶夫:《经济增长的速度和质量》,湖北人民出版社1983年版,第40页。

② 钞小静、任保平:《中国经济增长质量的时序变化与地区差异分析》,《经济研究》2011年第4期。

③ 任保平、钞小静:《从数量型增长向质量型增长转变的政治经济学分析》,《经济学家》2012年第11期。

④ 任保平、文丰安:《新时代中国高质量发展的判断标准、决定因素与实现途径》,《改革》2018年第4期。

对经济高质量发展进行界定。具体来说,一些学者追溯至马克思《资本论》中有关"质量"的政治经济学表述,将经济高质量发展的内涵从微观发展结果维度定义为产品和服务质量的提升,而后一些学者对宏观层面经济高质量发展结果的典型表现进行了有益补充,将其理解为使用价值量的增加,将经济高速增长向经济高质量发展的转变定义为国民经济系统从量到质的本质性演变,即经济运行的目标和动力机制从侧重以交换经济(货币单位)衡量的产品总量增加,转向注重产品和经济活动的使用价值及其质量的合意性(金碚,2018)[1],张军扩等(2019)[2]则立足中国发展实践,将高质量发展从发展结果层面理解为质量与数量的统一,具体可以刻画为以高效、公平、绿色为典型表现,同时满足人民日益增长的美好生活需要的发展。进一步地,一些学者在总结归纳新时代背景下高质量发展的政治经济学逻辑时,集合运用了宏观生产力质量和微观劳动价值等理论,同时立足于宏观、中观、微观三个层面的发展结果界定经济高质量发展,将宏观经济质量、产业发展质量和企业经营质量的提升分别界定为国民经济整体质量和效率的提高、产业结构的高级化和合理化以及产品和服务质量的提高(赵剑波、史丹、邓洲,2019[3];张涛,2020[4])。总而言之,从发展结果角度来看,高质量发展的内涵在宏观、中观与微观分别表现为国民经济质量提升、区域经济发展质量提升与产品质量提升。

之后,部分学者关注到高质量发展是在中国发展阶段转换历史特征下的一种动态过程,立足于发展过程视角将其定义为在中国经济由中等收入水平跨越到高收入水平过程中,经济发展在经济、社会和环境方面的协调状态(钞

①　金碚:《关于"高质量发展"的经济学研究》,《中国工业经济》2018年第4期。
②　张军扩、侯永志、刘培林、何建武、卓贤:《高质量发展的目标要求和战略路径》,《管理世界》2019年第7期。
③　赵剑波、史丹、邓洲:《高质量发展的内涵研究》,《经济与管理研究》2019年第11期。
④　张涛:《高质量发展的理论阐释及测度方法研究》,《数量经济技术经济研究》2020年第5期。

小静、薛志欣,2018)①。裴长洪、倪江飞(2019)②聚焦于社会主要矛盾的转变,将高质量发展的含义理解为在社会主要矛盾转变的发展新阶段,以解决城乡、区域、居民、经济与社会、经济社会与生态环境发展不平衡等问题,以满足人民美好生活需要为目标的发展,将高质量发展的基本动力归纳为供给侧结构性改革、科学技术的应用和产业化、文化和精神力量,将基础条件概括为补齐扶贫和生态环境的短板,将基本预期定义为稳中求进的工作基调,将基本保障理解为加强党对经济工作的集中统一领导、解决市场"失灵"和政府"失效",将基本战略总结为以更高水平对外开放和参与引领全球经济治理应对百年变局。王一鸣(2020)③将高质量发展阶段的主要特征总结为从数量追赶、规模扩张、要素驱动、分配失衡、高碳增长分别转向质量追赶、结构升级、创新驱动、共同富裕和绿色发展五个方面。

在上述基础上,一些学者进一步注意到新发展理念作为针对中国发展中的突出矛盾和问题提出的具有鲜明问题导向的行动指南,与经济高质量发展之间存在密切联系,可以作为理解经济高质量发展的实践基础。任保平(2018)④较早地将经济高质量发展与新发展理念相结合,指出高质量发展是集创新、绿色、协调、开放与共享于一体的经济发展状态。之后,洪银兴(2019)⑤、高培勇(2019)⑥等学者也指出高质量发展依据的是新发展理念,认为高质量发展是在新经济发展阶段,以创新、协调、绿色、开

① 钞小静、薛志欣:《新时代中国经济高质量发展的理论逻辑与实践机制》,《西北大学学报(哲学社会科学版)》2018年第6期。

② 裴长洪、倪江飞:《论习近平新时代中国特色社会主义经济思想的主题》,《财贸经济》2019年第12期。

③ 王一鸣:《百年大变局、高质量发展与构建新发展格局》,《管理世界》2020年第12期。

④ 任保平:《新时代高质量发展的政治经济学理论逻辑及其现实性》,《人文杂志》2018年第2期。

⑤ 洪银兴:《改革开放以来发展理念和相应的经济发展理论的演进——兼论高质量发展的理论渊源》,《经济学动态》2019年第8期。

⑥ 高培勇:《理解、把握和推动经济高质量发展》,《经济学动态》2019年第8期。

放、共享为新发展理念、以结构问题为主要矛盾、以供给侧结构性改革为宏观经济政策主线、以深化改革为主要宏观调控手段、以持续发展为根本路径、以更好满足人民日益增长的美好生活需要为发展目标的发展(张军扩等,2019)[①]。

二、经济高质量发展的评价研究

与对经济高质量发展的概念界定相类似,与其相关的测算评价研究也经历了多阶段的动态演进。在最初阶段,学者一般从结果维度选取人均国内生产总值、全要素生产率和劳动生产率等单一指标作为经济高质量发展的中间替代指标。例如:余泳泽等(2019)[②]、史代敏和施晓燕(2022)[③]基于绿色发展理念,将绿色经济高质量发展理解为以和谐共生、以人为本的绿色发展理念引领的经济高质量发展主张,采用纳入环境和经济因素的全要素生产率刻画区域绿色经济高质量发展状态。

虽然从结果维度以全要素生产率等指标衡量高质量发展已逐渐受到学界认可,但由于全要素生产率作为单一指标,无法准确、全面解释经济高质量发展的多维属性。由此,大量学者通过立足其典型特征,建立涉及"条件—发展—结果"多个维度的指标体系,对经济高质量发展水平进行衡量。郭芸等(2020)[④]则从发展动力、发展方式、发展结构以及发展成果构建高质量发展指数测算四大板块、五大经济带高质量发展水平,研究发现中国区域高质量发展总体水平稳步提升,四大板块、五大经济带的高质量发展水平存在显著差异。

---

①　张军扩、侯永志、刘培林、何建武、卓贤:《高质量发展的目标要求和战略路径》,《管理世界》2019 年第 7 期。

②　余泳泽、杨晓章、张少辉:《中国经济由高速增长向高质量发展的时空转换特征研究》,《数量经济技术经济研究》2019 年第 6 期。

③　史代敏、施晓燕:《绿色金融与经济高质量发展:机理、特征与实证研究》,《统计研究》2022 年第 1 期。

④　郭芸、范柏乃、龙剑:《我国区域高质量发展的实际测度与时空演变特征研究》,《数量经济技术经济研究》2020 年第 10 期。

佟孟华等(2022)①则将共同富裕纳入经济高质量发展指标体系的构建,从经济运行、增长动能、生态环境和社会民生四个方面构建经济高质量发展指标体系。

进一步地,由于上述度量方法具有较强的主观性,一些学者开始选择以新发展理念为切入点测度经济高质量发展,吕承超、崔悦(2020)②基于新发展理念构建经济高质量发展系统指标体系,测算中国省域经济高质量发展指数并进行不同区域间的对比分析,研究发现中国经济高质量发展综合指数整体呈现上升趋势,东部、东北部、中部和西部地区之间具有阶梯分布特征。刘亚雪等(2020)③将稳定发展与新发展理念共同纳入世界经济高质量发展指标体系,测算分析发现:全球经济高质量发展呈现区域间、不同发展阶段间不平衡发展的态势,中国在经济高质量发展综合水平上表现相对最优,但协调发展水平和绿色发展水平表现相对较差。

测算经济高质量发展的研究方法主要划分为以下几类:一是在单一指标情况下,大部分学者从效率视角入手,使用参数以及非参估计法对经济增长效率进行测算,并以此表征经济高质量发展水平,例如高一铭等(2020)④、谷军健和赵玉林(2020)⑤利用数据包络分析非参数法对经济高质量发展进行测算。韦东明等(2022)⑥采用基于多投入非期望产出的全域马尔默奎斯特—伦

① 佟孟华、褚翠翠、李洋:《中国经济高质量发展的分布动态、地区差异与收敛性研究》,《数量经济技术经济研究》2022 年第 6 期。
② 吕承超、崔悦:《中国高质量发展地区差距及时空收敛性研究》,《数量经济技术经济研究》2020 年第 9 期。
③ 刘亚雪、田成诗、程立燕:《世界经济高质量发展水平的测度及比较》,《经济学家》2020 年第 5 期。
④ 高一铭、徐映梅、季传风、钟宇平:《我国金融业高质量发展水平测度及时空分布特征研究》,《数量经济技术经济研究》2020 年第 10 期。
⑤ 谷军健、赵玉林:《中国海外研发投资与制造业绿色高质量发展研究》,《数量经济技术经济研究》2020 年第 1 期。
⑥ 韦东明、顾乃华、刘育杰:《雾霾治理、地方政府行为和绿色经济高质量发展——来自中国县域的证据》,《经济科学》2022 年第 4 期。

贝格尔生产率(Malmquist-Luenberger)指数测度绿色全要素生产率表征绿色经济高质量发展。二是在多维指标情况下的测度和评价方法,其中包括熵权法、纵横向拉开档次法、主成分分析法和专家评分矩阵等方法。例如,佟孟华等(2022)①关注到现有指标合成方法不适用于面板数据,选取二次加权动态评价方法增加测算结果的动态可比性和合理性。陈子曦、青梅(2022)②采用熵权—优劣解距离法(TOPSIS)的复合方法测度了中国城市群高质量发展水平。

第三节　数字经济影响经济高质量
发展的文献梳理

在对数字经济与经济高质量发展内涵与测度进行研究的基础上,学术界又从以下三个方面讨论了数字经济对经济高质量发展的影响。

一、数字经济的影响效应研究

随着新一轮科技革命逐步由导入期向拓展期转换,如何通过数字经济建设提升国家竞争力成为当今社会关注的重点话题。学术界在定义数字经济的基础上对其测度评价及影响效应等方面进行了广泛研究(刘淑春,2019③;李海舰、李燕,2020④;徐翔、赵墨非,2020⑤)。由于数字经济存在统计分类模糊

①　佟孟华、褚翠翠、李洋:《中国经济高质量发展的分布动态、地区差异与收敛性研究》,《数量经济技术经济研究》2022年第6期。

②　陈子曦、青梅:《中国城市群高质量发展水平测度及其时空收敛性研究》,《数量经济技术经济研究》2022年第6期。

③　刘淑春:《中国数字经济高质量发展的靶向路径与政策供给》,《经济学家》2019年第6期。

④　李海舰、李燕:《对经济新形态的认识:微观经济的视角》,《中国工业经济》2020年第12期。

⑤　徐翔、赵墨非:《数据资本与经济增长路径》,《经济研究》2020年第10期。

的问题,现有文献集中讨论如何科学核算数字经济,并在此基础上衍生出了多种测度方式(王开科、吴国兵、章贵军,2020①;关会娟等,2020②)。但就数字经济影响效应而言,已有文献主要围绕区域经济增长与协调发展、社会福利效应、城市绿色可持续发展、产业结构优化与转型升级、企业技术创新等方面开展研究。

就区域经济增长而言,大部分学者认为数字经济作为一种新型经济形态能为区域经济发展提供新动力,是区域经济增长的新引擎(黄雨婷、潘建伟,2022③;习明明、梁晴、傅钰,2022④)。而技术进步、产业结构升级、规模经济效应等则是数字经济推动区域经济增长的重要作用机制。具体来看,区域发展不平衡是我国经济发展中长期存在的问题,数字经济是促进区域协调发展还是形成"数字鸿沟"引起了学术界的广泛探讨。一部分学者认为,数字经济促进了区域协调发展,并指出数字经济下数据要素的作用会促进分裂割据的市场向一体化发展,从而帮助落后地区通过延伸产业链、发展新兴产业等方式形成具有比较优势的产业,最终缩小与发达地区的差距(段博、邵传林、段博,2020)⑤。数字金融发展惠及农村家庭,提升农民工资性收入与农业经营性收入,进而缩小了数字鸿沟(张勋、万广华、吴海涛,2021)⑥。另一部分学者则认为数字鸿沟现象会加剧固有的社会不平等程度,并进一步强化市场垄断,在一

---

① 王开科、吴国兵、章贵军:《数字经济发展改善了生产效率吗》,《经济学家》2020年第10期。
② 关会娟、许宪春、张美慧、郁霞:《中国数字经济产业统计分类问题研究》,《统计研究》2020年第12期。
③ 黄雨婷、潘建伟:《电商下乡促进了县域经济增长吗?》,《北京工商大学学报(社会科学版)》2022年第3期。
④ 习明明、梁晴、傅钰:《数字经济对城市经济增长的影响研究》,《当代财经》2022年第9期。
⑤ 段博、邵传林、段博:《数字经济加剧了地区差距吗?——来自中国284个地级市的经验证据》,《世界地理研究》2020年第4期。
⑥ 张勋、万广华、吴海涛:《缩小数字鸿沟:中国特色数字金融发展》,《中国社会科学》2021年第8期。

定程度上降低企业创新动力,加剧社会分化,长期来看不利于社会进步。此外,物质资本和人力资本的差异是数字不平等形成的主要因素(陈梦根、周元任,2022)①。

就社会福利效应而言,已有研究重点关注数字经济发展对劳动力就业和共同富裕的影响。部分学者指出,人工智能技术的应用会对劳动力就业产生挤出效应,造成劳动力就业总量下降(Acemoglu 和 Restrepo,2020)②。阿西莫格鲁、雷斯特雷波(Acemoglu 和 Restrepo,2018)③通过刻画任务理论模型,将工作任务分为常规性任务与非常规性任务后研究指出人工智能技术应用会造成劳动者比较优势的降低。然而,另有学者则对数字经济影响劳动力就业持乐观态度,认为人工智能所带来的技术扩散效应与规模扩展效应会显著提升劳动就业量(陈宗胜、赵源,2021)④。一些学者同样指出人工智能行业的繁荣发展可以创造出大量的新就业机会(Graetz 和 Michaels,2018)⑤。在劳动力就业结构方面,已有研究指出以人工智能为代表的数字技术可以有效重构生产流程与生产模式,催生出新产业新业态,由此形成大量技术性劳动力需求产生补偿效应。但是与此同时也会对重复性、程序化的岗位造成冲击,产生替代效应,形成低技能岗位被高技能岗位替代的技术极化现象(王泽宇,2020)⑥。在共同富裕方面,一部分学者着重探讨高质量发展视域下数字经济推动共同富

①　陈梦根、周元任:《数字不平等研究新进展》,《经济学动态》2022 年第 4 期。

②　Acemoglu D.,Restrepo P.,"Robots and Jobs:Evidence from U.S. Labor Markets",*Journal of Political Economy*,Vol.128,No.6,2020,pp.2188-2244.

③　Acemoglu D.,Restrepo P.,"The Race Between Man and Machine:Implications of Technology for Growth, Factor Shares, and Employment", *American Economic Review*, Vol. 108, No. 6, 2018, pp.1488-1542.

④　陈宗胜、赵源:《不同技术密度部门工业智能化的就业效应——来自中国制造业的证据》,《经济学家》2021 年第 12 期。

⑤　Graetz G.,Michaels G.,"Robots at Work",*Review of Economics and Statistics*,Vol.100,No.5,2018,pp.753-768.

⑥　王泽宇:《企业人工智能技术强度与内部劳动力结构转化研究》,《经济学动态》2020 年第 11 期。

裕的机制与路径(刘诚,2022)①,具体包括创新驱动经济、社会、文化、生态等充分发展的共建机制和创富驱动经济均衡发展的共享机制,即通过缩小区域差距、城乡差距、收入差距等推进全体人民共同富裕。另一部分学者则实证考察了数字经济发展对共同富裕的空间效应,发现数字经济对本地和邻近地区的共同富裕水平均产生了显著的正向影响,且对富裕度的空间溢出效应占比更高(袁惠爱、赵丽红、岳宏志,2022)②。

就城市绿色可持续发展而言,"2030 年实现碳达峰、2060 年实现碳中和"目标约束下的数字经济发展对进一步推动经济发展方式向绿色转型、推动生态文明体系建设、为人民创造健康生活环境具有重要意义,数字经济时代各类数字技术的使用可以有效推动绿色经济发展。当前大量学者从城市生态环境治理、促进城市碳减排、推动绿色发展等角度深入探讨数字经济发展对城市绿色可持续的影响作用。在数字经济推动城市生态环境治理方面,大部分学者认为数字经济发展能够通过降低二氧化硫、工业废水和烟粉尘排放而有效抑制城市环境污染(邓荣荣、张翱祥,2022)③。一些学者进一步研究发现,数字经济在促进地区实现绿色化转型的过程中可能造成区域发展差距的进一步拉大,即东部地区数字经济的影响作用更为明显,且对行政级别较高的城市影响效应大于行政级别较低的城市(魏丽莉、侯宇琦,2022)④。在数字经济促进碳减排方面,数字经济发展产生的基础设施效应、技术创新效应、结构优化效应以及资源配置效应是驱动城市减少碳排放的重要机制。在数字经济促进绿色发展方面,新一代信息技术的快速发展能够推动产业智能化和绿色化转型,推

---

① 刘诚:《数字经济与共同富裕:基于收入分配的理论分析》,《财经问题研究》2022 年第 4 期。

② 袁惠爱、赵丽红、岳宏志:《数字经济、空间效应与共同富裕》,《山西财经大学学报》2022 年第 11 期。

③ 邓荣荣、张翱祥:《中国城市数字经济发展对环境污染的影响及机理研究》,《南方经济》2022 年第 2 期。

④ 魏丽莉、侯宇琦:《数字经济对中国城市绿色发展的影响作用研究》,《数量经济技术经济研究》2022 年第 8 期。

动生产过程中传统生产要素向可再生能源的转变,从而实现城市绿色发展(郭丰、杨上广、任毅,2022)①;电子商务产业作为数字化产业具有明显的环境友好型特征,在发展过程中对高能耗、高污染的产业具有溢出效应,并从产业结构升级、集聚效应和降低生产成本等方面促进城市绿色高质量发展(刘乃全、邓敏、曹希广,2021)②。

　　就产业结构优化与转型升级而言,数字经济与产业发展的进一步融合有利于推动中国经济高质量发展(韩健、李江宇,2022)③。在产业结构优化方面,一部分学者验证了数字经济对我国产业结构高级化与合理化均有显著的促进作用。刘洋、陈晓东(2021)④则通过理论与实证分析发现该影响存在显著的非线性特征,即数字经济对产业结构高级化的影响是边际递减的而对产业结构合理化的影响则是边际递增的。另一部分学者重要考察了数字经济驱动产业结构升级的机制路径,发现金融发展、技术创新、人力资本水平提升均在数字经济推动我国产业结构升级过程中发挥了重要作用(白雪洁等,2021)⑤。在产业转型升级方面,数字产业化对经济增长具有重要影响,但其占数字经济规模的比重始终较低。相较而言,数字经济与传统产业渗透融合的产业数字化发展则为经济增长注入新活力。数字经济可以从生产经营方式以及产品流通方式来推动农业产业结构优化;从研发设计、生产环节以及销售方式等方面推动制造业产业结构升级;从创新服务模式与丰富服务内容等方

　　① 郭丰、杨上广、任毅:《数字经济、绿色技术创新与碳排放——来自中国城市层面的经验数据》,《陕西师范大学学报(哲学社会科学版)》2022 年第 3 期。
　　② 刘乃全、邓敏、曹希广:《城市的电商化转型推动了绿色高质量发展吗? ——基于国家电子商务示范城市建设的准自然实验》,《财经研究》2021 年第 4 期。
　　③ 韩健、李江宇:《数字经济发展对产业结构升级的影响机制研究》,《统计与信息论坛》2022 年第 7 期。
　　④ 刘洋、陈晓东:《中国数字经济发展对产业结构升级的影响》,《经济与管理研究》2021 年第 8 期。
　　⑤ 白雪洁、宋培、李琳、廖赛男:《数字经济能否推动中国产业结构转型? ——基于效率型技术进步视角》,《西安交通大学学报(社会科学版)》2021 年第 6 期。

面推动服务业产业结构优化升级(迟明园、石雅楠,2022)①。

就企业技术创新而言,在新一轮科技革命浪潮下,以云计算、大数据、物联网为核心的数字经济在推动生产范式与产业组织发生根本变革的同时,也推动了技术创新能力提升、创新成本降低与创新网络形成。首先,数字经济通过优化人力资本结构和缓解融资约束影响企业内部资源,并通过扩展企业知识网络与降低供应链集中度影响企业外部资源,进而双向推动企业创新能力提升(李健、张金林、董小凡,2022)②。其次,数字经济有利于进一步对企业创新流程进行再造,不断降低企业创新与经营风险,同时提升企业需求感知能力,帮助企业减少创新收益的不确定性(彭硕毅、张营营,2022)③。最后,数字经济对企业内部组织结构、研发模式、生产模式与销售模式进行重构,有利于在企业内部形成技术创新网络,基于生产率提高和价值创造等内在动力的驱动进而带动网络组织间的制度安排优化,形成良好的制度环境,推动技术的创新与扩散(江飞涛,2022)④。此外,从协同创新的视角来看,数字经济可以通过创新协同效应与技术吸收效应增强企业对外部异质性知识获取与吸收,加速技术进步带来的空间外溢(林木西、肖宇博,2022)⑤。杜勇、娄靖(2022)⑥基于行业关联视角,发现企业数字化转型能够有效推动企业创新升级并产生显著的行业溢出效应。

---

① 迟明园、石雅楠:《数字经济促进产业结构优化升级的影响机制及对策》,《经济纵横》2022 年第 4 期。
② 李健、张金林、董小凡:《数字经济如何影响企业创新能力:内在机制与经验证据》,《经济管理》2022 年第 8 期。
③ 彭硕毅、张营营:《区域数字经济发展与企业技术创新——来自 A 股上市公司的经验证据》,《财经论丛》2022 年第 9 期。
④ 江飞涛:《技术革命浪潮下创新组织演变的历史脉络与未来展望——数字经济时代下的新思考》,《学术月刊》2022 年第 4 期。
⑤ 林木西、肖宇博:《数字金融、技术创新和区域经济增长》,《兰州大学学报(社会科学版)》2022 年第 2 期。
⑥ 杜勇、娄靖:《数字化转型对企业升级的影响及溢出效应》,《中南财经政法大学学报》2022 年第 5 期。

二、经济高质量发展的决定因素研究

已有文献主要从国家治理模式、服务业发展、国际经济格局变动等层面对经济高质量发展的影响因素进行讨论。

就国家治理模式而言,作为政府、市场和社会相互耦合所形成的整体性制度结构模式,新时代现代化的国家治理模式将通过促进市场机制运行、平衡社会利益分配支撑经济高质量发展(吕炜、邵娇,2020)[①]。王定祥、黄莉(2019)[②]提出现阶段的制度变革应该集中完善科技投融资制度、健全创新人才培育与管理制度、优化创新创业平台制度、完善知识产权保护制度和健全创新成果交易转化制度,着力从创新资本、人才、平台、知识产权保护、成果应用转化等方面进行制度优化,完成创新驱动我国高质量发展的机制构建。孙祁祥(2019)[③]分析了大国演进规律等客观规律的运行给中国带来的机遇与挑战,强调需要推动政府自身、供给侧、科技体制和所有制四个方面的深入改革推动经济高质量发展。吕炜、邵娇(2020)关注到政府间财政关系科学规范对推动经济高质量发展的重要意义,对转移支付以及国家税制结构对高质量发展影响效应进行综合考察,研究发现,现阶段转移支付加剧了地级市财政收支行为扭曲,对经济高质量发展产生抑制效应,而直接税与间接税之比增加的税制结构变动会促进经济高质量发展。而制度创新则可以通过完善市场经济制度、改善资源配置效率驱动经济高质量发展(刘思明、张世瑾、朱惠东,2019)[④]。

---

①　吕炜、邵娇:《转移支付、税制结构与经济高质量发展——基于 277 个地级市数据的实证分析》,《经济学家》2020 年第 11 期。

②　王定祥、黄莉:《我国创新驱动经济发展的机制构建与制度优化》,《改革》2019 年第 5 期。

③　孙祁祥:《基于四大发展规律推动改革与发展》,《经济科学》2019 年第 3 期。

④　刘思明、张世瑾、朱惠东:《国家创新驱动力测度及其经济高质量发展效应研究》,《数量经济技术经济研究》2019 年第 4 期。

进一步聚焦到细分行业治理模式转换对经济高质量发展产生的影响,已有研究发现,环境治理可以通过调节生产的技术结构,提升供给侧、需求侧以及国际循环的经济效益,进而对经济高质量发展产生促进作用(徐政、左晟吉、丁守海,2021)[1]。屈小娥、刘柳(2021)[2]关注到环境分权这一地方政府为适应绿色可持续发展要求而构建的环境保护制度,运用静态、动态以及空间面板数据模型实证检验了环境分权对经济高质量发展呈现的先抑后扬"U"型特征,为调整及优化环境分权制度安排、促进经济高质量发展提供了重要的政策指引和借鉴。韦东明、顾乃华、刘育杰(2022)[3]分析了雾霾治理的结构效应和技术效应,认为合理的环境治理政策通过引导和鼓励企业开发和使用新技术或进行低碳转型,提升能源使用效率,实现经济效益提升,促进区域绿色经济高质量发展。

就服务业发展而言,已有研究主要集中刻画了生产性服务业和金融性服务业发展对经济高质量发展产生的积极影响。在生产性服务业方面,李平、付一夫、张艳芳(2017)[4]结合近年来中国生产性服务业规模不断增大的特征事实,通过对全要素生产率增长率的测算与分解寻找生产性服务业可以作为未来中国经济发展新动能的证据,结果显示生产性服务业较高的技术进步水平以及其对资本要素和劳动力要素较强的集聚能力,可以提升宏观经济总体全要素生产率,进而推动中国经济的高质量发展。郭克莎(2019)[5]在分析中国产业结构调整升级趋势时指出,产业结构调整与推动高质量发展具有一致的

---

① 徐政、左晟吉、丁守海:《碳达峰、碳中和赋能高质量发展:内在逻辑与实现路径》,《经济学家》2021年第11期。

② 屈小娥、刘柳:《环境分权对经济高质量发展的影响研究》,《统计研究》2021年第3期。

③ 韦东明、顾乃华、刘育杰:《雾霾治理、地方政府行为和绿色经济高质量发展——来自中国县域的证据》,《经济科学》2022年第4期。

④ 李平、付一夫、张艳芳:《生产性服务业能成为中国经济高质量增长新动能吗》,《中国工业经济》2017年第12期。

⑤ 郭克莎:《中国产业结构调整升级趋势与"十四五"时期政策思路》,《中国工业经济》2019年第7期。

目标与要求,均服务于解决发展不平衡、不充分的矛盾,因此,加快服务业发展、实现产业结构升级变动是推进高质量发展的内在要求。

在金融服务业发展方面,大量学者主要集中研究金融机构数字化转型对经济高质量发展的影响。杨伟中、余剑、李康(2020)[①]将金融摩擦因素纳入动态随机一般均衡模型框架,刻画了金融资源配置通过改变生产要素投入规模和技术进步两种方式对经济内生增长的影响,诠释了金融、技术与经济之间的动态传导机制。汪淑娟、谷慎(2021)[②]从创新、协调、绿色、开放、共享五个维度描述高质量发展状况,并进一步采用2001—2018年的省际数据进行检验,研究得到科技金融显著促进了中国经济高质量发展,并且对创新发展的促进作用最强。文书洋、刘浩、王慧(2022)[③]通过构建内生绿色创新并带有金融部门的经济增长模型,论证了绿色金融通过支持绿色创新影响经济高质量发展的理论机制,并运用2005—2017年中国省级面板数据进行了相应的实证检验,验证了绿色金融影响经济增长质量的"绿色创新渠道"。史代敏、施晓燕(2022)[④]通过将自然资本引入罗默(Romer,1990)[⑤]的产品种类增加型模型,从绿色信贷、绿色投资与碳金融等多个维度定量评价绿色金融发展水平,实证检验结果发现:当绿色金融发展水平位于门限值以下时,绿色金融对绿色全要素生产率影响作用不显著,而当高于门限值时,其作用则会显著增大。

就国际经济格局变动而言,一些学者基于后疫情时期的复杂格局,从全球产业链的断裂与重构、超低利率与高杠杆、数字化生存、收入差距持续扩大等

① 杨伟中、余剑、李康:《金融资源配置、技术进步与经济高质量发展》,《金融研究》2020年第12期。

② 汪淑娟、谷慎:《科技金融对中国经济高质量发展的影响研究——理论分析与实证检验》,《经济学家》2021年第2期。

③ 文书洋、刘浩、王慧:《绿色金融、绿色创新与经济高质量发展》,《金融研究》2022年第8期。

④ 史代敏、施晓燕:《绿色金融与经济高质量发展:机理、特征与实证研究》,《统计研究》2022年第1期。

⑤ Romer P. M., "Endogenous Technological Change", *Journal of Political Economy*, Vol.98, No.5, 1990, pp.71-102.

方面总结全球经济大变局的典型特征,得出后疫情时期中国经济高质量发展必须紧紧围绕国际国内的经济社会格局变化,积极推进以畅通国内大循环为主体、国内国际双循环相互促进的新发展战略。孙文浩、张杰(2020)[①]立足于中美贸易战的现实背景,认为对外技术引进下降对引进创新阶段的制造企业集聚高级科研人才存在抑制效应,可能产生对制造业高质量发展的不利影响,为中国各级政府妥善处置美国对华技术封锁提供了经验数据层面的参考价值。

少量学者也研究了数据要素、市场效率、科技创新对经济高质量发展的影响。在数据要素方面,蔡跃洲、马文君(2021)[②]将数据要素的技术—经济特征总结为非竞争性、低复制成本、非排他性/部分排他性、外部性以及即时性,进一步刻画其对提升企业生产经营效率、实现价值创造能力倍增、增加消费者剩余和福利和高质量发展的支撑作用。在市场效率方面,王永钦、李蔚、戴芸(2018)[③]聚焦于僵尸企业对经济发展质量的影响,研究发现僵尸企业显著降低了正常企业的专利申请和全要素生产率,其带来的资源扭曲和信贷配置扭曲会影响正常企业的技术创新行为,从而对以创新驱动的高质量发展产生抑制作用。

在科技创新方面,科技创新可以通过提高要素利用率、改善生产力水平为经济高质量发展提供动力支持。刘秉镰、陈诗一(2019)[④]认为,高质量发展应该涵盖高效益、可持续和新动能三方面内容,创新和消费是驱动高质量发展的主要动力来源。王慧艳、李新运、徐银良(2019)[⑤]考虑到科技创新是推动经济

---

① 孙文浩、张杰:《高铁网络能否推动制造业高质量创新》,《世界经济》2020年第12期。
② 蔡跃洲、马文君:《数据要素对高质量发展影响与数据流动制约》,《数量经济技术经济研究》2021年第3期。
③ 王永钦、李蔚、戴芸:《僵尸企业如何影响了企业创新? ——来自中国工业企业的证据》,《经济研究》2018年第11期。
④ 刘秉镰、陈诗一:《增长动力转换与高质量发展》,《经济学动态》2019年第6期。
⑤ 王慧艳、李新运、徐银良:《科技创新驱动我国经济高质量发展绩效评价及影响因素研究》,《经济学家》2019年第11期。

高质量发展的动力引擎,分别从科技投入和科技产出、中间投入和最终产出对科技创新与经济高质量发展的指标体系进行构建,并运用网络 WSBM 模型对中国 30 个省份科技创新驱动经济高质量发展的绩效水平进行测算,研究发现,目前中国科技创新驱动经济高质量发展整体绩效水平偏低,地区差距较大,东部地区明显优于中部、西部、东北部地区。高培勇等(2020)[1]提出经济高质量是社会高质量和治理高质量的输出,中国迈向发达国家的推动力在于创新与要素质量升级。上官绪明、葛斌华(2020)[2]基于 2007—2016 年中国278 个地级及以上城市数据,研究发现科技创新对经济发展质量具有显著的直接提升效应,这主要是因为科技创新通过改善要素组合以及提升各要素作用来实现的。

三、数字经济对经济高质量发展的影响研究

作为数字技术的载体,数字经济具有典型的技术属性(荆文君、孙宝文,2019)[3]。数字技术不仅能与传统生产要素相结合,还能与传统生产要素形成相互协同、相互赋能的生产系统作用于经济高质量发展(郭凯明,2019[4];刘平峰、张旺,2021[5])。数字技术可以嵌入各类生产活动与技术活动之中,在改善资源配置效率的同时,带动 ICT 资本投资,进一步推动资本深化进程,可以有效降低企业生产成本,提升企业产能。同时,数字技术应用带来的数据治理与

---

① 高培勇、袁富华、胡怀国、刘霞辉:《高质量发展的动力、机制与治理》,《经济研究》2020年第 4 期。

② 上官绪明、葛斌华:《科技创新、环境规制与经济高质量发展——来自中国 278 个地级及以上城市的经验证据》,《中国人口·资源与环境》2020 年第 6 期。

③ 荆文君、孙宝文:《数字经济促进经济高质量发展:一个理论分析框架》,《经济学家》2019 年第 2 期。

④ 郭凯明:《人工智能发展、产业结构转型升级与劳动收入份额变动》,《管理世界》2019 年第 7 期。

⑤ 刘平峰、张旺:《数字技术如何赋能制造业全要素生产率?》,《科学学研究》2021 年第8 期。

应用有利于充分释放数据要素价值与生产力,通过对企业"赋智"实现生产效率提升,推进企业数字化转型升级(田秀娟、李睿,2022)①。吕铁、李载驰(2021)②基于价值创造与价值获取的视角,指出数字技术可以通过改变价值创造方式、提升价值创造效率、扩展价值创造载体与增强价值获取能力四个方面赋能制造业高质量发展;还有学者考察了数字技术应用对不同产业高质量发展带来的影响作用,如陈琳琳、徐金海、李勇坚(2022)③指出,数字技术会推动旅游业产业效率提升、产业结构升级与商业模式创新。

还有不少学者从各类具体的数字技术视角,如人工智能技术、区块链技术等视角,试图探寻数字经济对经济高质量发展的影响。人工智能技术的应用是推动我国技术进步与经济高质量发展的重要推动力量(程文,2021)④,人工智能发展有利于促进技术外溢与创新,培育各类先进生产要素,革新生产方式,改进分配结构并提高分配效率(师博,2020)⑤。同时,人工智能可以深刻影响我国产业结构升级与高质量发展,一方面,人工智能技术具有全局渗透性、替代性、协同性等特征,对不同领域产生要素替代与知识溢出等效应,提高各个生产部门的产出效率,由此带动高质量发展;另一方面,以人工智能基础层、技术层与应用层构成的人工智能产业可以有效输出人工智能技术,充分发挥人工智能具有的资本深化与劳动替代效应,达到降低生产成本、提高生产效率的智能化生产目标(耿子恒、汪文祥、郭万福,2021)⑥。区块链技术已经成

---

① 田秀娟、李睿:《数字技术赋能实体经济转型发展——基于熊彼特内生增长理论的分析框架》,《管理世界》2022 年第 5 期。

② 吕铁、李载驰:《数字技术赋能制造业高质量发展——基于价值创造和价值获取的视角》,《学术月刊》2021 年第 4 期。

③ 陈琳琳、徐金海、李勇坚:《数字技术赋能旅游业高质量发展的理论机理与路径探索》,《改革》2022 年第 2 期。

④ 程文:《人工智能、索洛悖论与高质量发展:通用目的技术扩散的视角》,《经济研究》2021 年第 10 期。

⑤ 师博:《人工智能助推经济高质量发展的机理诠释》,《改革》2020 年第 1 期。

⑥ 耿子恒、汪文祥、郭万福:《人工智能与中国产业高质量发展——基于对产业升级与产业结构优化的实证分析》,《宏观经济研究》2021 年第 12 期。

为当前全球科技竞争的新高地,其技术应用已经延伸至多个实体经济领域,对经济社会发展产生重大影响。积极推动区块链技术与实体经济融合发展,有助于推动我国产业升级,实现高质量发展的目标。区块链是数字经济下开放式创新的新模式、协调产业融合的新路径与推动经济高质量发展的新动力(渠慎宁,2020)①。区块链技术具有数据不可篡改、去中心化、智能合约、集体维护、可溯源等典型特征,区块链技术的广泛应用有利于建立"低信用"成本平台,降低我国社会的整体信用成本,起到防范企业进行信息操纵、恶意欺骗等道德风险问题,帮助银行在有效控制风险的前提下为供应链上的企业提供低成本、高可及性的融资服务;同时,区块链技术可以有效突破供应链金融存在的"信息孤岛"问题,形成产业联盟并提高监管效率,推动供应链金融创新、解决供应链融资问题进而推动产业高质量发展(龚强、班铭媛、张一林,2021)②。此外,部分研究指出,区块链技术能够从金融领域扩展进入社会领域,带来政府治理体系创新。一方面,区块链技术可以有效推动政府角色与职能转变,帮助政府实现组织结构的扁平化与治理服务的透明化,进一步提升政府创新绩效,构建智能化、服务化政府;另一方面,借助区块链技术可以推动形成新型政府基础信息资源协同共享治理模式,该模式相比于传统政府治理模式具有安全度高、信用性好、透明度强等优势,可以有效实现政府多元主体之间信息新协同以及主体间的相互信任,提高政府治理效率与治理能力,进一步推动高质量发展(张毅、肖聪利、宁晓静,2016③;高国伟、龚掌立、李永先,2018④)。

---

① 渠慎宁:《区块链助推实体经济高质量发展:模式、载体与路径》,《改革》2020 年第 1 期。

② 龚强、班铭媛、张一林:《区块链、企业数字化与供应链金融创新》,《管理世界》2021 年第 2 期。

③ 张毅、肖聪利、宁晓静:《区块链技术对政府治理创新的影响》,《电子政务》2016 年第 12 期。

④ 高国伟、龚掌立、李永先:《基于区块链的政府基础信息协同共享模式研究》,《电子政务》2018 年第 2 期。

同时,进入数字经济后,各类新型数字基础建设速度加快,不少学者从我国新型数字基础设施建设的角度入手分析了如何推动经济高质量发展。钞小静(2020)①指出,新型数字基础设施是由数据中心、人工智能、5G网络等新一代信息技术不断融合,叠加和迭代所形成的基础设施体系,可以通过动能转换、结构优化与效率提升三个层面推动我国经济高质量发展;李海刚(2022)②从实证角度验证了数字新基建对经济高质量发展的空间溢出效应,且信息基础设施、融合基础设施与创新基础设施对经济高质量发展的影响作用均显著为正。还有学者分析了各类新型数字基础设施对我国各类产业高质量发展的推动作用,证实了新型基础设施建设可以有效拉动经济增长,推动各类产业结构优化升级(钞小静、廉园梅、罗鎏锴,2021)③。

数字经济不仅会从不同侧面作用于我国经济高质量发展,其本身作为新一代信息技术革命下产生的新型经济模式,对经济高质量发展产生了巨大影响。当前我国大部分学者围绕推动企业效率与管理水平提升、产业结构转型升级、提升创新能力与创新效率以及优化要素配置等方面研究数字经济对经济高质量发展的影响,具体如下:

就企业创新与效率提升而言,已有研究从知识溢出与技术创新视角、全要素生产率与内部控制质量视角来论述数字化转型推动高质量发展的路径。李小青等(2022)④从信息资源使用效率、创新过程可控性与运营流程连通性角度入手分析了数字化创新对助力产业结构升级、实现企业高质量发展的带动作用,指出数字化创新有利于形成新的产业链与价值链,打破原有价值创造体

---

① 钞小静:《新型数字基础设施促进我国高质量发展的路径》,《西安财经大学学报》2020年第2期。

② 李海刚:《数字新基建、空间溢出与经济高质量发展》,《经济问题探索》2022年第6期。

③ 钞小静、廉园梅、罗鎏锴:《新型数字基础设施对制造业高质量发展的影响》,《财贸研究》2021年第10期。

④ 李小青、何玮萱、霍雨丹、周建:《数字化创新如何影响企业高质量发展——数字金融水平的调节作用》,《首都经济贸易大学学报》2022年第1期。

系,形成多维创新路径以此带动产业链条延伸与产业结构升级。借助云计算、大数据、人工智能等数字技术,数字经济可以深入渗透企业生产的各个环节,增强技术、资本等传统生产要素流通性的同时,利用数据要素这一新型生产要素,在研发、生产与销售环节搜集到更多实时数据,为企业研发设计提供更多数据反馈,推动研发人员不断改善产品与服务质量(刘艳霞,2022)①。同时,借助数字化的数据挖掘技术,企业可以在研发与生产过程中尽可能降低知识学习成本,将新知识迅速转化为企业生产力,由此带动技术创新与企业生产效率的提升(李治国、王杰,2021)②。不仅如此,数字经济还可以在提升企业管理者的管理能力与管理水平、提升内部控制质量的同时,充分激发企业家精神对企业创新的推动作用,在强化知识溢出与创新效应的同时催生出开放式的创新环境,高效培育与催生企业家精神以此带动企业高质量发展(周卫华、刘一霖,2022)③。此外,还有研究指出,数字经济可以在一定程度上缓解企业的融资约束,借助各类数字化设备可以降低融资信贷方面的信息不对称性问题,降低企业议价成本、信息搜寻成本与监督成本,有利于企业高质量发展的实现(郭丰、杨上广、金环,2022)④。

就产业结构转型升级来看,数字经济可以发挥规模经济效应、精准匹配效应、效率提升效应等效应赋能产业高质量发展,不断提升我国产业数字化程度(祝合良、王春娟,2020)⑤。借助各类数字技术,数字经济在产业供给端通过产业数字化与数字产业化为产业结构优化升级、向中高端迈进注入动力。一

---

① 刘艳霞:《数字经济赋能企业高质量发展——基于企业全要素生产率的经验证据》,《改革》2022 年第 9 期。

② 李治国、王杰:《数字经济发展、数据要素配置与制造业生产率提升》,《经济学家》2021年第 10 期。

③ 周卫华、刘一霖:《管理者能力、企业数字化与内部控制质量》,《经济与管理研究》2022年第 5 期。

④ 郭丰、杨上广、金环:《数字经济对企业全要素生产率的影响及其作用机制》,《现代财经(天津财经大学学报)》2022 年第 9 期。

⑤ 祝合良、王春娟:《数字经济引领产业高质量发展:理论、机理与路径》,《财经理论与实践》2020 年第 5 期。

方面,产业数字化可以将产业内部的研发、生产、销售与服务有机融合,从数字层、平台层与物理层赋能产业结构升级。由数据要素汇聚的数字层可以通过数字化技术搭建的平台层,形成大数据服务与分析,赋能产业底层的物理层,实现产业数字化转型(祝合良、王春娟,2021)①,推动形成"云计算—算力—数据"的数字化生产方式,实现生产计划的科学合理定制,带动产业结构升级(韩君、高瀛璐,2022)②;另一方面,数字产业化的形成有利于形成新产业、新业态、新模式,形成新的产业链条,有利于推进整体产业结构向高级化与合理化迈进(宋旭光、何佳佳、左马华青,2022)③。进一步来看,数字经济发展所形成的新生产要素——数据要素,可以充分激发产业发展新动能、新基建构筑产业发展结构性力量,智能制造业延伸产业链条,组织架构再创增值规模(盛磊,2020)④。数字经济可以有效重构产业内良性竞争合作业态,通过加强物联网、工业互联网等技术与产业内组织的协作进而实现对环境的快速反应以及实物资源的有效配置,为进一步跨区域生产协作提供条件,同时推动产业活动由原来单个企业向网络生态化的组织方式转变;此外,数字经济能够赋能供应链生态系统,实现以区块链技术作为系统底层框架的基石,推进各类新兴技术的熊彼特式创新,利用关键性核心技术突破支撑新兴产业发展(温军、邓沛东、张倩肖,2020)⑤。刘鑫鑫、惠宁(2021)⑥研究发现,数字经济通过推动产

① 祝合良、王春娟:《"双循环"新发展格局战略背景下产业数字化转型:理论与对策》,《财贸经济》2021 年第 3 期。

② 韩君、高瀛璐:《中国省域数字经济发展的产业关联效应测算》,《数量经济技术经济研究》2022 年第 4 期。

③ 宋旭光、何佳佳、左马华青:《数字产业化赋能实体经济发展:机制与路径》,《改革》2022 年第 6 期。

④ 盛磊:《数字经济引领产业高质量发展:动力机制、内在逻辑与实施路径》,《价格理论与实践》2020 年第 2 期。

⑤ 温军、邓沛东、张倩肖:《数字经济创新如何重塑高质量发展路径》,《人文杂志》2020 年第 11 期。

⑥ 刘鑫鑫、惠宁:《数字经济对中国制造业高质量发展的影响研究》,《经济体制改革》2021 年第 5 期。

业结构升级、激发创新活力与提升人力资本质量带动经济高质量发展。

就创新能力和要素配置效率来看,一方面,数字经济下数字资本替代其他资本促进了资源配置效率的提升,在数据成为新型生产要素之后,经济社会运行在一定程度上降低了对传统生产要素的依赖程度,有利于要素资源的更合理配置,在一定程度上提升了要素资源的配置效率与利用水平(任保平、何厚聪,2022)[①];另一方面,数字经济有效提高了城市创业活跃度与创新能力,从而赋能经济高质量发展(赵涛、张智、梁上坤,2020)[②]。数字经济以大数据、人工智能与云计算等信息技术应用为主要特征,凭借其数据处理、信息获取与跨时空传播等近乎零成本的优势,有效缓解创新过程中研发要素供需矛盾与产品供需矛盾,有利于提升突破性创新的倾向性(胡山、余泳泽,2022)[③]。李宗显、杨千帆(2021)[④]认为,数字经济作为技术高密集度的经济形态,在推动技术变革与改善要素配置方面发挥着重要作用,一方面,数字经济能够通过缓解融资约束、提升创新能力、优化创新环境、降低创新风险等途径推动技术创新;另一方面,数字经济通过提升信息搜寻效率,打破要素供求双方之间的信息不对称性壁垒,可以纠正生产要素错配问题,有效提高要素匹配效率,进而推动经济高质量发展。

在数字经济的内涵界定方面,当前学术界还未对数字经济的内涵形成定论。究其原因,是因为数字经济作为数字技术与经济社会发展不断融合的经济形态,其内涵与特征是不断发展、丰富与完善的,随着历史发

① 任保平、何厚聪:《数字经济赋能高质量发展:理论逻辑、路径选择与政策取向》,《财经科学》2022 年第 4 期。
② 赵涛、张智、梁上坤:《数字经济、创业活跃度与高质量发展——来自中国城市的经验证据》,《管理世界》2020 年第 10 期。
③ 胡山、余泳泽:《数字经济与企业创新——突破性创新还是渐进性创新》,《财经问题研究》2022 年第 1 期。
④ 李宗显、杨千帆:《数字经济如何影响中国经济高质量发展?》,《现代经济探讨》2021 年第 7 期。

展不断演进变化。同样地,在数字经济的测度方面,已有关于数字经济评价指标体系的构建缺乏一致性,大量学者运用规模测算、指数编制等多样化方法对数字经济发展水平进行测算,但测算结果与特征均存在明显差别。总之,现阶段动态追踪并科学评估我国数字经济发展水平存在一定难度。

在经济高质量发展的内涵界定方面,已有研究或是集中从过程和结果两个维度界定经济高质量发展的内涵,而没有充分考虑经济高质量发展的基础条件,或是依据新发展理念这一针对中国发展中的突出矛盾与问题提出的行动指南理解经济高质量发展,而缺少相应的经济学理论基础,尚未形成从条件、过程、结果三维动态视角对经济高质量发展的界定理解;相应地,在对经济高质量发展的测算度量方面,已有研究或是集中于从结果维度运用全要素生产率等指标刻画经济高质量发展,或是立足其典型特征建立综合指标体系,但是一方面未曾明确提出条件—过程—结果三维视角形成逻辑自洽的测度框架,另一方面在指标选取层面也大多停留在规模测算层面,对经济高质量发展运行质量的关注不足,也未曾融入数字经济时代下的新考量。可以看出,目前学术界对经济高质量发展的界定度量还有进一步完善的空间。

在数字经济影响效应方面,已有文献围绕城市绿色可持续、产业结构升级、国家治理模式转变等方面展开;而在数字经济与经济高质量发展的影响研究方面,已有文献从企业全要素生产率提升、知识溢出等角度展开。纵观已有文献,当前的大部分对数字经济如何影响经济高质量发展的研究往往集中于某个侧面,缺乏系统、理论性的框架支撑,并没有基于数字经济与经济高质量发展的典型特征与理论内涵进行系统性的讨论。可以看出,当前学术界对数字经济影响经济高质量发展的影响研究仍有进一步完善与讨论的空间。

第二章 数字经济影响经济高质量发展的理论框架

上一章梳理了数字经济与高质量发展的内涵界定、综合测度以及影响因素的相关文献,一些学者从国家治理模式、服务业发展、国际经济格局变动等层面试图寻找推动经济高质量发展的潜在因素,然而,尚未有文献从数字经济典型属性出发研究其对经济高质量发展的影响。在新一轮数字技术和产业革命浪潮下,数字经济发展已经成为全球要素资源重组、经济结构重造、竞争格局重塑的重要力量。区别于其他典型经济体数字经济的渐进式发展,中国数字经济发展具有强烈的本土化特征,其发展速度、辐射范围和影响程度等均呈现出爆发式飞跃,那么,在新一轮科技革命与产业变革的影响下,数字经济如何成为驱动经济高质量发展的新引擎?要解答这一问题,我们需立足于数字经济的典型特征,系统提炼其推动中国经济高质量发展的机制与路径。基于此,本章主要从理论层面研究数字经济影响经济高质量发展的作用机制。

第一节 经济高质量发展的内涵及特征

推动经济高质量发展是我国经济进入新发展阶段作出的重大判断,也是我国未来一段时期经济发展的主题和各项战略部署的落脚点。搭建数字经济对经济高质量发展影响机制的理论框架要对经济高质量发展的内涵和特征作出新的梳理概括。

一、经济高质量发展的提出背景及内涵界定

对经济高质量概念内涵的理解需要在历史演化视角下,结合经济发展相关理论,明确经济发展阶段转变对我国经济发展模式提出的新要求。事实上,经济发展包含数量和质量两个维度,质变和量变的主导关系是根据经济发展阶段的变化而调整的,党的十九大提出我国经济高质量发展是在经济数量积累一定程度的基础上,转变为质量主导的新发展模式,最终要实现经济发展量和质的有效统一。接下来,本章将具体阐释经济高质量发展的理论逻辑和现实依据。

从数量型增长向质量型发展转变,是经济发展到高级阶段的要求。根据发展经济学理论,当经济处于不同时期时,其资源禀赋条件是有所差异的,对应的发展目标、任务也不同,而发展禀赋和目标又决定了发展的模式和路径,因此经济发展模式需要转为创新、人才驱动的质量型发展(任保平,2021)①。根据罗斯托经济发展阶段理论的划分,在经济进入准备起飞和起飞阶段,经济发展主要依赖于资本投资拉动,工业化主导,是一种非均衡的发展模式。当经济发展进入成熟阶段及以后,技术进步的带动作用更加明显,经济增长更具有普惠性,人民对生活质量、环境质量的多样化需求驱动经济结构转变。

改革开放以来,我国创造了经济快速增长的"奇迹",总量跃升世界第二大经济体,人民生活水平提升、绝对贫困的消灭、建成世界上最完整的工业体系和最大的基础设施网络、城镇化迅速推进、制造业规模和外贸总量长期位居世界首位。我国长期所处的短缺经济和供给不足的状况已发生根本性改变,"有没有"的问题基本得到解决。但是过去粗放式发展形成了经济结构性体

---

① 任保平:《"十四五"时期转向高质量发展加快落实阶段的重大理论问题》,《学术月刊》2021年第2期。

制性矛盾不断积累,发展不平衡不充分逐渐成为主要矛盾,依靠要素驱动的发展模式难以维持,高储蓄、高投资的过度积累所导致的要素边际报酬加速递减,中国经济增长也出现减速现象(蔡昉,2013)[①]。事实上,我国生产函数正在发生变化,经济发展的要素条件、组合方式、配置效率发生改变,"人口红利"的消失、投资回报率的下降、资源环境的紧张表明我国并不具备粗放式的发展条件,只有通过提高资源配置效率、科技创新水平等方式重塑发展动力,才是多重约束下求最优解的过程。

当前社会主要矛盾已经转化为人民日益增长的美好生活需要和不平衡不充分的发展之间的矛盾,要着力解决"好不好"的问题,不平衡不充分本质上是发展质量不高。党的十八大以来,中国特色社会主义进入新时代,党的十九大报告首次提出"我国经济已由高速增长阶段转向高质量发展阶段,正处在转变发展方式、优化经济结构、转换增长动力的攻关期"。党的十九届六中全会通过的《中共中央关于党的百年奋斗重大成就和历史经验的决议》在总结历史发展经验中进一步明确强调,"必须实现创新成为第一动力、协调成为内生特点、绿色成为普遍形态、开放成为必由之路、共享成为根本目的的高质量发展,推动经济发展质量变革、效率变革、动力变革"。

因此,我们认为经济高质量发展内涵是:当经济发展的数量实现有效扩张,经济在条件维度实现动力模式转变、在过程维度实现经济结构优化、在结果维度实现经济社会协同发展,人民生活水平显著提高,最终实现三者的协同演化的质量型发展的高级状态。

二、经济高质量发展的典型特征

数量型经济增长是以国内生产总值为核心指标的经济数量上的增长和经济规模的扩张,其评价度量方式是单一的,是以物质为中心的增长,没有考虑

---

① 蔡昉:《中国经济增长如何转向全要素生产率驱动型》,《中国社会科学》2013年第1期。

经济增长的成本和代价。经济高质量发展是一个综合概念,更是一种价值倡导,是对经济增长的优劣进行判断,关注的是经济增长动力的可持续性、过程的协调性和结果的普惠化。我国提出从数量型增长转向注重经济发展的质量和效益,也是抛弃过去国内生产总值作为单一衡量方式,强调对经济发展条件、过程、结果的全方位重塑。接下来,我们从经济高质量发展的条件、过程、结果以及三者联动阐释经济高质量发展的典型特征。

从发展条件维度看,创新是第一动力。在新发展阶段,要把科技创新驱动放在中国式现代化建设的核心地位,抓住新一轮新兴产业技术变革,实现从"跟跑""并跑"到"领跑"的转变。过去我国通过引进外国先进技术的方式带动本土创新,然而随着我国与发达国家的技术距离逐渐相近,"模仿式"创新难度加大,同时还会遇到发达国家"卡脖子"技术压制,需要逐渐构建独立自主的技术创新体系。与此同时,现阶段数字经济创新引领着全球产业技术创新的变革,推动各国经济新旧动能转变,科学和技术的变革可以形成"创造性破坏"的力量,使新生产部门不断涌现,落后生产部门被迫淘汰,最终推动整体经济结构优化升级(张占斌、毕照卿,2022)①。过去几次产业技术革命,我国均处于"追赶"状态,现阶段我国已经基本完成工业化,面对新兴数字技术革命,要抓住机遇,领跑发展,以数字创新带动全局创新。

从发展过程维度看,经济发展本身是经济结构不断走向高级化、合理化的过程。在高质量发展过程中,结构转型升级意味着要从过去单一经济部门规模扩张式发展转向不同经济部门的协调和优化,通过价值链、产业链、供应链的不断整合和攀升,形成经济部门间协同效应和规模报酬递增机制(任保平,2022②;郭克莎,2022③)。推动经济高质量发展,一方面,构建以新兴技术为依托的新型工业化,利用信息化重塑工业化,推进产业基础高级化和产业链现

① 张占斌、毕照卿:《经济高质量发展》,《经济研究》2022 年第 4 期。
② 任保平:《从中国经济增长奇迹到经济高质量发展》,《政治经济学评论》2022 年第 6 期。
③ 郭克莎:《突破结构性制约的中国探索与创新》,《中国社会科学》2022 年第 10 期。

代化,促进中国产业结构迈向全球价值链中高端,推动产业向高端化、智能化、服务化、绿色化转型;另一方面,改善重大结构失衡,建立现代化产业体系,要求协同推进"四化同步",推动战略性新兴产业融合集群发展,构建优质高效的服务业新体系,推动现代服务业和先进制造业、现代农业深度融合(刘伟,2017)①。

从发展结果维度看,经济高质量发展是以满足人民日益增长的美好生活需要为目标的高效率、公平和绿色可持续的发展。如今主要矛盾已经转变为发展不平衡不充分和人民对美好生活需要的矛盾,而"美好生活"不仅包括物质财富的积累,且包括公平、绿色、民生、安全等多方面的诉求。立足于人的全面发展作为推进经济高质量发展的目标,需要做到:提升经济发展的全要素生产率,着力于提高人力资本质量,优化配置人力资本,释放其具备的知识与技能,让人人都具有创造财富的能力;经济高质量发展的成果全民共享,贯彻共享发展理念,构建公平有序的收入分配格局,在高质量发展中扎实推动共同富裕;绿色发展应是经济高质量发展的重要底色,强调生态优先、环境保护,加快经济发展方式绿色转型,增强人民的绿色财富。

三、经济高质量发展是条件、过程、结果三个维度的协调统一

经济高质量发展的条件、过程、结果三个维度不是孤立存在的,而是协同联动的,共同形成规模报酬递增机制的经济发展的高级状态。高培勇等(2020)②针对发达国家"高质量活动"的经验总结提出,发达国家长期增长所蕴含的一个规律,是报酬递增机制的创造和再造,体现为技术创新及治理结构现代化的报酬递增机制,在经济因素与社会因素的相互作用中生成、演化,以

---

① 刘伟:《现代化经济体系是发展、改革、开放的有机统一》,《经济研究》2017 年第 11 期。
② 高培勇、袁富华、胡怀国、刘霞辉:《高质量发展的动力、机制与治理》,《经济研究》2020 年第 4 期。

此推动历史阶段的顺次递进,呈现出高质量发展的动态图景。张军扩等(2019)①认为,高质量发展是经济、政治、文化、社会、生态文明建设"五位一体"的协调发展。钞小静、薛志欣(2018)②从马克思主义政治经济学出发,提出要通过三维创新驱动、结构再平衡支撑以及发展效率提升三个维度不断形成新推力,推动中国经济高质量发展。传统经济增长理论也不断纳入创新、结构、分配等因素在经济增长中的作用,但是只考虑单个变量与经济增长的线性关系,没有考虑三者的协同演化的关系,缺乏系统的视角。事实上,经济发展是一个系统,进入高质量发展阶段,经济发展的条件、过程、结果三个维度是相互影响、共同演化的,推动经济发展形成内生的规模报酬递增机制,实现经济发展迈向更高阶段,值得强调的是,经济发展系统内部的协同演化关系在数字经济时代更为突出。

首先,科技创新的动力机制驱动着经济结构的转型以及经济效率增进;技术创新会提高生产要素的利用效率,形成"创造性破坏"的力量,实现对资源要素的重新配置及不同行业部门间要素的流动,促进产业经济结构优化、转型和升级。因此技术创新是优化资源配置效率和产业经济结构转型升级的重要动力。其次,经济结构转型的过程是科技创新驱动经济效率增进的实现条件;发挥创新驱动的作用需要以产业结构转型为依托,要形成生产率、利润和积累协同演进的规模报酬递增机制,就需要动力、支柱和引领产业之间的需求互补,形成相互带动效应(任保平,2018)③。刘志彪、凌永辉(2020)④研究发现,结构转换有利于加速产业结构优化,进而对全要素生产率表现出促进效应,提

---

① 张军扩、侯永志、刘培林、何建武、卓贤:《高质量发展的目标要求和战略路径》,《管理世界》2019 年第 7 期。

② 钞小静、薛志欣:《新时代中国经济高质量发展的理论逻辑与实践机制》,《西北大学学报(哲学社会科学版)》2018 年第 6 期。

③ 任保平:《新时代中国经济从高速增长转向高质量发展:理论阐释与实践取向》,《学术月刊》2018 年第 3 期。

④ 刘志彪、凌永辉:《结构转换、全要素生产率与高质量发展》,《管理世界》2020 年第 7 期。

出中国当前阶段追求高质量发展,通过加速结构转换来促进企业全要素生产率提升。最后,经济效率增进为科技创新和结构转型形成"正反馈",从而形成良性循环。经济效率的提升会在微观层面,通过效率补偿和预期引致效果对人力资本积累产生影响,从而反馈到技术创新和经济结构转型。从分配关系、环境改善等广义层面理解经济高质量发展的结果维度,一些学者同样提出,改善劳动收入份额、改善生态环境可以通过促进人力资本提升等渠道反作用于技术创新(钞小静、廉圆梅,2019)[①]。综上可知,经济高质量发展的条件、过程、结果三个维度是相互影响、协同演化的关系,最终形成"正反馈"的循环机制,需要以系统的观念看待经济高质量发展的内涵特征(见图2-1)。

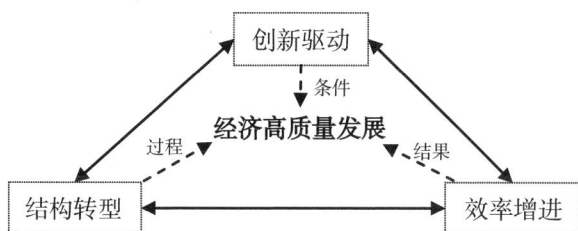

图 2-1　经济高质量发展条件、过程、结果协同演化

第二节　新一轮科技革命中数字经济的内涵及特征

一、数字经济的理论内涵

早期学者将数字经济视为一个数字技术被广泛应用并促使整个经济环境和经济活动产生根本性变化的经济系统(Tapscott,1996)[②]。随着数字技术的

[①]　钞小静、廉圆梅:《劳动收入份额与中国经济增长质量》,《经济学动态》2019 年第 9 期。

[②]　Tapscott D.,"The Digital Economy:*Promise and Peril in the Age of Networked Intelligence*", New York:McGraw-Hill,1996,pp.160-190.

不断迭代,数字经济与实体经济的融合发展在不同时期呈现出多元化的经济形态。

在数字经济发展的萌芽期,数字经济主要体现为以信息技术为载体的信息经济,其通过信息技术的应用将搜集到的海量数据提炼并整合为有效信息,应用于研发设计、生产运营、市场开拓、客户服务等环节,削弱了产品间以空间关系为联系纽带的作用,以便能够更好地实现消费者与生产者之间的信息匹配,最终提升组织效能和企业价值的决策系统。随着数字技术的进一步发展,大数据、人工智能、云计算等新一代信息技术赋能社会各行业、各领域的应用场景,加速了电子信息网络、新材料、新能源等新兴产业部门与传统经济的交叉融合,促进了即时通信、电子商务、数字平台等新业务形态的涌现,产生了以敏感的数据采集运输系统、发达的数据算法为基础的平台经济(谢富胜、吴越、王生升,2019)①。随着数字技术的应用场景逐渐丰富,数字技术的融合应用促使形成以共享教育、共享交通、共享医疗等为代表的多方共生、共享、共赢的新经济发展模式,因此,共享经济在各个领域开始迅速崛起。现阶段,智能科技已成为引领经济发展的新动力,由人工智能、区块链等智能技术与多产业、多领域的深度融合形成了数据驱动、人机协同的智能经济形态。

综上所述,立足数字经济的逻辑脉络与典型表现,我们将数字经济界定为:在不同的历史时期,随着信息技术的应用场景逐渐丰富、应用层次的不断深化,数字技术与经济活动不断融合所形成的新型经济形态。

二、新一轮科技革命中数字经济的典型特征

在新一代信息技术驱动下,不同时期的数字经济发展会呈现出技术性、互联性、倍增性的典型特征。具体来看:

一是技术性。数字经济所具有的数字技术属性主要体现在以下几方面:

---

① 谢富胜、吴越、王生升:《平台经济全球化的政治经济学分析》,《中国社会科学》2019 年第 12 期。

首先,数字技术能够与数据要素相结合,通过发挥数据要素所具有的规模报酬递增、易复制性、快速传播性等特征,一方面可以推动以数据信息与知识为载体的技术在不同主体与生产环节中便捷传播,实现知识溢出与技术共享(师军利、王庭东,2022)[①];另一方面借助各类数据挖掘与分析技术实现大数据治理,降低信息与知识的学习成本,将各类新信息与新知识吸收并迅速转化为生产力,充分释放数据生产力与要素价值(钞小静、王宸威,2022)[②]。其次,数字技术可以嵌入各个类型的生产活动与技术类型中,全面覆盖产业链的各个环节,在提升各个部门要素投入的协同应用的基础上提升资源配置效率,有利于推动形成集成化、系统化的产业制造流程(蔡跃洲、牛新星,2021)[③]。例如,人工智能可以在目标导向的指引下、运用智能芯片和核心算法对人类智能及生理构造进行机器模拟,通过精准辨识外部环境特征,将先进的"数据+算力+算法"的智能系统广泛应用到智能环节与非智能环节,通过渐进式创新实现关键技术不断累积。[④] 最后,数字技术的迭代有利于推动信息通信技术产业投资,而信息通信技术产业资本会对传统资本产生显著的替代作用,有利于进一步提升企业资本质量并加速资本深化,帮助企业降低生产成本、提升生产效率(田秀娟、李睿,2022)[⑤]。从不同产业来看,相比工业和服务业,农业数字经济渗透率显著提升,综上来看,数字经济所具有的数字技术属性可以作用于企业生产制造业的全流程与产业链的各个部分,推动经济生产方式的转变。

---

① 师军利、王庭东:《RCEP 区域双循环构想——基于数字技术扩散视角的实证研究》,《经济与管理评论》2022 年第 4 期。

② 钞小静、王宸威:《数据要素对制造业高质量发展的影响——来自制造业上市公司微观视角的经验证据》,《浙江工商大学学报》2022 年第 4 期。

③ 蔡跃洲、牛新星:《中国数字经济增加值规模测算及结构分析》,《中国社会科学》2021 年第 11 期。

④ 唐晓华、景文治、张英慧:《人工智能赋能下关键技术突破、产业链技术共生与经济"脱虚向实"》,《当代经济科学》2021 年第 5 期。

⑤ 田秀娟、李睿:《数字技术赋能实体经济转型发展——基于熊彼特内生增长理论的分析框架》,《管理世界》2022 年第 5 期。

二是互联性。数字经济所具有的互联属性主要体现在以下三个方面:首先,在全球信息网络泛在互联的情境下,数字经济的互联属性可以充分与人才、技术、资本与管理等生产要素紧密结合,加速不同要素链条在不同地域与行业间快速实现结盟、入网、解构,可以说,数据要素与人力资源、科技以及管理水平等传统要素互相融合、协同发展的过程就是全要素实现数字化、智能化发展的过程(王建东、童楠楠,2020)[①]。其次,数字经济的互联属性能够有效克服时间、空间的物理约束,有效聚合共享各类资源并通过云端等网络基础设施扩展市场范围、带动大规模协作,更加突出地表现为人、机、物多元主体之间的全面互联、高效互通与协同演进,有利于促进信息资源在跨企业、跨行业、跨地区的有效释放、传递与共享,从而打破信息不对称,精准识别市场新需求,促进资源优化配置。例如,新型基础设施将生产设备直接连接至物联网、工业互联网等新型基础设施云平台,实现设备信息和生产信息在云服务器中超低延时的高效互通,为远程操作生产设备、实时监测生产过程提供了可能,并且可以克服传统布线模式下产能调度面临的物理约束,凭借无线传输与无线控制形成灵活调整设备位置、灵活分配任务的柔性生产线,完成对数据信息的实时采集、存储、处理和深度挖掘工作,实现对生产环节的有效控制。最后,数字经济的发展会加速创新迭代速度,快速高效地连接产业链条各环节,形成"锯齿型"的产业组织(张文魁,2022)[②],这一过程既会推动跨越产业、行业边界融合发展的新产业、新业态、新模式应运而生,又会促进产业之间的协调发展与连接。

三是倍增性。数字经济所具有的倍增属性主要体现在以下三方面:首先,数字经济时代下数据要素的开发与利用具有典型的供给侧规模经济和需求侧规模经济协同的特征,能够促使企业开始承接融合、整合知识网络,增大生产

网络的辐射范围(王佳元,2022)①,并通过其自身所具有的正反馈自强化机制可以大幅度向外移动社会整体的生产可能性曲线,摆脱传统经济增长出现的规模报酬递减与单个产品需求增长出现上限的约束,实现经济增长的倍增。例如,5G 等新一代信息技术形成的知识网络可以通过自我学习与进化,从传统的单点应用模式转变为多点协同迭代演进模式,扩展知识网络与社会各个领域融合的深度与广度,实现网络互联下辐射范围的几何倍增。其次,数字经济时代,各类数字基础设施应用形成的信息、知识网络可以通过自我学习与进化,从传统的单点应用模式转变为多点协同迭代演进模式,一方面可以扩展信息、知识网络与社会各领域融合的深度与广度;另一方面有利于形成边际成本随交易次数的增加而逐渐减低,推动最终产品几乎可以实现零成本复制(荆文君、孙宝文,2019)②,从而实现规模回报率递增。最后,数字经济可以对现有资源和新资源进行整合重构,从而将零散的个体转化为协调统一的有机整体(李海舰、田跃新、李文杰,2014)③,获得价值倍增的效果。最后,数字经济的发展通过现代通信网络将物理世界与虚拟空间融合集成、相互映射,形成突破传统物理空间的跳跃性扩散,不仅能够帮助传统生产要素有效克服物理空间和时间约束,加速数据在各区域之间的充分流动,形成新的空间组织模式,还在空间层面促使要素根据不同的需要通过快捷、高效的联结和重组,充分激发资金、人才、技术等经济社会发展要素流动,不断拓展新的业态④,形成业态倍增效应。

---

①　王佳元:《数字经济赋能产业深度融合发展:作用机制、问题挑战及政策建议》,《宏观经济研究》2022 年第 5 期。

②　荆文君、孙宝文:《数字经济促进经济高质量发展:一个理论分析框架》,《经济学家》2019 年第 2 期。

③　李海舰、田跃新、李文杰:《互联网思维与传统企业再造》,《中国工业经济》2014 年第10 期。

④　辜胜阻、曹冬梅、李睿:《让"互联网+"行动计划引领新一轮创业浪潮》,《科学学研究》2016 年第 2 期。

第三节　数字经济影响经济高质量发展的作用途径

数字经济所具有的数字技术、互联能力与网络溢出等特性,使其可以快速、全面渗透经济运行的全方面、各领域,在推进多个主体全面互联的基础上,对经济运行产生几何级的叠加倍增效应,实现经济高质量发展。因此,本章基于扩散、协同、倍增三个方面搭建数字经济影响经济高质量发展作用机制的理论分析框架。

一、数字经济影响条件维度下经济高质量发展的扩散机制

经济高质量发展作为经济发展质量的高级状态,体现了新发展理念。在发展的条件维度,经济高质量发展要求更多体现为发挥科技创新的带头引领作用,以创新作为经济发展的第一驱动力。当前我国正处于人口红利的逐渐消失与人口老龄化程度加剧,劳动、资本以及全要素回报率下降,产业、分配与区域经济发展结构不合理的阶段,国内经济增长动能不足,动能转变迫切性凸显。而数字经济时代下机器学习、人工智能技术为代表的智能技术群落逐项落地,其所引领的以智能、数字和泛在为特征的群体性技术革命正在不断催生新产业、新模式的颠覆性创新,颠覆性技术创新会推动新产业生产效率的提升,加速资本、劳动力等生产要素流入该行业,推动整个经济系统中要素与产品的供求结构调整,形成新的经济增长点。熊彼特创新经济学理论指出,创新可以分为渐进式创新(Incremental Innovation)与激进式创新(Radical Innovation),前者是对既有技术体系与轨迹的延伸与改进,而后者则往往意味着对以往技术轨迹的颠覆(Carlota,2010)[①]。当多个相关联的通用技术出现

---

① Carlota P.,"Technological Revolutions and Techno-economic Paradigms",*Cambridge Journal of Economics*,Vol.34,No.1,2010,pp.185-202.

激进式创新时就会形成新技术体系,由此引发科技革命。每一次科技革命都会催生出新产业与新经济体系,而随着新一轮技术革命的到来,以人工智能、区块链、5G等新一代数字技术的应用与创新会引起产业变革,推动新生产部门与新经济生产模式的不断涌现,极大改变经济结构,实现新旧动能转换。同时,创新扩散理论指出,影响通用技术扩散的重要因素包括对创新的态度与追求。技术需求者对新技术的认知是技术扩散的重要前提之一,潜在的技术需求者接受新技术时往往会经历从认知到决策、最后进行采纳的过程,当技术扩散在需求方形成一定规模时,又会进一步推动创新,由此形成技术扩散与创新的正向反馈循环,而数字经济所具有的技术扩散特征恰恰可以显著推动创新,并在创新过程中进一步实现数字技术在各个领域的扩散,形成技术——创新的良性循环。因此,经济高质量发展的条件维度具体表现为创新驱动,以创新推动经济动能转换。

以数字技术为核心的数字经济具有典型的技术扩散属性,其所具有的单点应用向集成渗透演进的特征有利于引致激进型创新。熊彼特认为,创新的主要内涵包括以下几个方面:产品创新、生产方式创新、市场创新、组织创新以及商业模式创新,数字经济通过发挥技术扩散效应,全面嵌入企业生产的各环节与产业升级的各个链条,提升企业创新能力,推动企业颠覆性技术创新,由此实现在条件维度推动经济高质量发展。

二、数字经济影响过程维度下经济高质量发展的协同机制

在经济高质量发展的过程维度,经济发展本身就是经济不断走向高级化与合理化的过程,需要从供给与需求、国内与国外两个市场入手,在充分畅通国民经济高效循环的同时,积极参与国际分工与国际经济大循环,因此,经济高质量发展的过程维度在数字经济背景下表现为产业转型与贸易转型逐渐深化的高级状态。一方面,产业结构理论指出,随着国民经济的发展与人均收入水平的提升,各类生产要素会逐渐从第一产业向第二产业、第

三产业转移,由此平衡各部门间的生产要素效率。地区主导产业在发展过程中会吸引要素从低效率部门转移,并将优势扩散至产业链上下游。当前我国已经进入了由数量扩张向质量提升的关键阶段,然而我国产业结构仍存在内部失衡问题,现代生产性服务业发展滞后,且制造业中传统制造业占比过大,高新技术产业地位尚不突出,需要我国进一步立足于畅通国内大循环,增强内生发展动力,提高内需水平、优化产业结构,利用数字经济带来的新型工业化、信息化,推动产业链现代化向产业结构高级化、合理化转型。另一方面,新新贸易理论提出,企业间生产效率的异质性与国际化生产会推动国家贸易结构升级,进一步地,全球价值链理论在新新贸易理论的基础上提出国家在全球分工中的技术水平的高低决定了其在国际价值链中的位置,位于产业链下游的国家往往具有更高的贸易优势,而位于产业链上游的国家往往只能进行劳动力与原材料投入可以获得利润。而随着全球产业链的快速调整与产业布局的深刻变化,资本主义基本矛盾的无法调和性逐渐显现,引发经济的逆全球化而导致世界经济环境的高度不确定性,在此背景下需提升进出口质量,改变我国在全球价值链分工中"低端锁定"、贸易产品附加值低下的现状,借助数字经济实现对需求与市场信息更加准确地把握,提升我国企业在对外贸易过程中的运行效率,突破地理时空因素对全球供应链分工协作的限制,实现我国在全球价值链地位的提升与贸易转型升级。

数字经济具有典型的互联特征,以数据要素为核心,通过借助各类数字技术促进不同终端、不同主体之间的互联互通,推动产业转型与贸易转型。从产业转型来看,借助数字经济的互联属性,可以推动社会网络关系智能化、合作化与柔性化,推动产业结构优化升级;从贸易转型来看,数字经济不仅可以借助数据要素应用突破传统要素依靠外部供给的约束,有利于推动出口企业生产率的提升,还可以推动全球价值链组织与协调更加高效,促进全球价值链分工深度与广度的进一步延伸,降低全球价值链分工的交易成本,助力我国对外贸易的转型升级(刘洪愧,2020)[1],由此实现在过程维度推动经济高质量发展。

三、数字经济影响过程维度下经济高质量发展的倍增机制

在经济高质量发展的结果维度,经济高质量发展表现为各种投入转化为产出的有效性,因此不断提升全要素生产率的效率,实现高效发展跃升,从而进一步推动经济高质量发展。数字经济时代下人工智能、第五代移动通信技术、云计算等技术的广泛应用,数据要素逐渐进入生产领域,被纳入生产函数之中。在新古典经济增长理论中,由于劳动、资本等要素数量增长长期受到供给侧规模收益递减规律与需求侧产品需求有限增长的约束,要素投入数量增长无法维持经济的持续增长,尽管现代内生经济增长理论将人力资本、技术与知识作为决定经济长期增长的关键,将技术与知识内生于经济增长模型之中,但内生经济增长理论仍没有摆脱边际收益递减的束缚。在数字经济下,由于数据使用具有零边际成本与强外溢性,且数据开发利用在本质上属于不断进行信息与知识创造的生产过程,以人工智能为代表的数字技术应用可以实现更高效率的知识产出与扩散,进而使数据纳入生产函数后表现为规模收益递增的促进效应,推动产出呈现指数型增长趋势,大大提升了产出效率(冯科,2022)[2]。同时,数据的非竞争性与数据技术的"通用目的技术"特征,会推动数据与其他生产要素实现深度融合,实现全要素生产率的提升。因此,在数字经济下经济高质量发展表现为数据要素纳入生产函数范畴内进而推动各类投入转化为有效产出,实现生产效率的大幅提升。

数字经济具有典型的倍增属性,可以充分发挥网络效应,一方面,数字技术应用会推动各类信息链式网的组织实现倍增,生成更加成熟、应用范围

---

① 刘洪愧:《数字贸易发展的经济效应与推进方略》,《改革》2020年第3期。

② 冯科:《数字经济时代数据生产要素化的经济分析》,《北京工商大学学报(社会科学版)》2022年第1期。

更广的信息化产品,有利于进一步提升数据要素利用效率,提升全要素生产率(李天宇、王晓娟,2021)[①];另一方面,数字经济的网络特征有利于推动供给侧规模经济与需求侧规模经济协同发展,带来社会生产可能性曲线的大幅度外溢,实现经济增长效率提升,由此实现在结果维度推动经济高质量发展。

综上所述,数字经济所具有的技术性、互联性与倍增性特征,可以借助数字技术的集成迭代渗透经济社会生产的各方面,推动创新能力与创新效率提升的同时,实现人、机、物的全面互联互通,推动产业转型与贸易转型。此外,数字经济通过网络溢出会产生叠加倍增效应,由此带来经济增长效率的提升。而经济高质量发展包括经济发展条件、经济发展过程与经济发展结果三个方面更加协调、更加合理,在条件、过程与结果维度表现为创新驱动、产业转型与贸易转型以及生产效率的提升,这与数字经济典型特征所产生的效应是相对应的。

基于上述分析,本章基于数字经济的独有属性分析数字经济影响经济高质量发展的逻辑机理。具体来看,首先,梳理了经济高质量发展的内涵与特征。其次,基于新一轮科技革命的现实背景,对数字经济的理论内涵与典型特征进行概括。最后,基于条件、过程、结果维度构建数字经济影响经济高质量发展的分析框架。具体来看,从数字技术视角出发,考察数字经济的建设通过加速形成新型生产要素的集聚以及技术研发与吸收下产生的匹配效应,形成推动经济高质量发展的扩散机制。从互联能力视角出发,考察数字经济通过数字技术融入传统产业以及传统产业数字化的产业联动产生的生产交互效应,以及通过促进市场的互联互通,产生市场整合效应,优化数字经济发展环境,形成推动经济高质量发展的协同

---

① 李天宇、王晓娟:《数字经济赋能中国"双循环"战略:内在逻辑与实现路径》,《经济学家》2021年第5期。

机制。考虑到数字经济具有溢出性且其呈现网络分布,进一步从网络溢出视角分析数字经济作为新型生产要素的主要载体,可以通过网络扩张效应、网络关联效应与网络整合效应,产生推动经济高质量发展的倍增机制。

第三章　中国数字经济发展的综合评价

根据第一章的文献梳理可知,已有文献主要采用增加值测算法,即通过确定数字经济细分行业,加总行业产值来衡量数字经济发展现状,但这一方法的使用受到省级或市级连续数据较难获取的限制。少量研究将数字经济视为一个经济系统,采用指数编制法测度评价我国数字经济发展水平,但基于形态属性对中国省域数字经济发展水平进行测度评价的研究较为鲜见。因此,本章基于数字经济演化的理论逻辑,从信息经济、平台经济、共享经济、智能经济四个维度构建数字经济发展的综合评价指标体系,并利用核密度估计、全局与局域莫兰指数、社会网络分析、达格姆(Dagum)基尼系数等方法对我国数字经济发展的动态演进、空间关联以及区域差异进行深入探讨,这对于进一步深化拓展数字经济演化的理论逻辑,更有针对性地提出推动中国数字经济健康发展和区域协同发展的战略措施具有重要的理论价值和现实意义。

第一节　数字经济的理论逻辑与评价指标体系

在新一代信息技术驱动下,不同时期的数字经济发展呈现出一些典型的共性特征。一是数据驱动。区别于传统的要素驱动,数据驱动是以大数据技术为支撑,将搜集到的海量数据提炼并整合为有效信息,应用于研发设计、生产运营、市场开拓、客户服务等环节,最终提升组织效能和企业价值的决策系统。二是万物互联。在全球信息网络泛在互联的情境下,人与人、人与物、物与物的实时在线交互有利于促进信息资源在跨企业、跨行业、跨地区的有效释放、传递与共享,从而打破信息不对称,精准识别市场新需求,促进资源优化配置并实现经济价值增值。三是融合渗透。大数据、人工智能、云计算等新一代信息技术赋能社会各行业、各领域的应用场景,促进了即时通信、电子商务等新业务形态的涌现,加速了电子信息网络、新材料、新能源等新兴产业部门与传统经济的交叉融合,对传统产业形成颠覆性影响并促成其实现产业数字化。

一、数字经济的理论逻辑

1996 年,"数字经济之父"唐·泰普斯科特(Tapscott)在《数字经济:智力互联时代的希望与风险》中正式提出数字经济的概念。随后,美国商务部出版了《新兴的数字经济》研究报告,进一步强调了数字经济对经济发展的影响。然而,随着新一轮科技革命与产业变革的加速演进,原有关于数字经济的简单理解已难以准确涵盖数字经济的丰富概念。数字经济的内涵随着信息技术的应用场景逐渐丰富、应用层次不断深化及其与实体经济深度融合而不断拓展,其中,信息经济表现为以互联网为载体、以信息产业为主导、以网络技术对传统产业的外部性为主要特征的信息网络经济;数字技术体系的发展进一步诞生了以敏感的数据采集运输系统、发达的数据算法为基础,以数字平台为核心的平台经济(谢富胜、吴越、王生升,2019)①;随着移动互联网快速发展,以共享单车、共享充电宝等为代表

---

① 谢富胜、吴越、王生升:《平台经济全球化的政治经济学分析》,《中国社会科学》2019 年第 12 期。

的共享经济新模式、新业态逐渐涌现;而后,智能科技成为引领经济发展的新动力,由智能技术推动形成和发展的、以智能算法为主要形式的智能经济也应运而生。而数字经济正是信息、平台、共享与智能经济等新型经济形态的有机结合体,故本节将从这四个方面梳理数字经济发展的典型特征与演进逻辑。

一是信息经济。1994年,中国正式进入互联网时代。信息网络技术与传统经济生产、社会生活的渗透融合形成了以移动通信、数据传输等信息产业为主导,以芯片、集成电路等信息产品生产和信息服务为主体的数字经济形态。有别于传统的农业经济和工业经济,信息经济以信息资源为基础,以信息技术为手段,通过生产知识密集型的信息产品和信息服务来刺激经济增长、社会产出和劳动就业,其在新时期的典型特征主要包括技术自适应性和知识溢出性。(1)技术自适应性。遵循摩尔定律,信息技术具有较强的学习能力与自适应性,即其具备随外部现实环境的变化而相应地调节参数、优化模型的能力,并且能通过与实际应用场景的泛在连接实现演化迭代,从而促进专业化、多元化、高效率的柔性生产。(2)知识溢出性。信息经济下的企业多为知识密集型和技术密集型企业,该类企业的信息化产品通常具有高度的可变更性、可复制性与不易破坏性的特征。一方面,信息产品的可变更性使得企业能够针对市场需求变化和消费者偏好转移提供个性化产品与服务;另一方面,专利、数据库等信息化产品可以高质量地重复使用,促进了知识在企业间的传播,提高了劳动生产率。

二是平台经济。2003年以后,随着大数据、工业互联网等新技术广泛渗透到社会生活的各个领域,中国数字经济发展步入高速增长期。以互联网平台为依托的博客、微博等新业态开始涌现,以网络零售为代表的电子商务平台型企业对传统的经济形态与商业模式形成巨大冲击。所谓平台经济,是以数据驱动和数字技术为基础,以互联网平台为依托,通过为供求双方提供交易平台并收入相关费用而获利的一种数字经济形态。根据中国信息通信研究院发布的《平台经济与竞争政策观察(2020)》,截至 2019 年年底,中国市场价值超 10 亿美元的数字平台企业达 193 家,较 2015 年上涨 126 家。《中国互联网发展报告(2021)》则显示,截至 2021 年年底,中国网络支付用户规模达到 9.04 亿人,占网民整体的 87.6%。由此可见,平台经济将逐渐成为促进中国经济高质量发展的新动能,其典型特征主要包括:共生性和共创性。(1)共生性。互联网平台通过明确的分工协作形成多群体共生的新商业生态系统。其中,厂商负责为消费者提供价廉质优的商品或服务;信息技术供应商和平台运营商负责整合线上线下信息系统,并通过辐射效应吸引更多的消费者和社会资源集聚;物流服务商负责商品运输和配送。(2)共创性。多群体的协同创新促进了互联网平台功能日益完善和应用程序不断升级,加速商家与商家之间、消费者与消费者之间、商家与消费者之间的信息交换(肖红军、李平,2019[①];许宪春、张钟文、关会娟,2020[②]),精准识别消费者诉求并促进用户规模持续扩张,进而通过网络外部效应实现平台价值和用户效用的螺旋式上升以及商业价值最大化(钞小静、薛志欣、王昱璎,2021[③]。

三是共享经济。2013 年,随着 4G 网络的兴起,手机网民规模大幅上升,中国数字经济步入成熟期并迎来移动互联网时代。在移动互联网快速发展的阶段,以共享单车、共享充电宝、共享快递储物柜等为代表的共享经济新模式、新业态逐渐涌现和发展。共享经济指拥有闲置资源的组织或个人借助信息技术和网络平台有偿让渡资源使用权,进而实现资源优化配置和创造经济价值的数字经济形态,其本质是一种所有权与使用权相分离的经济发展新模式。根据国家信息中心发布的《中国共享经济发展报告(2021)》,2020 年,以共

---

①　肖红军、李平:《平台型企业社会责任的生态化治理》,《管理世界》2019 年第 4 期。

②　许宪春、张钟文、关会娟:《中国新经济:作用、特征与挑战》,《财贸经济》2020 年第 1 期。

③　钞小静、薛志欣、王昱璎:《中国新经济的测度及其经济高质量发展效应分析》,《人文杂志》2021 年第 8 期。

享经济为代表的新业态、新模式表现出巨大的韧性和发展潜力。全年共享经济市场交易约为 33773 亿元,同比增长约 2.9%。知识技能、医疗共享领域的市场规模大幅增长,同比分别增长 30.9% 和 27.8%。这表明,共享经济日益成为提升中国经济韧性的重要动能。相较于传统经济,共享经济呈现出以下两个典型特征:共享性和共赢性。(1)共享性。共享性指组织或个人通过资源使用权的短暂性转移形成海量、分散、闲置资源的优化配置,实质上倡导了"以租代买"的绿色消费理念。(2)共赢性。共享型企业通过创建互联网平台为社会提供共享服务。一方面,这降低了消费者使用某种资源的门槛,实现资源集约利用,节约了消费者的经济成本和搜寻该商品的时间成本;另一方面,资源和平台提供者从每笔交易中获取相应的租赁费和平台费,从而形成多方共生共赢的经济发展模式(钞小静、薛志欣、王宸威,2021)①。

四是智能经济。2017 年 7 月,国务院正式发布《新一代人工智能发展规划》,提出要培育具有重大引领带动作用的人工智能产业,促进人工智能与各产业领域深度融合,形成数据驱动、人机协同、跨界融合、共创分享的智能经济形态。这表明,数字经济在经历了计算机的发明与普及,大数据、物联网、移动互联网与传统产业的渗透融合后,正随着新型 AI 芯片的研发以及工业机器人、智能传感器在生产车间、医疗卫生、教育、交通等多元场景中的广泛应用,正式进入了以人工智能技术为核心驱动力的智能经济阶段。智能经济指利用计算机程序模拟人的思维方式来处理海量数据和信息,并通过精密计算来应对经济生产与社会生活中不确定性的数字经济形态。根据中国互联网协会发布的《中国互联网发展报告(2021)》,2020 年中国人工智能产业规模达 3031 亿元,同比增长 15%;中国人工智能企业共计 1454 家,位居全球第二位,仅次于美国的 2257 家。在新一轮科技革命与产业变革的浪潮中,智能经济主要呈

① 钞小静、薛志欣、王宸威:《中国新经济的逻辑、综合测度及区域差异研究》,《数量经济技术经济研究》2021 年第 10 期。

现出以下两个典型特征:技术智能化和人机协同化。(1)技术智能化。智能技术的应用主体以海量数据为关键生产要素,通过运行"数据+算力+算法"的智能系统精准辨识外部环境特征,精密计算并解决不确定性的非程式化问题,最终作出智能决策。(2)人机协同化。人机协同的本质是人与机器相互沟通、理解、进步的动态过程。通过人类"机器化"和机器"智能化"的协同效应实现机器的柔性生产以及人与机器的灵活分工,进而促进生产效率提升(钞小静、沈路、廉园梅,2022)①。

二、数字经济发展评价指标体系的构建

基于数字经济的定义和典型特征,本节拟从信息经济、平台经济、共享经济、智能经济四个维度构建包含 13 个二级指标、27 个三级指标的数字经济发展综合评价指标体系,具体见表3-1。

表 3-1　数字经济发展水平(*DIG*)综合评价指标体系

一级指标	二级指标	三级指标	数据来源	单位	属性
信息经济(*INF*)	信息基础设施	长途光缆线路长度	中国统计年鉴	万公里	+
		人均互联网宽带接入端口数	中国统计年鉴	个	+
		人均互联网域名数	中国统计年鉴	个	+
	信息技术	信息技术发明专利申请数	手动搜集	件	+
	信息产业	制造业企业上市公司年报中数据要素相关词汇出现频率	网络爬虫	—	+
		信息传输、软件和信息技术服务业就业人员占比	国泰安数据库	%	+
		两化融合贯标企业增长数	国泰安数据库	个	+
		规模以上电子信息制造业主营业务收入占 GDP 比重	国泰安数据库	%	+
	政府关注	政府工作报告中信息经济相关词汇出现频率	网络爬虫	—	+

---

① 钞小静、沈路、廉园梅:《人工智能技术对制造业就业的产业关联溢出效应研究》,《现代财经(天津财经大学学报)》2022 年第 12 期。

续表

一级指标	二级指标	三级指标	数据来源	单位	属性
平台经济（PLA）	平台技术	平台经济发明专利申请数	手动搜集	件	+
		IPV4 地址持有量	中国统计年鉴	万个	+
		企业拥有网站数	中国统计年鉴	个	+
	电子商务	有电子商务交易活动的企业占比	中国统计年鉴	%	+
		农村网络零售额	国泰安数据库	亿元	+
		制造业电子商务销售额	中国统计年鉴	亿元	+
	政府关注	淘宝村数量	阿里研究院	个	+
		政府工作报告中平台经济相关词汇出现频率	网络爬虫	——	+
共享经济（SHA）	共享技术	共享经济发明专利申请数	手动搜集	件	+
	共享企业	共享经济企业员工人数	国泰安数据库	人	+
		共享经济企业实收资本	国泰安数据库	亿元	+
		共享经济企业资产规模	国泰安数据库	亿元	+
	政府关注	政府工作报告中共享经济相关词汇出现频率	网络爬虫	——	+
智能经济（INT）	智能技术	人工智能发明专利申请数	手动搜集	件	+
	智能产业	机器人密度	国泰安数据库	台/万人	+
		人工智能投融资交易额	国泰安数据库	亿元	+
		人工智能上市公司总资产规模	国泰安数据库	亿元	+
	政府关注	政府工作报告中智能经济相关词汇出现频率	网络爬虫	——	+

资料来源：Patenthub 全球专利数据库，网址为 www.patenthub.cn；2013—2020 年制造业企业上市公司年报，网址为 www.cninfo.com.cn；国泰安数据库，网址为 data.csmar.com；2013—2020 年政府工作报告，网址为 district.ce.cn。其他数据由笔者根据 2014—2021 年《中国统计年鉴》整理（中华人民共和国国家统计局：《中国统计年鉴》，中国统计出版社出版）。本章以下图表所用资料来源均相同，不再一一标注。

在选取信息经济、平台经济、共享经济、智能经济四个子系统中的具体指标时，本节重点考虑了不同形态数字经济发展的先决条件、融合应用和政策扶持三方面内容。首先，数字经济发展需要信息基础设施等物理基础条件以及平台技术、共享技术、智能技术等技术支撑（刘军、杨渊鋆、张三峰，2020）[1]；其

① 刘军、杨渊鋆、张三峰：《中国数字经济测度与驱动因素研究》，《上海经济研究》2020 年第 6 期。

次,数字化企业或数字化产业的就业水平、投融资规模和市场规模等指标能够充分反映数字经济发展的普及程度以及不同形态数字经济与社会各行业之间的融合应用水平;最后,数字经济健康、持续、高质量发展离不开政府的密切关注、宏观引导与政策激励。不同形态数字经济发展子系统的具体指标选取如下:

在信息经济方面,根据技术自适应性、知识溢出性的典型特征,本书从信息基础设施、信息技术、信息产业和政府关注四个维度刻画信息经济发展水平。参考金灿阳、徐蔼婷、邱可阳(2022)①和钞小静、薛志欣、王宸威(2021)②的研究,信息基础设施主要包括长途光缆线路长度、人均互联网宽带接入端口数、人均互联网域名数三个子指标;信息技术采用手动搜集的信息技术发明专利申请数表征;信息产业发展水平采用制造业企业上市公司年报中数据要素相关词汇③出现的频率、信息传输、软件和信息技术服务业就业人员占比、两化融合贯标企业增长数、规模以上电子信息制造业主营业务收入占国内生产总值的比重四个子指标来衡量;政府关注是利用爬虫软件爬取政府工作报告中信息经济相关词汇④出现的频率来表征。

在平台经济方面,根据共生性、共创性的典型特征,本章从平台技术、电子商务、政府关注三个维度刻画平台经济发展水平。参考王军、朱杰、罗茜(2021)⑤和

① 金灿阳、徐蔼婷、邱可阳:《中国省域数字经济发展水平测度及其空间关联研究》,《统计与信息论坛》2022年第6期。
② 钞小静、薛志欣、王宸威:《中国新经济的逻辑、综合测度及区域差异研究》,《数量经济技术经济研究》2021年第10期。
③ 数据要素相关词汇具体包括:大数据、海量数据、算力、分布式文件、数据预处理、数据分析、数据挖掘、数据化、机器学习、可视化、流式计算、集中元式数据、加密设备。
④ 信息经济相关词汇具体包括信息经济、信息化、信息技术、5G、信息科技、信息消费、信息系统、信息网络、信息传输、信息服务、信息基础设施、信息产业、万物互联、电信业务、移动通信、通信设备、通信应用、集成电路、互联网、移动互联网、工业互联网、移动电话、网络化、计算机、宽带、量子信息、电子信息、通信和其他电子设备制造业、车联网、半导体。
⑤ 王军、朱杰、罗茜:《中国数字经济发展水平及演变测度》,《数量经济技术经济研究》2021年第7期。

钞小静、薛志欣、王宸威(2021)①的研究,以平台经济发明专利申请数、IPV4地址持有量和企业拥有网站数表示平台技术支撑;已有电子商务交易活动的企业占比、农村网络零售额、制造业电子商务销售额和淘宝村数量反映中国目前电子商务的渗透发展程度;以政府工作报告中平台经济相关词汇②出现的频率表示政府对平台型企业发展的支持与重视程度。

在共享经济方面,根据共享性、共赢性的典型特征,本书从共享技术、共享企业、政府关注三个维度刻画共享经济发展水平。同样,共享技术采用手动搜集的共享经济发明专利申请数表征;共享型企业发展方面则主要考虑了人力、资本投入以及企业经营绩效(宋傅天、卫平、姚东旻,2018)③,具体包括共享经济企业员工人数、共享经济企业实收资本和共享经济企业资产规模三个子指标;政府关注则利用网络爬虫的方法获取政府工作报告中共享经济相关词汇④出现的频率。

在智能经济方面,根据技术智能化、人机协同化等典型特征,本书从智能技术、智能产业、政府关注3个维度刻画智能经济发展水平。具体来看,以人工智能发明专利申请数表征智能技术支撑(邓翔、黄志,2019)⑤;智能产业发展方面,以机器人密度反映智能技术的应用程度(吕越、谷玮、包群,2020)⑥,

① 钞小静、薛志欣、王宸威:《中国新经济的逻辑、综合测度及区域差异研究》,《数量经济技术经济研究》2021年第10期。
② 平台经济相关词汇具体包括:平台经济、平台化、平台企业、平台服务、互联网平台、云平台、网络平台、电子商务、农村电商、移动支付、电子支付、数字消费、数字交易、数字平台、平台建设、平台价值、平台政策、平台运营机构、快递、网上商品零售额、网络销售额、网络零售、跨境电商、跨境零售、在线服务平台、智慧旅游平台、综合数据平台、成果转化平台、大数据资源平台。
③ 宋傅天、卫平、姚东旻:《共享经济的统计测度:界定、困境与展望》,《统计研究》2018年第5期。
④ 共享经济相关词汇具体包括:共享经济、分享经济、共享化、共享医疗、共享办公、网联汽车、数据整合共享、上云、知识分享、云服务、云端、供应分享、共享型服务、共享型消费。
⑤ 邓翔、黄志:《人工智能技术创新对行业收入差距的效应分析——来自中国行业层面的经验证据》,《软科学》2019年第11期。
⑥ 吕越、谷玮、包群:《人工智能与中国企业参与全球价值链分工》,《中国工业经济》2020年第5期。

以人工智能投融资交易额和人工智能上市公司总资产规模反映智能产业发展的投入产出情况;以政府工作报告中智能经济相关词汇①出现的频率表征政府对智能产业发展的支持与重视程度。

第二节　中国数字经济的测算方法

为保证评价结果的可比性,本章运用纵横向拉开档次法对 2013—2020 年中国数字经济发展水平进行测度,以最大化地体现各省份数字经济发展的横向差异。在此基础上,采用社会网络分析法对八大综合经济区数字经济发展水平的网络特征进行分析,并采用达格姆基尼系数法、西格玛(σ)收敛性分析法探析中国数字经济区域差异的特征,具体测算方法说明如下。

一、纵横向拉开档次法

目前,已有研究主要运用模糊评价法、层次分析法、主成分分析法和熵权法等对评价指标体系中的子指标进行合成测算。模糊评价法和层次分析法存在主观赋权的偏误,主成分分析法和熵权法虽然有利于消除人为赋权的主观性和体现子指标间的相对重要性,但其在指标合成测算过程中会产生较多的信息损耗。因此,本章拟采用纵横向拉开档次法为数字经济的子系统进行客观赋权,强调评价对象之间的差异最大化,即用最大化的离差平方和表示为:

$$\sigma^2 \dot{=} \sum_{k=1}^{T} \sum_{i=1}^{n} [y_i(t_k) - \bar{y}]^2$$

(1)假设原始数据集合为:$\{x_{ij}(t_k)\}$。其中,测评对象设为 n,每个被测评对象的评价指标设为 m,$i = 1, 2, \cdots, n; j = 1, 2, \cdots, m; k = 1, 2, \cdots, T$。

①　智能经济相关词汇具体包括:智能经济、智能化、智能技术、人工智能、机器人、智能制造、智能改造、智能装备、智能工厂、区块链、智能终端、量子、边缘计算、计算中心、智能语音、智能家电、智能汽车、智能车联、高端芯片、光电子、无人机、大数据、物联网、云计算、智慧城市、智慧医疗、智慧公安、智慧旅游、AI。

（2）将 $x_{ij}(t_k)$ 设为第 i 个评价对象的第 j 个评价指标在第 k 期的观测值，那么，某子系统的综合评价值则为：$y_i(t_k) = \sum_{j=1}^{m} \omega_j x_{ij}(t_k)$。其中，$\omega_j$ 表示权重。

二、修正的引力模型和社会网络分析方法

为研究各省份的空间关联情况，本章参考金灿阳、徐蔼婷、邱可阳（2022）[①]的做法，以各个省份为节点，利用修正后的数字经济引力模型刻画区域数字经济的关联强度。数字经济引力模型的构建公式如下：

$$Y_{ij} = \frac{DIG_j}{DIG_j + DIG_i} \times \frac{DIG_j - DIG_i}{D_{ij}^2} \qquad (3.1)$$

其中，Y_{ij} 为 i 省份与 j 省份间数字经济引力强度；$\frac{DIG_j}{DIG_j + DIG_i}$ 表示 j 省份数字经济发展水平占 i 省份和 j 省份之和的比例，即 j 省份在 i 省份和 j 省份数字经济关联关系中的贡献度，其中各省份的数字经济发展水平用上述纵横向拉开档次法测算的结果表示；D_{ij} 表示 i、j 省份之间省会城市的距离，并采取均数原则法对数字经济引力矩阵进行二值化处理，由此作为数字经济网络结构分析的基础数据。

在上述计算基础上，本章借助 UNICET 6.5 软件，采用社会网络分析法从整体网络与个体网络两个方面考察各省份数字经济关联强度。其中，网络密度为数字经济整体网络结构的衡量指标。各省份节点间的连线反映各省份数字经济关联的网络效率，该指标值越大越说明数字经济网络关联越紧密。中介中心度和接近中心度分别衡量个体网络结构的关联能力和控制能力。其中，假设地区 i 和地区 j 间存在的捷径数目为 r_{ij}，捷径距离为 d_{ij}，N 为所有省

---

① 金灿阳、徐蔼婷、邱可阳：《中国省域数字经济发展水平测度及其空间关联研究》，《统计与信息论坛》2022 年第 6 期。

份,且存在地区 i、地区 j 经过 j 节点 p 的捷径数目为 $r_{ij}(p)$,则中介中心度 Bet 和接近中心度 Clo 分别表示为:

$$Bet_i = \sum_{i \neq j \neq p} \sum \frac{r_{ij(p)}}{r_{ij}} \tag{3.2}$$

$$Clo_i = \sum_{j=1}^{N} d_{ij} \tag{3.3}$$

三、达格姆基尼系数法

本章依据达格姆(Dagum,1997)[①]的分解理论,采用达格姆基尼系数及其分解方法测度中国八大综合经济区数字经济发展的组内差距与组间差距。该方法不仅揭示了数字经济地区差异的来源,还避免了数据间的交叉重叠现象。具体分解步骤如下: $G = G_w + G_{nb} + G_l$,即:

$$\frac{\sum_{i=1}^{k} \sum_{m=1}^{k} \sum_{j=1}^{hi} \sum_{n=1}^{hi} |y_{im} - y_{jn}|}{2h^2 \bar{y}} = \sum_{i=1}^{k} G_{ii} P_i S_i + \sum_{i=2}^{k} \sum_{j=1}^{i-1} G_{ij}(P_i S_j + P_j S_i) D_{ij}$$

$$+ \sum_{i=2}^{k} \sum_{j=1}^{i-1} G_{ij}(P_i S_j + P_j S_i)(1 - D_{ij}) \tag{3.4}$$

其中, G、G_w、G_{nb}、G_l 依次为总体差异、区域内差异、区域间差异和超变密度。i、j 为不同综合经济区下标,m、n 为不同省份下标,k 为区域个数,$h_i(h_j)$ 为 $i(j)$ 区域中省份个数,$y_{ij}(y_{mn})$ 为 $i(j)$ 区域内省份 $m(n)$ 的数字经济发展程度, $\bar{y}$ 为所有省份数字经济发展水平的均值,D_{ij} 为区域 i 和 j 间数字经济发展的相对影响。

四、σ 收敛

σ 收敛指中国各区域数字经济发展水平的离差随着时间变化呈现不断下

---

① Dagum C.,"Decomposition and Interpretation of Gini and the Generalized Entropy Inequality Measures", *Statistica*, Vol.57, No.3, 1997, pp.295-308.

降的趋势。本章使用变异系数法对 σ 收敛进行检验,若变异系数随时间推移不断减小,则说明中国数字经济发展呈现 σ 收敛的特征。变异系数的计算公式如下:

$$\sigma = \frac{\sqrt{\sum_i^N \sum (DIG_{ji} - aDIG_{ji})^2/N}}{aDIG_{ji}} \tag{3.5}$$

其中,DIG_{ji} 表示区域 j 内第 i 个省份的数字经济发展水平,$aDIG_{ji}$ 表示 j 区域 i 个省份数字经济发展水平的均值,N 表示各区域内的省份个数。

第三节 数字经济发展水平的综合测度

基于数字经济发展的综合评价指标体系,本节采用"纵横向拉开档次法"测度评价 2013—2020 年中国 30 个省份(西藏、香港、澳门、台湾由于数据缺失严重,未列入考察范围)数字经济发展水平,并将其划分为领跑组、跟跑组和追跑组三个梯队,具体结果见表 3-2 和图 3-1。

从全国层面看,2013—2020 年数字经济发展水平均值为 0.205,整体水平明显偏低。但其在考察期内呈现出逐年递增的变化趋势。分省份来看,广东、北京、江苏、浙江和上海等省份位于第一梯队,属于领跑组。可以看出,这些省份大多位于东南沿海地区,研发人才、研发资金、知识信息和高新技术产业易在该地区聚集。创新要素集聚有利于促进数字基础设施建设不断完善,加速人工智能、大数据等新一代信息技术与实体经济的融合发展。四川、江西、湖北等省份位于第二梯队,属于跟跑组。跟跑组中的省份大多为单一形态的数字经济发展较好,但数字经济发展的综合水平相较于领跑组而言仍有提升空间。在追跑组中,海南、新疆、黑龙江、吉林和宁夏的数字经济发展水平均值居于全国末 5 位,且都低于全国均值。这些省份新一代信息技术基础较为薄弱,数字产业化和产业数字化进程缓慢,其所处地区也尚未形成紧密关联的数字化网络。

表 3-2　2013—2020 年中国 30 个省份数字经济发展水平均值

组别	省份	信息经济	平台经济	共享经济	智能经济	数字经济	排序
领跑组	广东	0.469	0.542	0.232	0.309	0.409	1
	北京	0.303	0.459	0.100	0.437	0.358	2
	江苏	0.351	0.395	0.167	0.259	0.310	3
	浙江	0.289	0.440	0.146	0.255	0.302	4
	上海	0.322	0.351	0.154	0.277	0.293	5
	山东	0.206	0.337	0.097	0.236	0.237	6
	天津	0.205	0.184	0.253	0.292	0.231	7
	安徽	0.260	0.301	0.052	0.198	0.224	8
	重庆	0.278	0.204	0.090	0.245	0.220	9
	湖南	0.301	0.197	0.101	0.209	0.215	10
跟跑组	四川	0.247	0.233	0.102	0.215	0.213	11
	江西	0.254	0.179	0.101	0.255	0.211	12
	湖北	0.238	0.226	0.066	0.219	0.204	13
	福建	0.245	0.239	0.077	0.178	0.200	14
	云南	0.157	0.157	0.208	0.244	0.190	15
	河南	0.214	0.212	0.067	0.194	0.187	16
	青海	0.196	0.096	0.016	0.337	0.183	17
	陕西	0.203	0.160	0.091	0.210	0.177	18
	辽宁	0.145	0.167	0.147	0.222	0.174	19
	山西	0.173	0.127	0.098	0.242	0.169	20
追跑组	贵州	0.194	0.172	0.049	0.189	0.165	21
	河北	0.156	0.163	0.064	0.211	0.161	22
	广西	0.207	0.158	0.010	0.180	0.157	23
	内蒙古	0.193	0.099	0.113	0.186	0.153	24
	甘肃	0.116	0.109	0.211	0.190	0.149	25
	海南	0.143	0.170	0.072	0.143	0.141	26
	新疆	0.151	0.097	0.106	0.176	0.136	27
	黑龙江	0.166	0.104	0.020	0.165	0.127	28
	吉林	0.143	0.111	0.031	0.174	0.127	29
	宁夏	0.130	0.118	0.026	0.164	0.121	30
	全国	0.222	0.217	0.102	0.227	0.205	

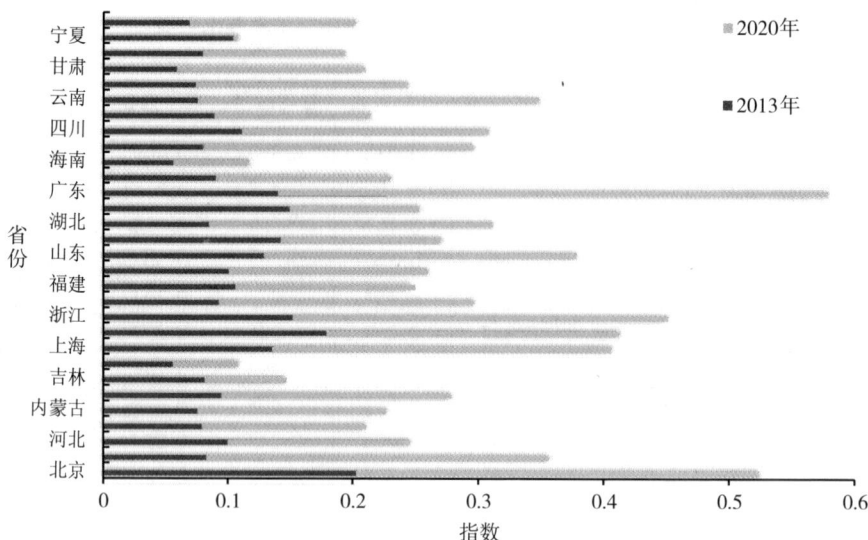

图3-1　2013年和2020年中国30个省份数字经济发展水平的分布态势①

由表3-2和图3-2可知,与数字经济发展水平的变化趋势类似,信息经济、平台经济、共享经济和智能经济在总体上同样存在上升趋势。分形态来看,考察期内智能经济、信息经济、平台经济、共享经济发展水平均值依次递减。具体来看,信息经济发展起步较早,但增速较慢,可提升空间相对较小;共享经济发展水平整体明显偏低,但在考察期内的提升速度最快,由2013年的0.034增至2020年的0.168,年均增长率高达25.6%,其次是智能经济,年均增长率也达到了22.0%。分省份来看,信息经济、平台经济、共享经济和智能经济的省域差距明显。例如,浙江、北京、广东、上海等省份的淘宝村数量、独角兽企业数量遥遥领先于其他省份。根据世界知识产权组织发布的《2021年全球创新指数报告》,北京、天津、青岛等城市跻身于世界科技集群百强,其拥有的世界级科技创新集群能在新型举国体制下加速形成区域数字创新网络,推进人工智能、区块链等数字产业化进程,并利用数字技术赋能传统产业转型升级,最终实现数字经济高质量发展。

----

① 限于篇幅,图3-1纵坐标轴仅标注出15个省(自治区、直辖市)的名称。

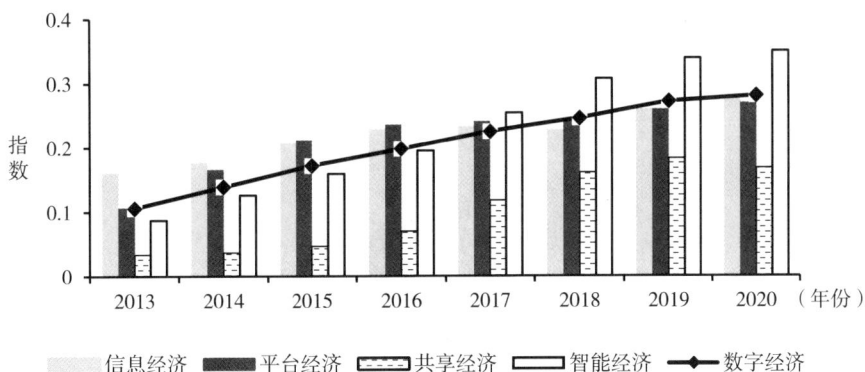

图 3-2　2013—2020 年中国不同形态数字经济发展水平

第四节　数字经济发展水平的动态演进与空间关联分析

在综合测度中国数字经济发展水平的基础上,本节进一步采用核密度估计、全局与局域莫兰指数(Moran's I)以及社会网络分析 3 种方法探析中国省域数字经济发展水平的动态演化特征和空间关联效应。

一、核密度估计结果分析

图 3-3 给出了中国数字经济发展水平的核密度估计结果。从分布位置来看,中国数字经济的主峰位置从总体来看呈现出较为明显的右移趋势,表明数字经济发展水平在考察期内得到有效提升;从主峰分布形态来看,2013—2020 年数字经济发展水平分布曲线的主峰峰值呈现出先波动上升而后下降的变化趋势,2017 年为趋势变化的转折点,且主峰宽度增大,这意味着中国省域数字经济发展水平在考察期内的绝对差异在进一步扩大;从极化趋势来看,2013—2017 年中国数字经济发展水平分布存在一定的双峰现象,且这一微弱的两极分化问题在考察期末消失,表明区域数字经济的分化现象有所好转。

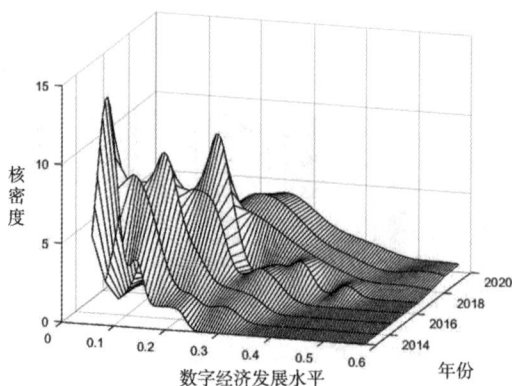

图 3-3 中国数字经济发展水平动态演进

图 3-4 给出了中国不同形态数字经济发展水平的核密度估计结果。从分布位置来看,与数字经济综合发展水平类似,不同形态数字经济的主峰位置总体同样呈现出较为明显的右移趋势,且信息经济和智能经济的右移趋势最明显,这表明不同形态数字经济发展水平在考察期内均存在不同幅度的提升;从主峰分布形态来看,不同形态数字经济发展水平分布曲线的主峰宽度增加、高度总体上有所下降,且均呈现出"下降—上升—下降"的倒"N"型变化趋势,这表明各形态数字经济发展水平的绝对差异仍然较大;从极化趋势来看,信息经济和智能经济在考察期内的分布存在不同程度的双峰或多峰现象,而平台经济和共享经济则在 2019 年分别存在多极和两极分化现象。不过这一分化现象在 2020 年均有所缓解,这表明不同形态数字经济在考察期末分化现象均有不同程度的好转。

二、全局与局域莫兰指数测度结果分析

研究初期,学者们普遍通过设置空间邻接和地理距离矩阵来考察区域间的空间依赖。但随着信息化程度的不断加深,网络通信日益完善,区域间的经济联系更加紧密。为保证研究结论的稳健性,本章构造空间邻接、地理距离和

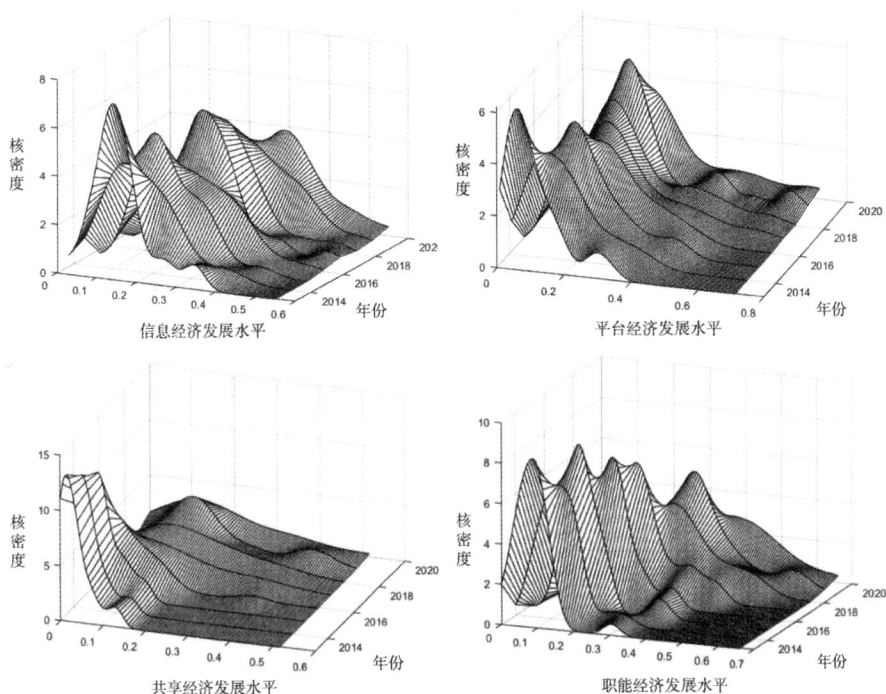

图 3-4 中国不同形态数字经济发展水平动态演进

经济距离 3 种空间权重矩阵分析省际数字经济发展水平的空间相关性,具体结果见表 3-3。除个别年份以外,考察期内中国数字经济发展水平的全局莫兰指数在 3 种空间权重矩阵下均显著为正,预示着中国数字经济发展在省域间存在显著的空间正相关性。局域莫兰指数检验发现,中国数字经济发展水平存在较为明显的"高高相邻""低低相邻"的空间集聚特征。

表 3-3 2013—2020 年中国 30 个省份数字经济发展水平的全局莫兰
指数(Moran's I)

年份	空间邻接矩阵		地理距离矩阵		经济距离矩阵	
	莫兰指数	z 统计量	莫兰指数	z 统计量	莫兰指数	z 统计量
2013	0.183*	1.848	−0.008	0.746	0.155**	2.079
2014	0.258**	2.492	0.025*	1.696	0.237***	2.991
2015	0.258**	2.462	0.045**	2.251	0.226***	2.845

续表

年份	空间邻接矩阵		地理距离矩阵		经济距离矩阵	
	莫兰指数	z 统计量	莫兰指数	z 统计量	莫兰指数	z 统计量
2016	0.420***	3.765	0.090***	3.452	0.304***	3.637
2017	0.367***	3.393	0.066***	2.841	0.346***	4.155
2018	0.257**	2.482	0.043**	2.206	0.218***	2.792
2019	0.239**	2.335	0.038**	2.083	0.271***	3.382
2020	0.244**	2.331	0.051**	2.396	0.325***	3.902

注:*、**、*** 分别表示在 10%、5% 和 1% 的水平下显著,下同。

依据局域莫兰指数检验结果,进一步将各省份分为双高、低—高、双低、高—低、进化和退化 6 种类型,具体见表 3-4。(1)双高型。北京、上海、江苏、浙江、山东、广东 6 个省份在考察期内一直处于第一象限,即本省和邻省数字经济发展水平都高。根据世界知识产权组织发布的《2021 年全球创新指数报告》,这些省份均拥有世界级科技创新集群,是引领中国数字创新发展的主力军。在地方政府重视并鼓励以数字经济驱动经济高质量发展的背景下,这些省份企业数字化转型起步较早、创新活跃度较高。(2)低—高型。辽宁、黑龙江和福建在考察期内始终位于第二象限,表明自身数字经济发展水平较低,且在考察期内未能较好地接受邻近省份的空间知识与技术溢出。辽宁和黑龙江主要受到地理空间范围的制约,其与京津冀、长三角城市群均存在一定地理距离,由托布勒第一定律可知,其接受这些发达地区的正溢出效应会被大幅削减,从而形成"数字创新洼地"。福建毗邻广东,"深圳—香港—广州"这一全球第二大科技集群的数字经济发展会吸引大量周边地区的创新人才、资金和知识信息流入,进而可能对福建产生虹吸效应。(3)双低型。河北、山西、贵州、甘肃等 9 个省份在考察期内处于第三象限,即本省与邻省数字经济发展水平均较低,且在短时期内难以有大幅提升。这些省份大多来自西北或西南地区,数字经济发展的基础与禀赋条件较为薄弱,未来应充分利用政策扶持,不断完善数字基础设施建设,积极引入数字型、智能型创新人才与外资企业,加强与周边地区的数字研发合作,实现数字经济开放、稳定和可持续增长。(4)进化型。天津从第二象限进入第一象限,相较于河北而言,天津的数字技术基础更优,更易于接受北京的数字经济溢出效应,进而成为京津冀一体化发展的主要受益者。四川由第四象限进入第一象限,其数字经济发展的协同带动作用日趋提升。内蒙古、江西和广西从第三象限跃入第二象限,这些省份具有一定的后发优势,未来可借助周边发达省份(如浙江、广东等)进一步向第一象限逼近。(5)退化型。青海、安徽、河南、湖南等省份数字经济发展水平存在不同程度的下降。以安徽为例,近年来安徽省以"科大讯飞"为代表的人工智能企业发展较为迅速,但相较于其他长三角地区的省份(上海、江苏、浙江)而言仍存在较大差距,未来可紧抓长三角一体化高质量发展战略的重大机遇,积极参与长三角地区的数字人才交流,主动承接沿海地区的数字化产业转移,从而不断提升数字经济发展水平。

表 3-4　2013—2020 年各省份象限分布及变化情况

类型	象限分布及变化	省份
双高型	第一象限	北京、上海、江苏、浙江、山东、广东
低—高型	第二象限	辽宁、黑龙江、福建
双低型	第三象限	河北、山西、吉林、海南、贵州、陕西、甘肃、宁夏、新疆
高—低型	第四象限	—
进化型	第二象限→第一象限	天津
	第四象限→第一象限	四川
	第三象限→第二象限	内蒙古、江西、广西
	第三象限→第四象限	湖北、重庆、云南
退化型	第二象限→第三象限	青海
	第四象限→第二象限	安徽
	第四象限→第三象限	河南、湖南

三、数字经济发展的网络特征分析

考虑到数字经济存在网络特性,本章进一步利用上述计算得到的数字经济发展指数,借助 UCINET 6.5 软件绘制 2020 年中国数字经济社会网络关系图,发现截至 2020 年,中国数字经济的空间关联总条数共计 213 条,网络密度为 0.245,表明其网络结构呈现稠密、交织、多核心的空间结构,且数字经济的空间关联性逐渐增强。具体来看,中国各省份数字经济的网络密度具有异质性。其中,数字经济关联紧密的省份包括江苏、上海、北京、浙江、广东、贵州、安徽、河北等。这些省份能够充分利用自身优势,不断吸引其他省份与之开展数字技术交流、数字化生产、数字贸易等经济活动,在社会网络结构中一直保持核心地位。例如,贵州、安徽、河北虽位于中国内陆地区,但贵州作为全国首个国家大数据综合试验区,已于 2022 年统筹布局多个大数据产业集聚区,包括数据储存、数据清洗加工、数字分析应用、数字安全、数字物流等多个业态,是构建"东数西算"的重要节点。安徽作为紧邻东部沿海地区的重要省份,正通过区域合作打破数字经济发展的技术和要素等壁垒,联通东部沿海与西部内陆地区的数字经济发展。河北位于京津冀都市圈内,在北京、天津的辐射带动作用下,河北数字经济发展迎来新机遇。此外,黑龙江、吉林、辽宁、海南等处于圈层边缘位置的省份,其关联网络正逐步形成。但相比其他省份,其网络密度明显稀疏,数字经济空间关联性仍较弱。综上可知,中国数字经济发展已呈现出明显的网络分布态势。在考察期内,数字经济的空间关联网络呈现出以北部沿海和东部沿海地区为核心,黄河中游和长江中游地区次之,东北地区为边缘的空间结构。

进一步地,本章对各省数字经济的个体网络特征进行刻画,具体结果见表 3-5。从点入度来看,以北京、江苏为代表的点入度明显较高,说明这些省份数字经济发展的净收益较高,对其他省份的虹吸效应更为明显。从点出度来看,以新疆、陕西、宁夏为代表的点出度较高,表明其数字经济发展的净溢出较高,即该地区更易于被其他省份虹吸。从中介中心度来看,以陕西、山东、广东为代表的省份处于第一梯队,说明这些地区数字经济的关联能力较强,扮演着数字经济网络的中介角色。例如,陕西作为共建"一带一路"的沿线省份,具有重要的节点与枢纽作用。以安徽、江西、江苏为代表的省份处于第二梯队,第三梯队则包含广西、甘肃等省份。可以看出,2020 年一部分内陆省份的关联能力显著提高,枢纽作用明显增强。最后,从接近中心度来看,2020 年各省份接近中心度的均值为 0.357,整体水平偏低。这表明各省份间的直接联系在逐渐减少,原先扮演中心行动者的省份对于整体网络结构的控制力在减弱,各省域主要通过"中介角色"进行连接与沟通。综上所述,中介中心度明显高于接近中心度,中介节点逐渐成为中国数字经济空间网络集聚的核心。

表 3-5　2020 年中国省域数字经济发展的个体网络特征

地区	点出度	点入度	中介中心度	接近中心度	地区	点出度	点入度	中介中心度	接近中心度
北京	3	14	22.076	0.279	河南	11	9	79.243	0.403
天津	3	12	19.587	0.279	湖北	9	11	72.646	0.397
河北	6	8	38.313	0.330	湖南	10	7	70.686	0.420
山西	7	6	29.497	0.367	广东	10	12	86.070	0.377
内蒙古	7	4	16.063	0.354	广西	6	5	3	0.341
辽宁	5	2	10.860	0.322	海南	3	2	0.167	0.330
吉林	4	2	0	0.264	重庆	7	10	25.258	0.397
黑龙江	4	2	0	0.264	四川	7	9	39.040	0.392
上海	3	9	0.143	0.282	贵州	7	6	5.363	0.367
江苏	6	12	29.146	0.337	云南	6	7	9.719	0.387
浙江	6	10	39.060	0.319	陕西	14	10	142.707	0.446
安徽	6	10	31.347	0.349	甘肃	6	5	3.690	0.367
福建	8	2	8.114	0.367	青海	6	4	2.023	0.367
江西	8	7	35.518	0.367	宁夏	11	4	27.682	0.403
山东	9	12	113.980	0.341	新疆	15	0	0	0.500

第五节　数字经济发展的区域差异分析

　　根据国务院发展研究中心提出的八大经济综合区的区域划分方式,本章采用达格姆基尼系数及其分解方法对数字经济发展水平的区域内及区域间差异进行分析①,以期能够明确区域差异的来源。由表3-6可知,八大综合经济区整体呈明显的空间非均衡态势。从基尼系数的总体情况来看,八大综合经济区数字经济总体差异由2013年的0.2050上升至2020年的0.2179,呈现出波动中缓慢上升的态势。从演变速度来看,2013—2020年基尼系数的增速前期较平稳,后期则较快。

　　从区域内差异来看,数字经济发展水平呈现出阶段性差异。黄河中游、长江中游、北部沿海、东部沿海综合经济区前期区域内差异水平较高,随后区域内差距逐渐缩小。其中,东部沿海综合经济区数字经济发展水平的内部差异在考察期内始终最小,其区域内基尼系数均值为0.0350。东北以及南部沿海综合经济区数字经济发展水平的空间非均衡性逐渐增强,其区域内差异均值分别为0.0971和0.2383。具体来看,东北综合经济区的区域内差距在考察期内呈"下降—上升"的波动态势;南部沿海综合经济区的区域内差距呈现出先下降再上升的变化趋势,区域内差异由2013年的0.2911上升至2020年的0.3264。从区域间差异来看,2013—2020年八大综合经济区数字经济发展水平的区域间差异呈波动变化的态势,2020年八

---

　　①　八大综合经济区包括东北综合经济区、大西北综合经济区、大西南综合经济区、黄河中游综合经济区、长江中游综合经济区、北部沿海综合经济区、东部沿海综合经济区、南部沿海综合经济区。其中,东北综合经济区包括辽宁、吉林、黑龙江;大西北综合经济区包括甘肃、青海、宁夏、新疆;大西南综合经济区包括广西、重庆、四川、贵州、云南;黄河中游综合经济区包括山西、内蒙古、河南、陕西;长江中游综合经济区包括安徽、江西、湖北、湖南;北部沿海综合经济区包括北京、天津、河北、山东;东部沿海综合经济区包括上海、江苏、浙江;南部沿海综合经济区包括福建、广东、海南。

大综合经济区数字经济区域间差异的均值为 0.2462,较 2013 年增长 0.0273。沿海与内陆地区数字经济发展水平差距明显,2020 年东部沿海与东北地区数字经济发展水平的区域间差异最大,长江中游与黄河中游区域间差异最小。

从区域差距来源及贡献率的变动情况来看,表 3-6、图 3-5 结果均显示,区域间差距相较于区域内差异始终处于高位,介于 63.52%—80.06%,其中区域间差距最大的年份出现在 2016 年,最小的年份则为 2013 年。这可能是由 2016 年中国数字经济相关利好政策导致的,例如,2016 年二十国集团(G20)杭州峰会通过的《二十国集团数字经济发展与合作倡议》为数字经济发展提供了强大的政策支撑。其次,超变密度呈现出"下降—上扬—下降—上扬—略微下降—略微上扬"的波动变化,区域间差距明显高于超变密度,且两者之间呈现此消彼长的互补态势,这说明不同地区间交叉重叠的问题对数字经济总体差异的影响较小。最后,差异来源最小的是区域内差距,介于 6.11%—8.21%,其在考察期内一直处于低位状态。可以看出,中国数字经济发展水平在不同区域间差异较大,区域间差异是造成八大综合经济区数字经济发展水平存在地区差异的主要来源。

表 3-6　2013—2020 年中国八大综合经济区数字经济发展的区域差异

区域/年份		2013	2014	2015	2016	2017	2018	2019	2020
总体		0.2050	0.2077	0.1668	0.1636	0.1723	0.1909	0.1859	0.2179
区域内差异	东北	0.1104	0.1548	0.1008	0.0509	0.0909	0.0136	0.0410	0.2141
	大西北	0.1158	0.1405	0.1135	0.1435	0.1189	0.1315	0.0863	0.1089
	大西南	0.0716	0.1233	0.0700	0.0953	0.0541	0.1189	0.1104	0.0993
	黄河中游	0.1379	0.0536	0.0320	0.0383	0.0296	0.0757	0.0858	0.0520
	长江中游	0.1168	0.0370	0.0589	0.0051	0.1036	0.0691	0.0588	0.0475
	北部沿海	0.1881	0.1995	0.1750	0.1333	0.1586	0.1606	0.1657	0.1420
	东部沿海	0.0610	0.0370	0.0515	0.0057	0.0288	0.0438	0.0287	0.0236
	南部沿海	0.2911	0.2366	0.2132	0.1591	0.1883	0.2393	0.2522	0.3264

续表

区域/年份		2013	2014	2015	2016	2017	2018	2019	2020
区域间差异	大西北与东北	0.1240	0.1772	0.1288	0.1317	0.1208	0.0989	0.0880	0.2082
	大西南与东北	0.1110	0.1710	0.1230	0.1237	0.0864	0.1660	0.1583	0.2562
	大西南与大西北	0.1175	0.1429	0.1136	0.1956	0.1283	0.1677	0.1447	0.2217
	黄河中游与东北	0.1587	0.1551	0.1090	0.0571	0.1264	0.1245	0.1009	0.2108
	黄河中游与大西北	0.1548	0.1228	0.0894	0.1427	0.1053	0.1377	0.0974	0.1441
	黄河中游与大西南	0.1263	0.1030	0.0616	0.1010	0.0585	0.1117	0.1185	0.1099
	长江中游与东北	0.1697	0.2425	0.2087	0.1643	0.1723	0.2287	0.1861	0.2405
	长江中游与大西北	0.1784	0.1503	0.2104	0.2311	0.1696	0.1994	0.1442	0.2227
	长江中游与大西南	0.1210	0.1633	0.1347	0.0786	0.0915	0.1231	0.0973	0.0881
	长江中游与黄河中游	0.1611	0.1362	0.1531	0.1285	0.1042	0.1355	0.1116	0.0851
	北部沿海与东北	0.2566	0.3160	0.2115	0.2036	0.2433	0.2633	0.3062	0.3687
	北部沿海与大西北	0.2593	0.2460	0.2091	0.2741	0.2394	0.2458	0.2669	0.3575
	北部沿海与大西南	0.2030	0.2444	0.1544	0.1418	0.1594	0.1797	0.1990	0.1803
	北部沿海与黄河中游	0.2239	0.2189	0.1580	0.1751	0.1837	0.2000	0.2326	0.2299
	北部沿海与长江中游	0.1797	0.1698	0.1547	0.0985	0.1541	0.1342	0.1641	0.1723
	东部沿海与东北	0.3373	0.4009	0.2987	0.3158	0.3552	0.3741	0.3497	0.4091
	东部沿海与大西北	0.3343	0.3079	0.3038	0.3769	0.3424	0.3355	0.3102	0.4077
	东部沿海与大西南	0.2721	0.3140	0.2230	0.2155	0.2415	0.2223	0.2131	0.2045
	东部沿海与黄河中游	0.2566	0.3044	0.2491	0.2825	0.2872	0.2762	0.2686	0.2801
	东部沿海与长江中游	0.1960	0.1755	0.1041	0.1598	0.1964	0.1591	0.1750	0.2035
	东部沿海与北部沿海	0.1786	0.1853	0.1834	0.1482	0.1557	0.1535	0.1382	0.1218
	南部沿海与东北	0.3178	0.3552	0.2466	0.2198	0.2860	0.3129	0.2919	0.3784
	南部沿海与大西北	0.3160	0.2829	0.2422	0.2921	0.2790	0.2995	0.2744	0.3616
	南部沿海与大西南	0.2851	0.2823	0.1967	0.1642	0.1891	0.2380	0.2512	0.2906
	南部沿海与黄河中游	0.2993	0.2576	0.1938	0.1910	0.2174	0.2510	0.2427	0.2886
	南部沿海与长江中游	0.2675	0.2039	0.2006	0.1273	0.1888	0.2173	0.2227	0.2780
区域间差异	南部沿海与北部沿海	0.2668	0.2354	0.2072	0.1563	0.1981	0.2412	0.2357	0.2857
	南部沿海与东部沿海	0.2569	0.2204	0.2138	0.1581	0.1847	0.2250	0.2346	0.2888
贡献率	区域内	8.2125	7.3175	7.4192	6.1144	6.9445	7.4669	7.4350	6.5756
	区域间	63.5217	71.2537	68.4127	80.0603	77.7481	70.7764	72.3978	70.9494
	超变密度	28.2658	21.4288	24.1682	13.8254	15.3074	21.7567	20.1672	22.4751

图 3-6 报告了八大经济综合区数字经济 σ 收敛系数的演进趋势。2013—2020 年,中国数字经济变异系数整体呈现先下降后上升的波动态势,表明中国数字经济发展的收敛特征并不明显。分地区来看,八大综合经济区数字经济变异系数的演进态势并不一致。以 2016 年为分界点,2013—2016 年南部沿海、东部沿海、北部沿海、长江中游综合经济区数字经济变异系数呈现持续下降趋势;2016 年后数字经济变异系数逐渐回升。具体而言,南部沿海综合经济区在考察期内数字经济变异系数最高,介于 0.30—0.61,东部沿海经济区次之,紧接着是北部沿海经济区。东北经济区数字经济变异系数最低,介于 0.09—0.41。可以看出,沿海地区数字经济变异系数基本位于高位,内陆地区数字经济变异系数则相对较低,这可能与内陆地区初始差异相对较小有直接关系。黄河中游、大西南、大西北、东北经济区数字经济变异系数在考察期内呈现"上升—下降—上升"的波动态势,且波动幅度相对较小。综上所述,中国数字经济的 σ 收敛具有阶段性特征。具体而言,2016 年之前表现显著的 σ 收敛特征,2016 年之后并未呈现明显的 σ 收敛趋势。

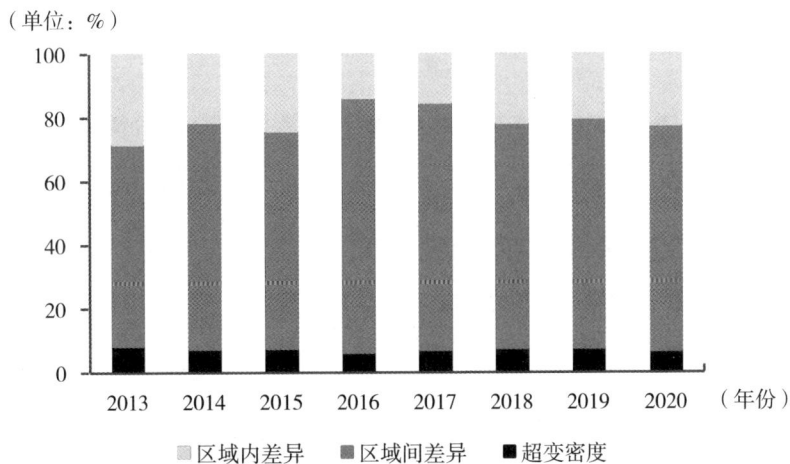

图 3-5　2013—2020 年数字经济基尼系数分解项的贡献率

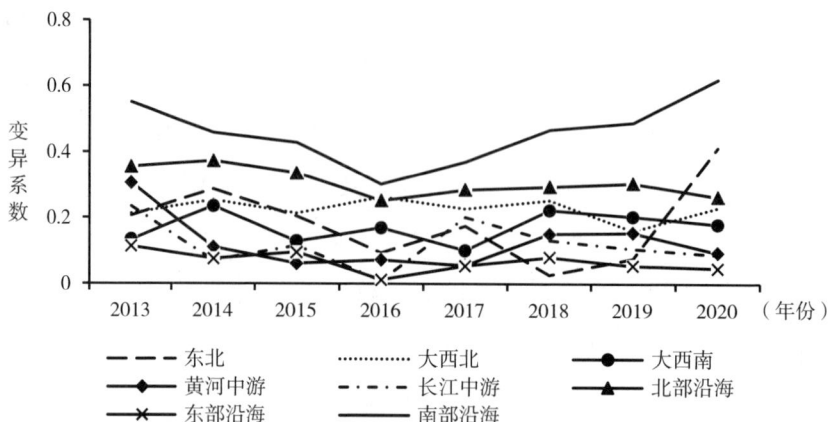

图 3-6 2013—2020 年数字经济 σ 收敛系数演进态势

在分析数字经济区域差异的基础上,本节进一步探讨不同维度数字经济的区域差异情况。表 3-7 显示了数字经济分维度的总体差异、区域内差异与区域间差异。从总体差异来看,信息经济、平台经济、共享经济、智能经济的总体差异呈现下降趋势。其中,信息经济的总体差异下降幅度最小,基尼系数从 2013 年的 0.2358 下降到 2020 年的 0.2166。平台经济的下降幅度最大,基尼系数从 2013 年的 0.3962 下降到 2020 年的 0.3049。具体来看,2013—2017 年基尼系数有下降趋势,2017 年以后有小幅回弹,2019 年以后又呈现下降趋势。

表 3-7 2013 年和 2020 年不同维度数字经济的区域差异情况

经济形态		信息经济		平台经济		共享经济		智能经济	
年份		2013	2020	2013	2020	2013	2020	2013	2020
	总体	0.2358	0.2166	0.3962	0.3049	0.5563	0.4075	0.3089	0.2089
区域内差异	东北	0.1108	0.1989	0.2376	0.0968	0.6667	0.5903	0.1246	0.2622
	大西北	0.1214	0.1294	0.3145	0.0475	0.7500	0.6360	0.3595	0.1975
	大西南	0.0672	0.1095	0.2255	0.0770	0.6960	0.3582	0.2131	0.1311
	黄河中游	0.2301	0.0485	0.3425	0.1104	0.3461	0.0914	0.1724	0.0839
	长江中游	0.2135	0.0309	0.1017	0.1238	0.1120	0.2279	0.1706	0.1212
	北部沿海	0.0839	0.1658	0.2197	0.2761	0.1239	0.2808	0.3320	0.0930
	东部沿海	0.1438	0.0677	0.1172	0.0426	0.1104	0.1383	0.2825	0.0468
	南部沿海	0.3925	0.3088	0.3270	0.3167	0.3458	0.3649	0.1293	0.3540

续表

经济形态		信息经济		平台经济		共享经济		智能经济	
区域间差异	大西北与东北	0.2109	0.2458	0.3097	0.1632	0.7588	0.6872	0.2835	0.2458
	大西南与东北	0.2607	0.2919	0.2683	0.1968	0.8167	0.5903	0.2106	0.2323
	大西南与大西北	0.1205	0.2704	0.3471	0.3435	0.7996	0.5749	0.3363	0.1925
	黄河中游与东北	0.2515	0.2335	0.3442	0.1377	0.6928	0.5106	0.1887	0.2139
	黄河中游与大西北	0.2070	0.2043	0.4103	0.2565	0.6994	0.5208	0.3029	0.1613
	黄河中游与大西南	0.1945	0.1041	0.3232	0.1245	0.6211	0.3574	0.2523	0.1185
	长江中游与东北	0.3236	0.3296	0.3427	0.2592	0.8284	0.5098	0.2168	0.2267
	长江中游与大西北	0.4053	0.3159	0.4663	0.4053	0.8103	0.5457	0.3144	0.1746
	长江中游与大西南	0.1958	0.0979	0.2647	0.1196	0.6061	0.3739	0.2749	0.1412
	长江中游与黄河中游	0.1801	0.1252	0.3516	0.1801	0.4632	0.1893	0.2492	0.1163
	北部沿海与东北	0.4146	0.3242	0.4457	0.4146	0.7200	0.5894	0.3028	0.3347
	北部沿海与大西北	0.5357	0.2974	0.5417	0.5357	0.7195	0.5407	0.4131	0.2972
	北部沿海与大西南	0.2915	0.1525	0.3761	0.2915	0.6006	0.3475	0.3830	0.2092
	北部沿海与黄河中游	0.3474	0.1657	0.4027	0.3474	0.2926	0.3661	0.3278	0.2308
	北部沿海与长江中游	0.2712	0.1216	0.2347	0.2712	0.3528	0.3765	0.3754	0.2329
	东部沿海与东北	0.4094	0.4386	0.6422	0.5235	0.6351	0.5578	0.3443	0.2585
	东部沿海与大西北	0.2584	0.4262	0.7222	0.6326	0.6596	0.5140	0.4186	0.2169
	东部沿海与大西南	0.2164	0.1919	0.5613	0.3694	0.6015	0.3111	0.3589	0.1380
	东部沿海与黄河中游	0.2915	0.2487	0.5468	0.4490	0.2958	0.3216	0.3710	0.1452
	东部沿海与长江中游	0.2367	0.1298	0.3859	0.3057	0.5545	0.3340	0.3084	0.1599
	东部沿海与北部沿海	0.2241	0.1869	0.3212	0.2385	0.2507	0.2373	0.5049	0.1028
	南部沿海与东北	0.4785	0.4008	0.5509	0.4453	0.6087	0.5988	0.2522	0.3556
	南部沿海与大西北	0.3708	0.3932	0.6346	0.5521	0.6933	0.5502	0.3476	0.3409
	南部沿海与大西南	0.3296	0.2684	0.4767	0.3385	0.7007	0.4196	0.2979	0.3119
	南部沿海与黄河中游	0.3944	0.2869	0.5056	0.3910	0.4267	0.3514	0.3095	0.3112
	南部沿海与长江中游	0.3549	0.2426	0.3285	0.3173	0.6079	0.3762	0.1857	0.3112
	南部沿海与北部沿海	0.3464	0.2800	0.3412	0.3175	0.3803	0.3790	0.4315	0.3314
	南部沿海与东部沿海	0.3288	0.2538	0.2983	0.2815	0.3411	0.3462	0.2582	0.3145

从区域内差异来看,八大综合经济区信息经济的基尼系数由高到低依次为南部沿海、东北地区、北部沿海、大西北、大西南、东部沿海、黄河中游与长江中游地区。除东北地区、大西南地区与北部沿海地区基尼系数呈扩大趋势外,其余地区基尼系数呈现不同程度的下降趋势。平台经济内部差异最大和最小的分别为南部和东部沿海地区,共享经济的内部差异由高到低依次为大西北、东北、南部沿海、大西南、北部沿海、东部沿海、黄河中游地区。通过分析可知,南部沿海地区、大西北地区的内部差异高于八大综合经济区内部差异均值。

从区域间差异来看,数字经济各个维度的区域间差异呈现不同的趋势。具体来看,在信息经济方面,东部沿海与大西北的区域间差异上升幅度最大,从 2013 年的 0.2584 扩大到 2020 年的 0.4262。大西南地区与大西北地区的区域间差异次之,从 2013 年的 0.1205 上升到 2020 年的 0.2704。北部沿海与黄河中游的区域内差异下降幅度最大。在平台经济方面,黄河中游与东北区域间差异上升幅度最大,东部沿海与大西南地区的区域间差异次之,由 2013 年的 0.5613 下降到 2020 年的 0.3694。北部沿海与长江中游地区区域间差异缩小幅度最大。在共享经济方面,大西北地区与东北地区区域间差异最大,南部沿海与东北地区区域间差异次之,为 0.5407。在智能经济方面,区域间差异由小到大分别为东部沿海与北部沿海、长江中游与黄河中游、黄河中游与大西南、东部沿海与大西南、长江中游与大西南、东部沿海与黄河中游、东部沿海与长江中游、黄河中游与大西北、长江中游与大西北、大西南与大西北、北部沿海与大西南、黄河中游与东北、东部沿海与大西北、长江中游与东北、北部沿海与黄河中游、大西南与东北、北部沿海与长江中游、大西北与东北、东部沿海与东北北部沿海与大西北、南部沿海与黄河中游、南部沿海与长江中游、南部沿海与大西南、南部沿海与东部沿海、南部沿海与北部沿海、北部沿海与东北地区、南部沿海与大西北、南部沿海与东北地区。

根据图 3-7、图 3-8、图 3-9、图 3-10 的结果可知,四个分维度的区域内差异贡献率均值分别为 7.79%、6.28%、9.76%、9.45%,可以看出,共享经济的区域内差异是数字经济区域内差异的主要来源。四个分维度的区域间差异贡献率均值分别为 65.65%、79.96%、42.23%、49.91%，其中，平台经济的区域间差异贡献率均值最大，共享经济的区域间差异均值最小，说明平台经济的区域间差异是数字经济区域间差异的主要来源。从超变密度来看，共享经济的超变密度均值最大，为 48.01%，平台经济的超变密度均值最小，为 13.75%。综上所述，数字经济四个分维度的区域差异均源于区域间差异。

（单位：%）

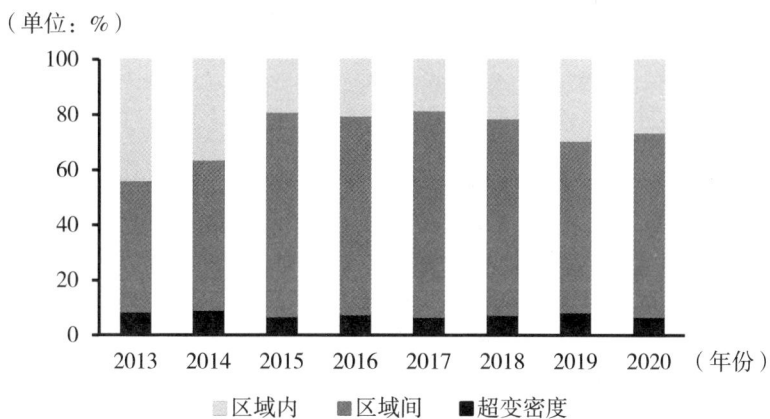

图 3-7　2013—2020 年信息经济基尼系数分解项的贡献率

（单位：%）

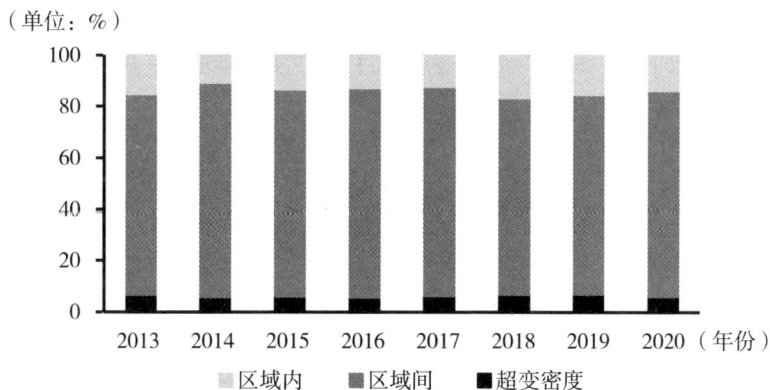

图 3-8　2013—2020 年平台经济基尼系数分解项的贡献率

（单位：%）

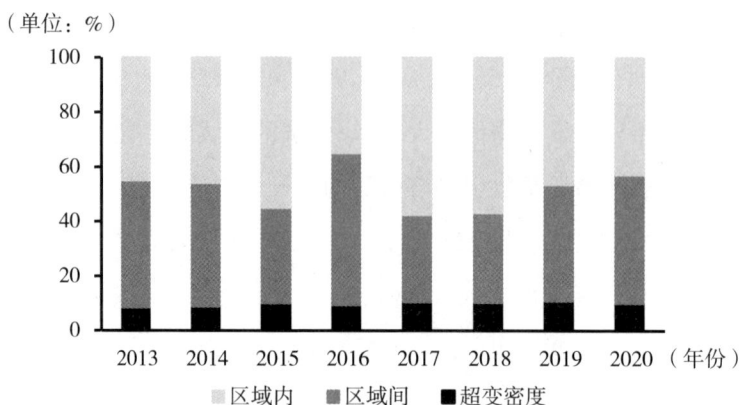

图 3-9　2013—2020 年共享经济基尼系数分解项的贡献率

（单位：%）

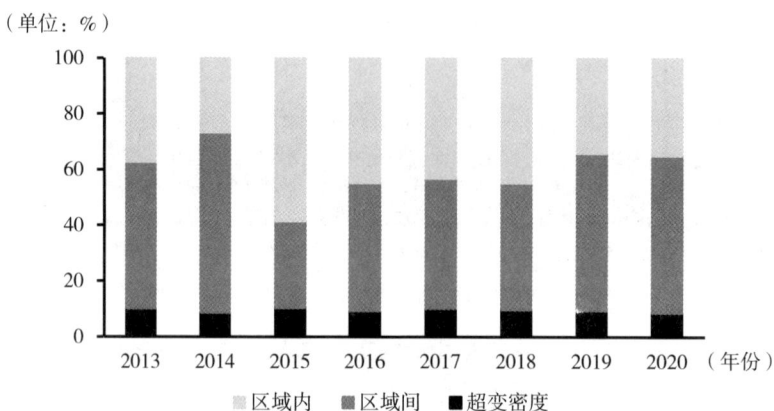

图 3-10　2013—2020 年智能经济基尼系数分解项的贡献率

本章基于形态属性，从信息经济、平台经济、共享经济、智能经济四个维度系统梳理数字经济发展的演进逻辑，运用纵横向拉开档次法对中国30个省（自治区、直辖市）的数字经济发展水平进行测度，并系统分析中国数字经济发展的时空演化、空间关联与区域差异。研究结论主要包括：

第一，从整体来看，2013—2020 年中国数字经济发展水平仍有待提升，且呈现出明显的区域非均衡性特征。分形态来看，信息经济、平台经济、共享经济和智能经济在总体上均呈上升趋势，且共享经济和智能经济发展水平的增速较快。

第二,核密度估计结果表明,中国数字经济发展的主峰位置呈现出较为明显的右移趋势;而莫兰指数检验与 σ 收敛性分析发现,中国省际数字经济发展呈现出显著的"高高相邻""低低相邻"的空间集聚特征及阶段性 σ 收敛特征。

第三,从整体网络特征来看,中国省域数字经济的网络关联呈现出以北部沿海和东部沿海为核心,东北地区为边缘的圈层结构。江苏、上海等作为连接数字经济的重要节点,通过要素连接和产业对接协同带动其他省份数字经济发展。从个体网络特征来看,各省份接近中心度处于低值,而中介中心度明显较高。总体而言,北京、江苏等省份为易对其他地区产生虹吸效应的中心行动者,而内陆地区的"中介"作用正日益凸显。

第四,达格姆基尼系数分解显示,中国省际数字经济的总体差异呈现出波动中缓慢上升的变化趋势,且区域间差异是区域差异的主要来源。

第四章　中国经济高质量发展的综合评价

　　高质量发展是全面建设社会主义现代化国家的首要任务。随着新一轮科技革命和产业变革的深入发展,数字经济通过融合渗透到经济运行的全过程、各领域,为经济高质量发展增添了新的特征内容。着力推动高质量发展要加快建设数字中国,打造具有国际竞争力的数字产业集群,构建起新的增长引擎。如何准确理解数字经济时代下经济高质量发展的理论内涵并识别刻画出其基本发展状态成为一项亟待解决的重要课题。因此,本节拟结合数字经济加快发展的时代背景界定经济高质量发展的理论内涵,在此基础上立足"发展条件—发展过程—发展结果"的三维框架,以"质量"为评价标准、以反映数字经济背景下经济高质量发展产生的新的特征内容为导向建立综合评价指标体系,使用纵横向拉开档次和均值赋权相结合的方法测算中国 282 个地级市的经济高质量发展状态,运用核密度估计和马尔可夫链方法刻画其分布状态与时空演进趋势,运用达格姆(Dagum)基尼系数分析地区差异,这对于准确评估数字经济时代下中国经济高质量发展的基本状态、制定进一步推动经济高质量发展的路径、政策具有参考意义。

第一节　经济高质量发展的评价指标体系

早期阶段,相关学者着重从经济发展结果的优劣程度出发对经济高质量发展进行界定,依据马克思《资本论》中有关"质量"的政治经济学表述,将其从微观层面理解为产品和服务质量的提升,从宏观层面界定为使用价值量的增加。① 在此基础上,部分学者立足于经济发展过程视角,将其定义为在中国发展阶段转换历史特征下出现的经济结构、社会结构等方面的协调状态。②③ 但是事实上,经济高质量发展作为一个由中国经济发展新阶段衍生的动态演变过程,需要从"发展条件—发展过程—发展结果"三个维度理解经济高质量发展的理论内涵。同时,数字经济作为把握新一轮科技革命和产业变革新机遇的战略选择,近年来在中国实现了总体规模跃居世界第二的跨越式发展,表现出集成迭代、融合渗透与万物互联的发展趋势,赋予了经济高质量发展新的特征内容。

一、经济高质量发展的理论内涵

"发展条件—发展过程—发展结果"三个维度向高级化的动态演进是经济高质量发展的理论内涵。发展条件维度主要指一个国家或地区长期有效开发和利用各种资源创造国民财富的基本条件和能力,数字经济背景下集中体现为科技创新在投入层面创新要素积累、产出层面创新能力提升的高级状态。④ 现阶段,经济发展要素条件、组合方式以及配置效率的改变致使中国

① 金碚:《关于"高质量发展"的经济学研究》,《中国工业经济》2018 年第 4 期。
② 任保平:《从中国经济增长奇迹到经济高质量发展》,《政治经济学评论》2022 年第 6 期。
③ 钞小静、薛志欣:《新时代中国经济高质量发展的理论逻辑与实践机制》,《西北大学学报(哲学社会科学版)》2018 年第 6 期。
④ 辜胜阻、吴华君、吴沁沁:《创新驱动与核心技术突破是高质量发展的基石》,《中国软科学》2018 年第 10 期。

生产函数正在发生显著变化,逐渐增多的硬约束使传统数量扩张型经济发展模式难以持续,亟须转变为依赖技术创新实现质量型增长。在新发展阶段,创新是引领发展的第一动力,坚持与明确创新对中国式现代化建设的关键性地位,是实现经济发展模式由要素和投资驱动向创新驱动转变的必然要求,也是中国实现科技自立自强、全面塑造发展新优势的战略支撑。然而随着与发达国家技术距离的不断缩小,中国受到"卡脖子"技术压制的风险逐渐增大,因此需要在投入层面实现创新要素充分积累、在产出层面实现创新能力不断提升,从而构建独立自主的技术创新体系,更好实现创新驱动发展战略。当前中国高质量发展的科技基础不断增强,科技实力稳步提升,在高性能计算、量子通信、第五代移动通信技术等数字经济核心领域取得了重大突破。在创新驱动发展与数字时代叠加的背景下,数字经济发展也对创新要素和创新能力产生了关键性影响,一方面丰富了创新要素来源、产生高端人才集聚效应,实现科研机构和高技术研发人员等创新要素的充分积累;另一方面改善了要素配置效率、发挥资本深化效应,实现了核心技术、发明专利等方面创新能力的进一步提升。[①] 因此,数字经济背景下经济高质量发展的条件维度是吸纳数字经济相关影响后创新要素充分积累与创新能力不断提升的高级状态。

经济高质量发展的过程维度是从供需两个层面、内外两个市场着手充分畅通国民经济高效循环的发展路径,数字经济背景下具体表现为产业转型和贸易转型逐步深化的高级状态。在产业转型方面,现阶段,传统以工业化为主导、以产业低端锁定为特征的产业发展已经无法推动经济"结构性加速",经济结构主导产业开始由工业向服务业转移,但是这一发展模式极易产生"鲍莫尔病",拖累国民经济整体发展,因此亟须构建以新兴技术为依托的新型工业化模式,利用新一代信息技术重塑产业转型路径。在贸易转型方面,国际市

---

① 董香书、王晋梅、肖翔:《数字经济如何影响制造业企业技术创新——基于"数字鸿沟"的视角》,《经济学家》2022 年第 11 期。

场需求疲软叠加全球价值链分工低端锁定、附加值获取能力低下,中国对外贸易面临部分发达国家遏制与部分发展中国家"中低端分流"的双重压力,亟须推动对外贸易转型、打造高水平对外开放。而数字经济作为一种新型经济形态,通过发挥数据要素非损耗性、边际效益递增特点,激发数字基础设施规模效应和联通效应改变传统产业结构演变规律,实现中国产业转型过程中技术基础、运转效率等方面的逐步演进①,通过建立供应链虚拟数字映像、突破地理时空因素对全球供应链分工协作的限制,实现中国贸易转型过程中价值链分工地位与贸易自由化水平提升②。因此,数字经济背景下经济高质量发展的过程维度是吸纳数字经济相关影响后在产业与贸易转型层面不断深化的高级状态。

经济高质量发展的结果维度是以投入转化为产出的有效性、全体人民共享发展成果的公平性和资源环境的可持续性为主要内涵的发展成效,数字经济背景下具体表现为效率提升、共同富裕与节能减排共同改善的高级状态。在效率提升方面,提升经济发展的全要素生产率是推动效率变革、转变粗放式增长模式的必然结果。对共同富裕而言,解决当前中国经济发展不平衡不充分问题,形成共享包容的分配体系、不断扩大中等收入群,实现全体人民全面发展、增进民生福祉是满足人民日益增长的美好生活需要的必然选择。在实现可持续性发展方面,现阶段中国能源需求和生态环境压力依然很大,总体上仍处在"环境库兹涅茨曲线"拐点期,促进经济发展绿色转型,构建以人与自然和谐发展为典型特征的现代化建设新格局是坚持生态优先和加快经济发展方式绿色转型的核心目标。而数字经济的时代背景又进　步为效率提升、共同富裕与节能减排增添了新的特征内容。首先,数字经济促使数据要素作为一种无法以独立要素形态存在的虚拟要素,开始与其他生产要素进行融合联

①　史丹:《数字经济条件下产业发展趋势的演变》,《中国工业经济》2022年第11期。

②　杨继军、艾玮炜、范兆娟:《数字经济赋能全球产业链供应链分工的场景、治理与应对》,《经济学家》2022年第9期。

动,重塑劳动资源配置路径、调整资本投资流向①,使效率提升开始映射出信息化资本、数据要素与高技能劳动力生产率的改善情况;其次,数字经济发展为人力资本积累提供有效路径,促使共同富裕的内涵向教育公平等多个方面进行延伸;最后,数字经济发展具有显著的绿色创新效应,这使其能够从前端生产与末端治理两方面促进节能减排,进而实现生产过程中经济效益与环境效益的协同增长②。因此,数字经济背景下经济高质量发展的结果维度是吸纳数字经济相关影响后效率提升、共同富裕与节能减排共同改善的高级状态。

二、经济高质量发展的评价指标体系

早期研究主要从结果维度出发,以全要素生产率、人均国内生产总值等单一指标衡量经济高质量发展水平(陈诗一、陈登科,2018③;刘思明、张世瑾、朱惠东,2019④;刘志彪、凌永辉,2020⑤),或构建经济高质量发展的"一篮子"评价指标体系。例如,魏敏、李书昊(2018)⑥将经济高质量发展表征为包含经济结构优化、创新驱动发展、资源配置高效、市场机制完善、经济增长稳定、区域协调共享、产品服务优质、基础设施完善、生态文明建设和经济成果惠民十个方面的综合指标体系;刘秉镰、秦文晋(2022)⑦围绕"人民日益增长的美好

① 钞小静、王宸威:《数据要素对制造业高质量发展的影响——来自制造业上市公司微观视角的经验证据》,《浙江工商大学学报》2022 年第 4 期。
② 魏丽莉、侯宇琦:《数字经济对中国城市绿色发展的影响作用研究》,《数量经济技术经济研究》2022 年第 8 期。
③ 陈诗一、陈登科:《雾霾污染、政府治理与经济高质量发展》,《经济研究》2018 年第 2 期。
④ 刘思明、张世瑾、朱惠东:《国家创新驱动力测度及其经济高质量发展效应研究》,《数量经济技术经济研究》2019 年第 4 期。
⑤ 刘志彪、凌永辉:《结构转换、全要素生产率与高质量发展》,《管理世界》2020 年第 7 期。
⑥ 魏敏、李书昊:《新时代中国经济高质量发展水平的测度研究》,《数量经济技术经济研究》2018 年第 11 期。
⑦ 刘秉镰、秦文晋:《中国经济高质量发展水平的空间格局与动态演进》,《中国软科学》2022 年第 1 期。

生活需要"和"不平衡不充分"之间的矛盾,从高质量供给、高质量需求、发展效率、结构优化、经济稳定、社会效益、绿色发展共七个维度构建经济高质量发展指标体系。这类经济高质量发展评价指标体系的构建虽然涉及范围广、内容全,但其缺乏清晰、严谨的测度逻辑框架。

随着"创新、协调、绿色、开放、共享"的新发展理念渗透到社会生产与人民生活,学者们开始以新发展理念为逻辑基础,构建包含创新驱动(陈景华、陈姚、陈敏敏,2020)[1]、城乡协调(吕承超、崔悦,2020)[2]、绿色治理(屈小娥、刘柳,2021)[3]、对外开放(陈子曦、青梅,2022)[4]、福利共享(徐晔、赵金凤,2021)[5]指标的经济高质量发展综合评价指标体系。这类评价指标体系虽然具有清晰、严密的测度逻辑,但大多数指标仅能反映出经济高质量发展的规模状态,一方面,缺乏对经济高质量发展运行效率的关注;另一方面,也忽视了数字经济时代下经济高质量发展的动态演化过程。例如,已有研究主要采用"第三产业产值与第二产业产值之比"表征产业结构高级化水平(干春晖、郑若谷、余典范,2011)[6],然而随着数字技术与传统产业逐渐实现深度融合,部分传统产业存在由数字技术渗透引致的经济价值增值。换言之,数字经济时代下的传统产业产值具有典型的"数字化"特征,故而应进一步考虑产业技术复杂度和产能利用率等指标。

---

①　陈景华、陈姚、陈敏敏:《中国经济高质量发展水平、区域差异及分布动态演进》,《数量经济技术经济研究》2020 年第 12 期。

②　吕承超、崔悦:《中国高质量发展地区差距及时空收敛性研究》,《数量经济技术经济研究》2020 年第 9 期。

③　屈小娥、刘柳:《环境分权对经济高质量发展的影响研究》,《统计研究》2021 年第 3 期。

④　陈子曦、青梅:《中国城市群高质量发展水平测度及其时空收敛性研究》,《数量经济技术经济研究》2022 年第 6 期。

⑤　徐晔、赵金凤:《中国创新要素配置与经济高质量耦合发展的测度》,《数量经济技术经济研究》2021 年第 10 期。

⑥　干春晖、郑若谷、余典范:《中国产业结构变迁对经济增长和波动的影响》,《经济研究》2011 年第 5 期。

综上所述,本节基于"发展条件—发展过程—发展结果"的逻辑框架,构建包含创新要素、创新能力、产业转型、贸易转型、效率提升、共同富裕、节能减排等9个一级指标、31个二级指标的中国地级及以上城市经济高质量发展综合评价指标体系,具体见表4-1。

表4-1　经济高质量发展水平综合评价指标体系

一级指标	二级指标	三级指标	单位	属性
条件维度	创新要素	研发人员数量/总员工人数	—	+
		高等学校在校人数/总人数	—	+
		高技术产业 R&D 活动经费/GDP	—	+
		科学财政支出/财政总支出	—	+
		规模以上工业企业科研机构数	个	+
	创新能力	技术市场成交额/GDP	—	+
		规模以上工业企业开发经费/新产品销售收入	—	+
		专利申请数	件	+
		创新型企业数	个	+
		人均高技术产业发明专利	—	+
		有 R&D 活动的规模以上工业企业数	个	+
过程维度	产业转型	存货周转率	%	+
		产业技术复杂度	—	+
		高新技术企业产值规模占比	亿元	+
		产能利用率	%	+
		产业合理化	—	+
	贸易转型	贸易自由化	—	+
		进出口贸易总额/GDP	—	+
		高新技术企业出口规模占比	亿元	+
		出口技术复杂度	—	+

续表

一级指标	二级指标	三级指标	单位	属性
结果维度	效率提升	基于数据要素测算的全要素生产率	—	+
		高技能劳动生产率	—	+
		信息化资本生产率	—	+
	共同富裕	城乡收入泰尔指数	—	−
		初次分配中劳动者报酬占比	%	+
		城乡教育差距	—	−
		养老报销覆盖率	%	+
	节能减排	城市能源消费总量占比	%	−
		单位产值 $PM_{2.5}$ 平均浓度	微克/立方米	−
		单位产值二氧化碳排放量	百万吨/亿元	−
		单位产值工业废水排放量	万吨/亿元	−

资料来源:国泰安数据库,网址为 data.csmar.com;海关数据库,网址为 www.jkck.com;国研网国际贸易研究与决策数据库,网址为 www.drcnet.com.cn;EPS 数据库,网址为 www.epsnet.com.cn;世界贸易组织数据库,网址为 www.wto.org;全球统计数据分析平台,网址为 www.epsnet.com.cn;中国研究服务数据平台,网址为 www.cnrds.com;中国碳核算数据库,网址为 www.ceads.net.cn。其他数据由笔者根据 2014—2021 年《中国城市统计年鉴》(国家统计城市社会经济调查司;《中国城市统计年鉴》,中国统计出版社出版)、2014—2017、2019—2021 年《中国高技术产业统计年鉴》(国家统计局社会科技和文化产业统计司;《中国高技术产业统计年鉴》,中国统计出版社出版)、2014—2021 年《中国科技统计年鉴》(国家统计局社会科技和文化产业统计司;《中国科技统计年鉴》,中国统计出版社出版)、2014—2021 年《中国统计年鉴》(中华人民共和国国家统计局;《中国统计年鉴》,中国统计出版社出版)、2014—2021 年《中国火炬统计年鉴》(科学技术部火炬高技术产业开发中心;《中国火炬统计年鉴》,中国统计出版社出版)整理。本章以下图表所用资料来源相同,不再一一标注。

在经济高质量发展的条件维度,创新要素积累与创新能力提升是实现经济高质量发展的重要前提条件。本书选取研发人员数量占总员工人数比重、高等学校在校人数占总人数比重、高技术产业研究与试验发展活动经费占国内生产总值比重、科学财政支出占财政总支出比重、规模以上工业企业科研机构数 5 个三级指标刻画创新要素积累水平,选取技术市场成交额占国内生产总值比重、规模以上工业企业研发经费占新产品销售收入比重、专利申请数、创新型企业数、人均高技术产业发明专利、有研究与试验发展活动的规模以上工业企业数 6 个三级指标来衡量创新能力提升情况。其中,除常用的规模指标外,为了刻画数字经济背景下高技术企业与创新型企业在创新驱动经济高质量发展过程中发挥的重要作用,本书创新性地选用地级市高技术产业研究与试验发展活动经费占国内生产总值比重、地级市创新型企业数和地级市人均高技术产业发明专利等指标反映数字经济背景下经济高质量发展条件维度的质量型积累。

在经济高质量发展的过程维度,本书从产业转型和贸易转型两个方面选取存货周转率、产业技术复杂度、高新技术企业产值规模占比、产能利用率、产业合理化 5 个三级指标表征经济高质量发展过程中的产业转型情况;选用贸易自由化程度、进出口贸易总额、高新技术企业出口规模占比、出口技术复杂度 4 个三级指标反映中国经济高质量发展过程中的贸易转型情况。

区别于已有研究选用的相关指标,本书为了反映数字经济背景下经济高质量发展自身的高级状态,在产业转型二级指标中,存货周转率旨在反映各地区产品的周转速度与供应链效率,用所在地级市上市公司的存货周转率均值予以衡量;高新技术产业产值占比旨在反映各地级市高新技术产业发展程度,具体选用各地级市高新技术产业营业收入占总产值比重表示;产能利用率用要素投入实际产出与生产能力之间的差值衡量,参考杨振兵、严兵(2020)[1]的做法采用随机前沿分析方法进行测算;产业合理化程度主要反映地区产业结构与其资源禀赋结构之间的匹配程度,参考韩永辉、黄亮雄、王贤彬(2017)[2]的方法进行度量;产业技术复杂度用于反映各地级市产业发展的技术水平,通过借鉴周茂等(2018)[3]的做法,在出口技术复杂度的基础上,将出口结构替换

---

① 杨振兵、严兵:《对外直接投资对产能利用率的影响研究》,《数量经济技术经济研究》2020 年第 1 期。

② 韩永辉、黄亮雄、王贤彬:《产业政策推动地方产业结构升级了吗?——基于发展型地方政府的理论解释与实证检验》,《经济研究》2017 年第 8 期。

③ 周茂、陆毅、杜艳、姚星:《开发区设立与地区制造业升级》,《中国工业经济》2018 年第 3 期。

为生产结构测算得到,具体计算过程如下:

(1)计算2013年产业内部细分产业 i 的技术复杂度($Prody$):细分产业 i 内各 HS 六位产品技术复杂度加权平均,计算公式如下:

$$Prody_k = \sum_m \frac{(Export_{mk}/Export_m) \times Y_m}{\sum_m (Export_{mk}/Export_m)} \tag{4.1}$$

其中,为 HS 六位产品 k 的技术复杂度,为 k 产品出口额与 m 国总出口额之比,为 m 国的人均国内生产总值。

(2)计算产出($Output$)值,即用行业总产值比地区总产值。

(3)计算产业技术复杂度(Sop),具体计算公式如下:

$$Sop_{ct} = \frac{\sum_i Output_{ict} \times Prody_{i,2003}}{\sum_i Output_{ict}} \tag{4.2}$$

在贸易转型二级指标中,选取高新技术企业出口规模占比反映各地级市高新技术企业参与进出口贸易情况,具体选用中国各地级市高新技术企业出口产值占总出口产值比重表示;选取贸易自由化反映各地级市减弱贸易壁垒支持进出口贸易的发展情况,具体用中间品关税进行刻画;选取出口技术复杂度表征各地级市出口产品的综合技术水平以及全球价值链地位。其中,贸易自由化程度和出口技术复杂度的计算过程如下所示:

(1)计算中间品关税,具体公式如下:

$$tariffinput_{st} = \sum_j share_{sj} \times tariffoutput_{jt} \tag{4.3}$$

其中,$tariffinput$ 和 $tariffoutput$ 分别为第 t 期行业 s 的中间品关税和最终品关税,$Share_{sj}$ 表示在行业生产中所使用到的 j 行业投入要素占行业 s 总要素投入成本的比例,其是基于2012年省级投入产出表计算得到。

(2)计算城市 c 的中间品关税,具体公式如下:

$$tariff_c^d = \sum_s \left[\left(\frac{L_{sc,2012}}{\sum_{s'} L_{s'c,2012}} \right) tariff_s^d \right] \tag{4.4}$$

其中，$tariff_c^t$ 为城市 c 的中间品关税，$tariff_s^t$ 为行业 s 的中间品关税，$\dfrac{L_{sc,2012}}{\sum_{s'} L_{s'c,2012}}$ 表示 2012 年城市 c 行业 s 就业量占城市就业总量之比。

出口技术复杂度的计算过程如下：

(1)计算 i 地区 k 行业的技术复杂度 Prody，计算公式如下：

$$Prody_k = \sum_i \frac{(Export_{ik}/Export_i) \times Y_i}{\sum_i (Export_{ik}/Export_i)} \tag{4.5}$$

(2)计算总体出口技术复杂度 EXP，计算公式如下：

$$EXP_i = \sum_k \frac{x_{ik}}{X_i} Prody_k \tag{4.6}$$

在上式中，Y 为各省份人均 GDP，$\dfrac{x_{ik}}{X_i}$ 为 i 省份 k 行业产品出口额占该省份出口总额的比重。

在经济高质量发展的结果维度，效率提升、共同富裕和节能减排是经济高质量发展的最终成效。本书选取基于数据要素测算的全要素生产率、高技能劳动生产率、信息化资本生产率 3 个三级指标刻画经济高质量发展结果维度的效率提升情况；选取城乡收入泰尔指数、初次分配中劳动者报酬占国内生产总值比重、城乡教育差距和养老报销覆盖率 4 个三级指标反映经济高质量发展结果维度的共同富裕情况；选取城市能源消费总量占国内生产总值比重、单位产值细颗粒物平均浓度、单位产值二氧化碳排放量、单位产值工业废水排放量 4 个三级指标表征经济高质量发展结果维度的节能减排情况。

区别于已有研究选用的相关指标，本书围绕数字经济发展的时代背景，在计算全要素生产率时将数据要素与劳动、资本要素同时纳入生产函数，同时集中刻画信息化资本与高技能劳动力等要素的生产效率。具体来说，高技能劳动力生产率以地级市生产总值除以高技能劳动力数量来衡量，其中高技能劳动力由各地级市金融业、教育业、信息传输、计算机服务和软件业以及科研和技术服务业从业人数总数测算得到;信息资本生产率以地级市生产总值除以信息资本存量来衡量,其中信息资本存量来自计算机、软件和通信设备行业的资本存量。基于数据要素测算的全要素生产率则是以国内生产总值作为产出变量,以物质资本存量、就业人员数和数据要素使用作为投入变量,并采用数据包络分析—曼奎斯特生产率(DEA-Malmquist)指数方法计算得到;城乡教育差距用城乡师生比的差距衡量。基于数据要素测算的全要素生产率具体计算过程如下:

以第 t 期的技术 T_t 作为对照,产出角度下的数据包络分析—曼奎斯特生产率指数表示如下:

$$M_0^t(x_{t+1}, y_{t+1}, x_t, y_t) = d_0^t(x_{t+1}, y_{t+1}) / d_0^t(x_t, y_t) \tag{4.7}$$

类似地,第 $t+1$ 期的指数表示如下:

$$M_0^t(x_{t+1}, y_{t+1}, x_t, y_t) = \frac{d_0^t(x_{t+1}, y_{t+1})}{d_0^t(x_t, y_t) \, M_0^{t+1}(x_{t+1}, y_{t+1}, x_t, y_t)}$$

$$= d_0^{t+1}(x_{t+1}, y_{t+1}) / d_0^{t+1}(x_t, y_t) \tag{4.8}$$

为防止随意的样本区间选择所引致的差异,取二者的几何均值来测度 t 期至 $t+1$ 期生产率变化的曼奎斯特指数:

$$M_0^{t+1}(x_{t+1}, y_{t+1}, x_t, y_t) = \left[\frac{d_0^t(x_{t+1}, y_{t+1})}{d_0^t(x_t, y_t)} \times \frac{d_0^{t+1}(x_{t+1}, y_{t+1})}{d_0^{t+1}(x_t, y_t)} \right]^{\frac{1}{2}} \tag{4.9}$$

其中,(x_t, y_t) 与 (x_{t+1}, y_{t+1}) 依次为第 t 期与第 $t+1$ 期的投入产出向量;d_0^t 和 d_0^{t+1} 依次为以第 t 期的技术 T_t 为对照,t 期与 $t+1$ 期的距离函数。

以上所有数据主要源于 CCER 数据库、CEIC 数据库、WTO 数据库、国研网国际贸易研究与决策数据库、EPS 数据库、CNRDS 数据库、CEADs 中国碳核算数据库、国泰安数据库及历年中国统计年鉴、中国城市统计年鉴、中国科技统计年鉴、中国高技术产业统计年鉴。

第二节 经济高质量发展测度
结果分析

一、整体层面经济高质量发展的综合评价

本章旨在采用主客观结合的赋权方法对 2013—2020 年测度中国地级市层面的经济高质量发展水平,为了在保证测算结果的动态可比性同时最大化不同地级市经济高质量发展的横向差异,首先,在标准化处理基础指标的基础上,采用纵横向拉开档次法确定各基础指标的权重,之后在归一化处理上述权重后计算经济高质量条件维度、过程维度和结果维度的综合指标。这一方法能够在降低指标合成过程中信息损耗的同时,最大限度地提高信息的离散程度、捕捉数据差异化信息。其次,考虑到经济高质量发展条件维度、过程维度和结果维度的同等重要程度,本章通过对各维度指数平均赋权计算地级市经济高质量发展综合指数,代表性地级市测算结果见表 4-2,各细分维度的贡献率水平见图 4-1。

从整体层面来看,2013—2020 年中国地级市经济高质量发展水平表现出稳步上升趋势,全国经济高质量发展指数均值从 2013 年的 0.318 上涨 20.18%至 2020 年的 0.382。从变动趋势来看,2013—2020 年结果维度相对条件维度和过程维度处于较高水平,但是变动趋势相对平缓,而中国经济高质量发展的条件维度和过程维度均在考察期内有所提升,带来条件、过程和结果三个维度相对差距的缩小,进一步引起中国经济高质量发展整体水平上升,这表明中国经济高质量发展越来越从注重发展结果向条件、过程和结果维度均衡发展转变。

表4-2 2013—2020年中国代表性地级市经济高质量发展测算结果

省份	2013 年	2014 年	2015 年	2016 年	2017 年	2018 年	2019 年	2020 年
北京	0.505	0.505	0.514	0.569	0.562	0.592	0.571	0.577
天津	0.381	0.380	0.388	0.423	0.420	0.431	0.430	0.440
石家庄	0.312	0.324	0.330	0.373	0.374	0.373	0.375	0.373
太原	0.352	0.352	0.350	0.375	0.387	0.392	0.387	0.400
呼和浩特	0.326	0.320	0.320	0.331	0.348	0.350	0.357	0.365
沈阳	0.333	0.332	0.335	0.378	0.372	0.382	0.388	0.391
长春	0.324	0.319	0.332	0.365	0.385	0.373	0.356	0.341
哈尔滨	0.354	0.354	0.361	0.390	0.392	0.396	0.387	0.388
上海	0.473	0.490	0.500	0.529	0.537	0.557	0.570	0.564
南京	0.431	0.439	0.452	0.491	0.485	0.502	0.536	0.539
杭州	0.397	0.400	0.411	0.447	0.446	0.469	0.492	0.488
合肥	0.337	0.340	0.349	0.413	0.413	0.414	0.431	0.433
福州	0.399	0.402	0.408	0.438	0.449	0.454	0.457	0.448
南昌	0.344	0.340	0.340	0.374	0.384	0.387	0.398	0.392
济南	0.350	0.352	0.361	0.398	0.393	0.408	0.414	0.421
郑州	0.346	0.349	0.351	0.375	0.393	0.389	0.399	0.404
武汉	0.357	0.366	0.371	0.410	0.408	0.436	0.448	0.446
长沙	0.369	0.370	0.375	0.407	0.418	0.429	0.439	0.442
广州	0.394	0.400	0.409	0.453	0.479	0.490	0.516	0.528
南宁	0.318	0.336	0.336	0.363	0.363	0.366	0.372	0.374
海口	0.307	0.323	0.327	0.334	0.341	0.348	0.352	0.351
重庆	0.381	0.378	0.387	0.388	0.385	0.414	0.417	0.429
成都	0.357	0.348	0.368	0.412	0.421	0.434	0.439	0.440
贵阳	0.334	0.332	0.337	0.361	0.365	0.373	0.377	0.378
昆明	0.328	0.331	0.337	0.368	0.380	0.377	0.378	0.382
西安	0.328	0.332	0.344	0.368	0.376	0.377	0.383	0.383
兰州	0.327	0.331	0.336	0.372	0.375	0.382	0.384	0.380
西宁	0.311	0.316	0.318	0.329	0.339	0.350	0.352	0.350

省份	2013 年	2014 年	2015 年	2016 年	2017 年	2018 年	2019 年	2020 年
银川	0.305	0.299	0.306	0.341	0.341	0.343	0.348	0.346
乌鲁木齐	0.311	0.318	0.322	0.352	0.348	0.354	0.357	0.357
全国平均	0.318	0.322	0.326	0.358	0.362	0.369	0.375	0.382

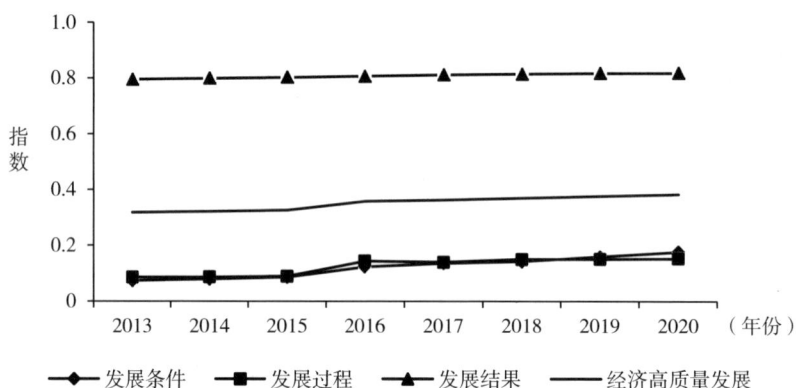

图 4-1　2013—2020 年经济高质量发展及各细分维度变化趋势

二、省际层面经济高质量发展的综合评价

省际及地区层面的经济高质量发展平均水平及增幅情况见表 4-3、表 4-4 和图 4-2。从省份层面来看,中国各省份 2013—2020 年经济高质量发展演变势头较好,增幅稳定在 11.61%—31.53%。具体从发展水平来看,2013—2020 年北京、上海、江苏的经济高质量发展指数处于领先水平,而甘肃、宁夏等省区的经济高质量发展水平处于相对落后地位;从增长幅度来看,2013—2020 年广东、上海等地的发展趋势较为强劲,远高于其他省份。从分地区层面来看,就发展水平而言,东部地区经济高质量发展水平良好,而西部地区经济高质量发展情况较为薄弱;就增长幅度而言,2013—2020 年增长幅度最大的区域是中部地区,增幅达 21.44%,而东北地区经济高质量发展水平提升幅度最小,仅为 13.42%。

表4-3 2013—2020年中国省际经济高质量发展测算结果

省份	2013年	2014年	2015年	2016年	2017年	2018年	2019年	2020年
北京	0.505	0.505	0.514	0.569	0.562	0.592	0.571	0.577
天津	0.381	0.380	0.388	0.423	0.420	0.431	0.430	0.440
河北	0.292	0.297	0.304	0.342	0.347	0.341	0.347	0.351
山西	0.302	0.300	0.300	0.330	0.336	0.335	0.341	0.345
内蒙古	0.308	0.310	0.312	0.334	0.339	0.344	0.349	0.351
辽宁	0.316	0.313	0.313	0.349	0.359	0.355	0.355	0.360
吉林	0.319	0.319	0.319	0.354	0.364	0.364	0.357	0.361
黑龙江	0.312	0.316	0.314	0.346	0.345	0.352	0.353	0.354
上海	0.473	0.490	0.500	0.529	0.537	0.557	0.570	0.564
江苏	0.376	0.382	0.393	0.432	0.427	0.440	0.469	0.472
浙江	0.362	0.368	0.377	0.411	0.406	0.424	0.443	0.461
安徽	0.316	0.322	0.324	0.362	0.365	0.371	0.381	0.390
福建	0.336	0.341	0.345	0.373	0.381	0.384	0.385	0.394
江西	0.303	0.303	0.308	0.340	0.346	0.359	0.364	0.367
山东	0.322	0.327	0.333	0.364	0.369	0.373	0.374	0.396
河南	0.304	0.308	0.310	0.338	0.342	0.349	0.358	0.367
湖北	0.316	0.319	0.326	0.360	0.368	0.373	0.381	0.387
湖南	0.316	0.318	0.324	0.363	0.365	0.382	0.390	0.398
广东	0.354	0.358	0.367	0.402	0.423	0.431	0.449	0.466
广西	0.295	0.299	0.302	0.326	0.330	0.332	0.334	0.336
海南	0.314	0.320	0.321	0.330	0.330	0.339	0.349	0.350
重庆	0.381	0.378	0.387	0.388	0.385	0.414	0.417	0.429
四川	0.306	0.311	0.317	0.352	0.348	0.363	0.365	0.371
贵州	0.301	0.299	0.302	0.324	0.334	0.336	0.342	0.344
云南	0.294	0.298	0.301	0.322	0.327	0.326	0.334	0.333
陕西	0.303	0.308	0.310	0.344	0.345	0.348	0.353	0.351
甘肃	0.283	0.290	0.294	0.314	0.326	0.330	0.331	0.331
青海	0.311	0.316	0.318	0.329	0.339	0.350	0.352	0.350

续表

省份	2013 年	2014 年	2015 年	2016 年	2017 年	2018 年	2019 年	2020 年
宁夏	0.275	0.274	0.287	0.309	0.317	0.316	0.318	0.322
新疆	0.310	0.312	0.316	0.349	0.343	0.351	0.352	0.353
东部	0.372	0.377	0.384	0.417	0.420	0.431	0.439	0.447
中部	0.309	0.312	0.315	0.349	0.354	0.361	0.369	0.376
西部	0.306	0.309	0.313	0.336	0.339	0.346	0.350	0.352
东北	0.316	0.316	0.315	0.350	0.356	0.357	0.355	0.358

表 4-4　2013—2020 年中国省际经济高质量发展平均水平及增速排序

省份	均值	排序	增幅	排序	省份	均值	排序	增幅	排序
北京	0.549	1	14.428	19	河南	0.334	19	20.754	10
天津	0.412	4	15.485	17	湖北	0.354	12	22.259	7
河北	0.328	24	20.092	11	湖南	0.357	10	25.731	3
山西	0.324	25	14.541	18	广东	0.406	6	31.528	1
内蒙古	0.331	23	13.862	23	广西	0.319	27	13.878	21
辽宁	0.340	15	13.877	22	海南	0.332	22	11.612	30
吉林	0.345	13	13.027	27	重庆	0.397	7	12.567	28
黑龙江	0.337	16	13.362	25	四川	0.342	14	21.242	9
上海	0.527	2	19.109	12	贵州	0.323	26	14.270	20
江苏	0.424	3	25.619	4	云南	0.317	28	13.055	26
浙江	0.406	5	27.183	2	陕西	0.333	21	16.157	16
安徽	0.354	11	23.692	5	甘肃	0.312	29	16.733	15
福建	0.367	8	17.089	14	青海	0.333	20	12.296	29
江西	0.336	17	21.283	8	宁夏	0.302	30	17.205	13
山东	0.357	9	22.784	6	新疆	0.336	18	13.690	24
东部	0.411	1	20.311	2	西部	0.331	4	14.913	3
中部	0.343	2	21.435	1	东北	0.340	3	13.421	4

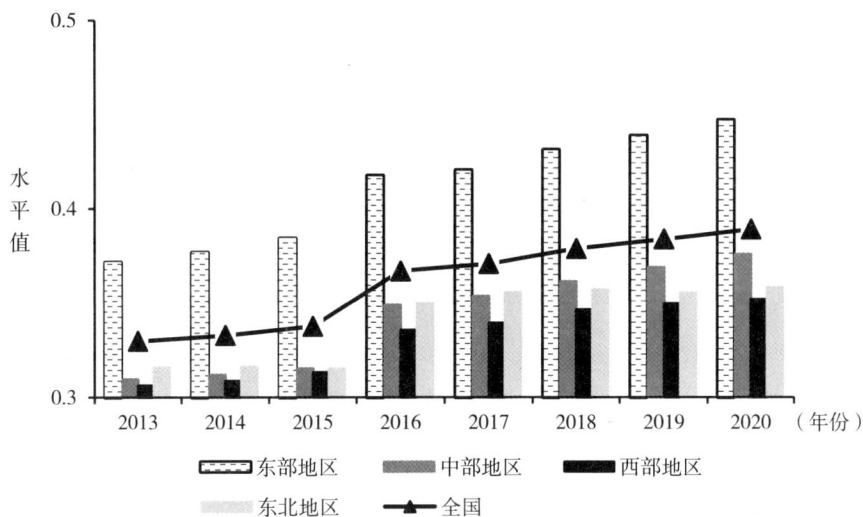

图 4-2 2013—2020 年中国各地区及经济高质量发展水平的变化趋势

第三节 经济高质量发展的时空动态
演进分析

在测度中国经济高质量发展水平的基础上,本章进一步采用 Kernel 密度估计、Markov 链等方法刻画 2013—2020 年中国地级市经济高质量发展水平的时空动态演进趋势。

一、核(Kernel)密度估计结果分析

本章运用核密度估计对中国地级市经济高质量发展总指数与条件维度、过程维度和结果维度的分布情况进行分析,具体结果见图 4-3。就经济高质量发展总指数的动态演进趋势来看,在分布位置方面,其密度函数曲线的波峰位置 2013—2020 年整体向右移动,说明地级市经济高质量发展的平均水平在稳步提高。在峰度特征方面,密度曲线的波峰高度最低、宽度最宽的样本出现在 2016 年,波峰最高、宽度最窄的样本出现在 2017 年,此后直至考察期结束

年份波峰高度略微下降。这意味着 2016 年各地级市间经济高质量发展水平差距最大,而 2017 年各地级市间经济高质量发展水平差距最小,即在 2016年部分地级市率先实现了经济高质量发展水平的大幅改善,与其他地级市拉开一定差距,而在 2017 年落后地级市逐渐追赶,实现各地级市经济高质量发展在较高水平的集聚,但是 2017—2020 年各地级市经济高质量发展水平差距又逐渐拉大。在分布延展性方面,密度曲线的左拖尾现象逐渐减弱,但是仍存在右拖尾倾向,显示出经济高质量发展水平较低的地级市在逐渐向均值水平靠拢,与此同时,也有少量经济高质量发展水平较高的地级市维持在领跑位置。

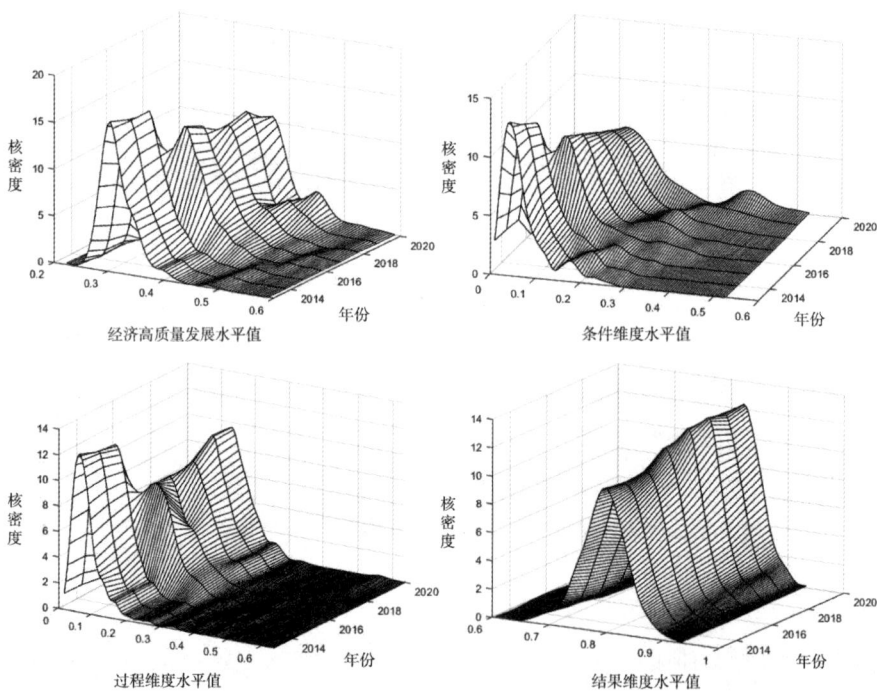

图 4-3 2014—2020 年中国经济高质量发展核密度估计结果

就各维度指数 2013—2020 年的动态演进趋势而言,在分布位置方面,各维度密度函数曲线的波峰位置在考察期内呈现向右移动趋势,说明各年度地级市经济高质量发展的条件维度、过程维度和结果维度平均水平均在稳步提高。但是各维度曲线的移动幅度有所差异,由大到小依次为条件维度、过程维度和结果维度,这意味着条件维度的均值水平在考察期内得到了大幅提高,其次为过程维度,而结果维度的均值水平2013—2020年变动幅度较小。在峰度特征方面,条件维度和过程维度的密度曲线波峰最高、宽度最窄的样本出现在2013—2015年,说明在此区间各地级市间经济高质量发展条件与发展过程表现的差距最小,二者的区别在于相对于过程维度,条件维度的密度曲线波峰位置更靠近左边,也就是说2013—2015年,各地级市经济高质量发展的发展条件表现集中于较低水平。同时,二者密度曲线波峰最低、宽度最宽的样本出现在2016年,此后波峰高度小幅波动,这表明2016年一部分地级市率先实现了发展条件和发展过程的改善,与其他地级市拉开一定差距,而在2017年落后地级市逐渐追赶,实现了各地级市发展条件和发展过程在更高水平的集聚,由此带来经济高质量发展总指数密度曲线在2016年的波动。与上述两个维度不同,结果维度的波峰高度在考察期内呈现小范围"M"型波动态势,其密度曲线波峰最高、宽度最窄的样本出现在2017年,之后缓慢下降,说明2017—2020年,各地级市经济高质量发展的结果维度表现差距逐渐拉大。在分布延展性方面,与经济高质量发展结果维度不存在明显右拖尾现象不同,经济高质量发展条件维度和过程维度密度曲线均存在轻微右拖尾趋势,表明在发展条件和发展过程整体改善的情况下,仍然存在少量地级市具有绝对领先优势。

二、马尔科夫(Markov)链结果分析

为了详细刻画2013—2020年中国经济高质量发展的内部流向与动态演进特征,本章采用传统马尔科夫链方法将经济高质量发展水平按照四分位法划分为低水平、中低水平、中高水平和高水平四个等级,形成传统马尔科夫转移概率矩阵进行分析,具体结果见表4-5。其中,转移概率矩阵当中

对角线上的概率均大于非对角线的概率,说明经济高质量发展具有稳态性。具体来说,经济高质量发展水平在 t 年处于低水平、中低水平、中高水平和高水平等级的地区,在 $t+1$ 年维持原等级水平的概率分别为 89.1%、78.6%、89.1% 和 100%,表明经济高质量发展水平在不同等级间的分布相对稳定,具有"俱乐部趋同"特征。其中,高水平经济高质量发展地区维持原等级的概率最高,其次为低水平和中高水平地区,最容易发现状态转移的是中低水平地区。进一步地,经济高质量发展较低水平地区向高水平等级实现跃迁的概率均为零,说明经济高质量发展的高水平等级地区与其他等级地区间存在顽固差距,各地级市向经济高质量发展高水平转移存在较大困难。与此同时,中低水平和中高水平地区经济高质量发展向下转移一级的概率分别为 8.9% 和 7.8%,说明各地区要警醒等级向下转移的风险、保持现有发展成果的稳固。

表4-5 传统马尔科夫转移概率矩阵($K=4$)

$t/t+1$	I	II	III	IV
I	0.891	0.109	0	0
II	0.089	0.786	0.125	0
III	0.031	0.078	0.891	0
IV	0	0	0	1

经济高质量发展一般具有较强的空间关联性,因此,本节基于地理距离矩阵计算了中国 2013—2020 年地级市经济高质量发展的全局莫兰指数,具体结果见表4-6。经济高质量发展的莫兰指数在样本期内均显著为正,且数值逐年增大,说明中国各地级市的经济高质量发展存在显著并逐渐增强的空间正相关关系。

表 4-6 2013—2020 年中国经济高质量发展水平的全局莫兰
（Moran's I）指数

年份	2013 年	2014 年	2015 年	2016 年	2017 年	2018 年	2019 年	2020 年
Moran's I	0.362***	0.382***	0.410***	0.416***	0.422***	0.442***	0.516***	0.552***
z统计量	14.650	15.480	16.600	16.818	17.027	17.849	20.727	22.126
p 值	0.000	0.000	0.000	0.000	0.000	0.000	0.000	0.000

以上结果表明,刻画经济高质量发展的动态的内部流动方向,需要在传统马尔科夫链基础上融入空间因素,建立空间马尔科夫转移概率矩阵,具体结果见表 4-7。首先,经济高质量发展在四种空间滞后条件下的转移概率矩阵均不相同,说明在邻近地区经济高质量发展存在差异的情况下,本地区经济高质量发展受到影响并转移的概率各不相同,例如在 I 类、III 类滞后条件下,t 期中低水平经济高质量发展地区在 $t+1$ 期发生等级转移的概率为零,而在 II 类滞后条件下,t 期中低水平经济高质量发展地区在 $t+1$ 期有 5.3% 的概率可以跃迁到中高水平,而在 IV 类滞后条件下,这一概率进一步上升至 50%。其次,不同类型空间滞后下转移概率矩阵的对角线概率值不再完全大于非对角线概率值,例如,在 IV 类滞后条件下,t 期中低水平经济高质量发展地区在 $t+1$ 期发生等级上迁的概率与保持稳定不变的概率相同,均为 50%,说明在空间溢出效应下经济高质量发展"等级锁定"的概率有所降低。最后,同一滞后类型对不同等级的影响也各不相同,在 IV 类滞后条件下,低水平地区向上转移跃迁的概率为零,中低水平和中高水平地区向上发生转移的概率分别为 50% 和 20%,高水平向中高水平降级转移的概率为 2.6%,说明转移概率不仅受到滞后类型的影响还要考虑经济高质量发展初始等级的影响。

表 4-7 空间马尔科夫转移概率矩阵($K=4$)

空间滞后	$t/t+1$	I	II	III	IV
I	I	1	0	0	0
	II	0	1	0	0
	III	0	0	0.941	0.059
	IV	0	0	0.167	0.833
II	I	1	0	0	0
	II	0	0.947	0.053	0
	III	0	0.154	0.846	0
	IV	0	0	0	1
III	I	1	0	0	0
	II	0	1	0	0
	III	0	0	1	0
	IV	0	0	0	1
IV	I	1	0	0	0
	II	0	0.5	0.5	0
	III	0	0.2	0.6	0.2
	IV	0	0	0.026	0.974

第四节　经济高质量发展的区域差异分析

本章接下来采用达格姆(Dagum)基尼系数及其分解方法揭示中国八大经济综合区经济高质量发展综合指数和分维度指数的区域差异及来源,系数具体分为区域内差异、区域间差异和超变密度差异三部分,旨在揭示经济高质量发展水平的地区差异大小及其来源。

一、中国经济高质量发展水平的区域差异及来源

中国八大经济综合区经济高质量发展综合指数的区域差异结果见表4-8。同时,为了更加直观地感受中国经济高质量发展的总体差异,图4-4绘制了2013—2020年中国经济高质量发展的区域差异演变趋势。

表4-8　2013—2020年中国八大综合经济区经济高质量发展的区域差异情况

区域/年份		2013	2014	2015	2016	2017	2018	2019	2020
	总体	0.056	0.056	0.058	0.058	0.059	0.062	0.066	0.070
区域内差异	东北	0.042	0.038	0.041	0.033	0.039	0.035	0.032	0.031
	大西北	0.049	0.045	0.039	0.053	0.035	0.038	0.037	0.034
	大西南	0.034	0.033	0.037	0.040	0.038	0.044	0.041	0.044
	黄河中游	0.027	0.027	0.028	0.029	0.028	0.029	0.028	0.033
	长江中游	0.031	0.032	0.030	0.034	0.036	0.032	0.033	0.032
	北部沿海	0.063	0.059	0.057	0.050	0.049	0.057	0.053	0.057
	东部沿海	0.042	0.043	0.041	0.039	0.042	0.041	0.042	0.035
	南部沿海	0.053	0.051	0.052	0.054	0.061	0.061	0.061	0.063
区域间差异	大西北与东北	0.060	0.054	0.047	0.059	0.052	0.049	0.046	0.046
	大西南与东北	0.044	0.039	0.040	0.040	0.045	0.043	0.039	0.039
	大西南与大西北	0.047	0.044	0.042	0.052	0.039	0.045	0.044	0.045
	黄河中游与东北	0.039	0.036	0.037	0.035	0.039	0.036	0.031	0.032
	黄河中游与大西北	0.046	0.043	0.038	0.049	0.036	0.039	0.041	0.044
	黄河中游与大西南	0.032	0.031	0.033	0.035	0.034	0.038	0.036	0.040
	长江中游与东北	0.038	0.036	0.037	0.035	0.039	0.037	0.042	0.044
	长江中游与大西北	0.054	0.052	0.048	0.067	0.056	0.062	0.070	0.076
	长江中游与大西南	0.037	0.036	0.038	0.045	0.048	0.050	0.053	0.056
	长江中游与黄河中游	0.031	0.032	0.033	0.040	0.041	0.045	0.045	0.048
	北部沿海与东北	0.053	0.050	0.052	0.044	0.046	0.047	0.046	0.054
	北部沿海与大西北	0.070	0.067	0.064	0.077	0.066	0.066	0.066	0.080
	北部沿海与大西南	0.055	0.052	0.054	0.055	0.056	0.057	0.054	0.064
	北部沿海与黄河中游	0.051	0.049	0.051	0.050	0.050	0.052	0.047	0.057
	北部沿海与长江中游	0.049	0.047	0.046	0.043	0.043	0.046	0.046	0.046
	东部沿海与东北	0.085	0.093	0.108	0.099	0.087	0.103	0.130	0.136
	东部沿海与大西北	0.133	0.134	0.137	0.146	0.128	0.140	0.164	0.172
	东部沿海与大西南	0.108	0.110	0.116	0.118	0.112	0.119	0.139	0.144
	东部沿海与黄河中游	0.103	0.107	0.118	0.118	0.108	0.119	0.136	0.139
	东部沿海与长江中游	0.089	0.092	0.098	0.089	0.079	0.083	0.098	0.099
	东部沿海与北部沿海	0.094	0.094	0.096	0.091	0.081	0.098	0.116	0.107
	南部沿海与东北	0.059	0.061	0.070	0.063	0.076	0.079	0.093	0.104
	南部沿海与大西北	0.097	0.095	0.095	0.104	0.110	0.112	0.124	0.138
	南部沿海与大西南	0.074	0.074	0.078	0.078	0.096	0.094	0.102	0.113
	南部沿海与黄河中游	0.068	0.070	0.077	0.076	0.091	0.092	0.098	0.107
	南部沿海与长江中游	0.059	0.060	0.061	0.057	0.069	0.065	0.070	0.075

续表

区域/年份		2013	2014	2015	2016	2017	2018	2019	2020
	南部沿海与北部沿海	0.069	0.066	0.066	0.062	0.073	0.079	0.086	0.085
	南部沿海与东部沿海	0.061	0.061	0.063	0.063	0.055	0.058	0.062	0.057
贡献率	区域内	9.215	9.075	8.803	8.908	9.003	8.728	7.979	7.705
	区域间	64.315	65.861	68.178	70.246	70.142	70.477	75.019	76.360
	超变密度	26.471	25.065	23.019	20.846	20.855	20.795	17.001	15.935

（单位：%）

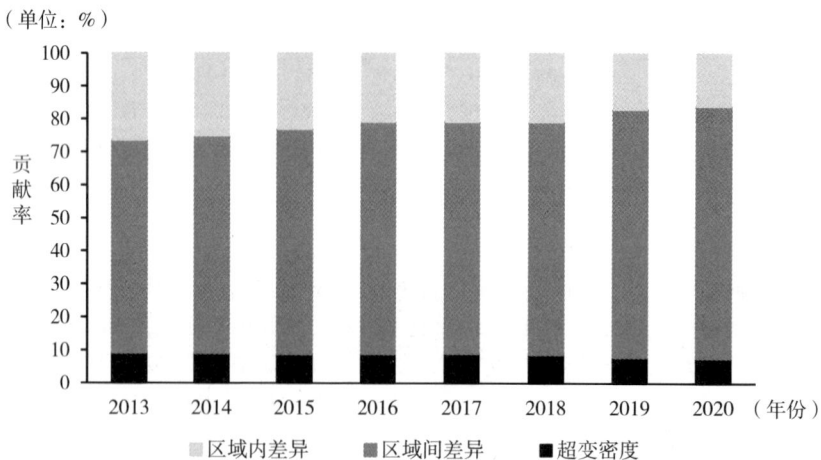

图 4-4　2013—2020 年中国经济高质量发展基尼系数分解项的贡献率

在总体差异方面,中国经济高质量发展的总体差异呈现上升趋势。具体来看,在样本考察期内中国经济高质量发展的总体基尼系数由 2013 年的 0.056 缓慢上升至 2020 年的 0.070,整体增幅为 24.82%,说明地区间的差异呈略微拉大趋势。观察组间差异变化趋势与总体基尼系数演变规律,发现二者的变动情况高度一致,表明考察期内中国经济高质量发展的总体差异更多受到组间差异的影响。而 2013—2020 年中国八大综合经济区经济高质量发展的组内差异相对较小,稳定在 0.005 左右,表明在考察期内八大综合经济区的经济高质量发展表现出内部趋同态势。与此同时,超变密度在 2013—2020 年也平稳下降,说明区域间交叉重叠对总体经济高质量发展差异的影响较小。

图 4-5 展现了中国八大综合经济区地级市经济高质量发展的总体差异来源,可以发现区域间差异对中国经济高质量发展总体差异的贡献率最高,其次分别是超变密度与区域内差异。与此同时,2013—2020 年,超变密度与区域内差异对中国经济高质量发展总体差异的贡献率呈现逐渐下降趋势,而区域间差异的贡献率在平稳上升,这说明中国经济高质量发展呈现八大综合经济区内部趋同集聚,但区域间进一步分散的差异演变趋势,如何缩小区域间发展差异成为今后推进经济高质量发展的重点。

在区域内差异方面,截至 2020 年,南部沿海、北部沿海和大西南地区内部的地级市经济高质量发展水平差异较大,远高于东北、长江中游、黄河中游地区,其中,南部沿海地区的区域内差异系数高出东北地区内部差异系数 1.05 倍。就变动趋势而言,大西北、东北和东部沿海地区的区域内差异系数在 2013—2020 年呈现平稳下降趋势,说明这些区域内的地级市经济高质量发展逐渐聚集到同一水平;而大西南、南部沿海和黄河中游等的区域内差异系数在考察期内逐渐增大,其中大西南和南部沿海地区更是在考察期末分别成为内部差异最大的第三位和第一位区域,说明以上区域内部的地级市经济高质量发展水平正在逐渐拉开差距。

在区域间差异方面,从横向对比视角来看,在考察期期初,东部沿海与大西北地区间经济高质量发展水平差距最大,差异系数达到 0.134,其次为东部沿海与大西南、黄河中游地区,进一步观察发现东部沿海地区除了与南部沿海地区的区域间差异系数差距较小外,与其余六大综合经济区之间的差异系数均位于总差异排名前七位。在东部地区之后,与其余综合经济区拉开较大差距的是南部沿海地区,并且类似东部沿海地区,与南部沿海地区差异较大的前三大区域依然是大西北、大西南与黄河中游地区。这说明在八大综合经济区内部,东部沿海和南部沿海地区的经济高质量发展处于绝对领先地位,而大西北、大西南和黄河中游地区的经济高质量发展处于落后水平。到考察期期末,区域间差异系数最大的前三位依然是东部沿海与大西北、大西南、黄河中游地区,但是其与南部沿海、长江中游地区间的区域间差异系数逐渐缩小,同时南部沿海地区、长江中游地区分别与大西南地区、黄河中游地区、东北地区间的差异系数进一步扩大,这意味着直至 2020 年,长江中游地区的经济高质量发展水平进一步接近东部沿海和南部沿海地区,成为中国八大综合经济区中的第三领跑地区,而大西北地区、大西南地区和黄河中游地区经济高质量发展中的落后地位并未实现很好改善。从纵向对比视角来看,在 2013—2020 年的考察期内,除大西北与东北地区、黄河中游与东北、东部沿海与南部沿海、长江中游与北部沿海四组区域以外,其余区域间的差异系数均呈现逐步增大趋势,其中南部沿海与东北区域间的差异系数在考察期内扩大了 69.67%,南部沿海与大西南、南部沿海与黄河中游、长江中游与大西南三组区域间的差异系数扩大幅度也超过了 50%。这说明在考察期内大多数区域的组间差异都呈现逐步扩大趋势,中国八大综合经济区间的经济高质量发展水平差距不断扩大,平衡发展态势尚未显现。

在识别经济高质量发展区域差异及来源的基础上,本章进一步对经济高质量发展水平进行 α 收敛性分析,讨论其在发展速度方面的变化,具体结果见图 4-5。在变动趋势方面,2013—2020 年,北部沿海、东部沿海、大西北和东北综合经济区的变异系数呈波动下降趋势,说明这些地区的经济高质量发展呈显著的 α 收敛特征,与此同时,南部沿海、大西南、长江中游和黄河中游地区的变异系数在波动变化中略微上升,说明这些区域的收敛幅度尚不明显。在绝对水平方面,北部沿海和南部沿海地区的变异系数稳定在 [0.10,0.14] 区间范围内,远高于其他综合经济区,说明这两大区域的收敛特征相对于其他地区并不稳定。

二、经济高质量发展分维度指数的区域差异及来源

为进一步发现造成八大综合经济区经济高质量发展水平区域内差异、区域间差异的原因,本章进一步刻画了八大综合经济区经济高质量发展水平的

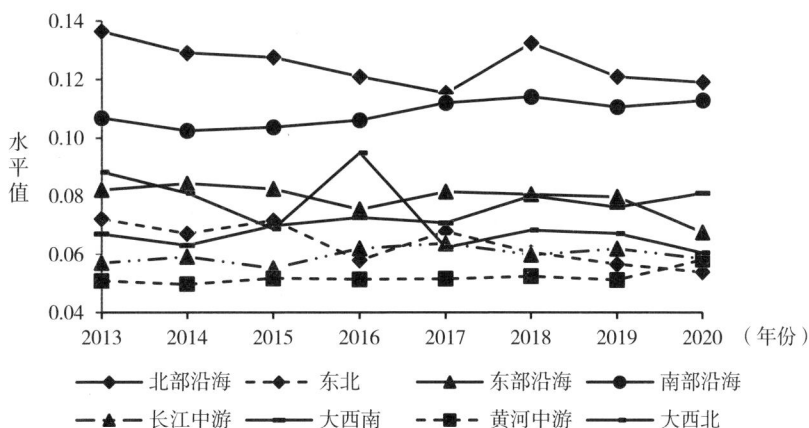

图 4-5　2013—2020 年八大综合经济区经济高质量发展水平的 α 收敛演变趋势

三个分维度指数的区域差异,以期为制定区域协调发展相关政策提供一定的科学依据。

在八大综合经济区经济高质量发展分维度指数总体差异方面,表 4-9 至表 4-11 的第一行数据分别显示了经济高质量发展分维度的总体差异。从条件、过程和结果三个分维度指数的总体差异变化趋势来看,条件分维度的地区差异在考察期内呈现"N"型变动趋势,稳定在 0.310—0.370,2013—2015 年八大综合经济区的条件分维度差异逐渐增大,总体差异最大值出现在 2015 年,最小值出现在 2016 年,之后 2017 年和 2018 年条件分维度差异稳定在 0.310 左右,2019 年和 2020 年则稳定在 0.330 左右,虽然总体呈现"N"型变动趋势,但 2020 年的区域差异相对 2013 年仍然下降了 6.98%。与此同时,过程和结果分维度指数在八大综合经济区的地区差异均呈现下降趋势,总体差异值分别稳定在 0.180—0.280 和 0.020—0.030 的范围内,下降幅度分别为 34.25% 和 14.58%。由此可以发现,虽然三个分维度指数在观察期内表现出差异化的变动趋势,但是各维度指数在八大综合经济区间的总体区域差异期末值均相较考察期期初水平有所下降,表明中国正朝着经济高质量发展扎实迈进;就条件、过程和结果三个分

117

维度指数区域差异的横向对比来看,八大综合经济区间区域差异最小的是结果维度,最大的是条件维度,说明八大综合经济区间在效率提升、共同富裕和节能减排等方面的区域差异较小,但是在创新要素和创新能力方面差距相对较大。

表 4-9 2013—2020 年发展条件维度下中国八大综合经济区经济
高质量发展的区域差异情况

区域/年份		2013	2014	2015	2016	2017	2018	2019	2020
总体		0.3581	0.3596	0.3737	0.3086	0.3131	0.3152	0.3330	0.3331
区域内差异	东北	0.2104	0.1943	0.2075	0.1395	0.1400	0.1562	0.1341	0.1162
	大西北	0.2375	0.2665	0.2420	0.1817	0.1856	0.1693	0.1642	0.1488
	大西南	0.2569	0.2651	0.2661	0.2294	0.2230	0.2292	0.2244	0.2220
	黄河中游	0.2195	0.2452	0.2412	0.1706	0.1400	0.1817	0.1995	0.2083
	长江中游	0.2115	0.2107	0.1887	0.1643	0.1400	0.1240	0.1132	0.1047
	北部沿海	0.2468	0.2367	0.2397	0.1763	0.1934	0.1922	0.1753	0.1879
	东部沿海	0.0864	0.0821	0.0863	0.0923	0.0800	0.0836	0.0907	0.0641
	南部沿海	0.2280	0.2196	0.2199	0.2132	0.2350	0.2333	0.2299	0.2173
区域间差异	大西北与东北	0.2583	0.2622	0.2453	0.1836	0.1828	0.1672	0.1603	0.1562
	大西南与东北	0.2512	0.2439	0.2443	0.2046	0.1958	0.1980	0.1863	0.1804
	大西南与大西北	0.2544	0.2745	0.2660	0.2102	0.2075	0.2050	0.2051	0.2122
	黄河中游与东北	0.2233	0.2281	0.2274	0.1586	0.1574	0.1750	0.1801	0.1853
	黄河中游与大西北	0.2430	0.2655	0.2567	0.1883	0.1957	0.1895	0.2132	0.2307
	黄河中游与大西南	0.2441	0.2575	0.2566	0.2101	0.2074	0.2117	0.2193	0.2208
	长江中游与东北	0.2284	0.2291	0.2677	0.1987	0.2102	0.2537	0.2592	0.2713
	长江中游与大西北	0.3140	0.3301	0.3514	0.2770	0.2852	0.2832	0.3203	0.3551
	长江中游与大西南	0.2914	0.2921	0.3039	0.2778	0.2765	0.2746	0.2783	0.2759
	长江中游与黄河中游	0.2585	0.2771	0.2842	0.2227	0.2093	0.2242	0.2282	0.2310
	北部沿海与东北	0.2835	0.2882	0.3379	0.2548	0.2893	0.2896	0.2522	0.3082
	北部沿海与大西北	0.3795	0.3912	0.4159	0.3329	0.3544	0.3144	0.3055	0.3818
	北部沿海与大西南	0.3469	0.3440	0.3618	0.3276	0.3432	0.3054	0.2759	0.3213
	北部沿海与黄河中游	0.3215	0.3349	0.3491	0.2743	0.2802	0.2649	0.2356	0.2850
	北部沿海与长江中游	0.2449	0.2404	0.2337	0.1868	0.1922	0.1745	0.1533	0.1739
	东部沿海与东北	0.5777	0.5890	0.6426	0.5377	0.5277	0.5600	0.5945	0.5884
	东部沿海与大西北	0.6755	0.6793	0.7039	0.6055	0.5874	0.5828	0.6368	0.6459
	东部沿海与大西南	0.6384	0.6332	0.6527	0.5927	0.5705	0.5601	0.5964	0.5824
	东部沿海与黄河中游	0.6214	0.6291	0.6452	0.5512	0.5127	0.5263	0.5580	0.5438
	东部沿海与长江中游	0.4920	0.4851	0.4852	0.4108	0.3733	0.3649	0.3991	0.3782

续表

区域/年份		2013	2014	2015	2016	2017	2018	2019	2020
区域间差异	东部沿海与北部沿海	0.4346	0.4315	0.4340	0.3560	0.3153	0.3529	0.4253	0.3584
	南部沿海与东北	0.3929	0.3968	0.4678	0.3813	0.4582	0.4849	0.5168	0.5326
	南部沿海与大西北	0.5099	0.5105	0.5485	0.4611	0.5220	0.5097	0.5641	0.5947
	南部沿海与大西南	0.4675	0.4550	0.4855	0.4501	0.5073	0.4915	0.5237	0.5298
	南部沿海与黄河中游	0.4434	0.4481	0.4739	0.3995	0.4468	0.4529	0.4822	0.4906
	南部沿海与长江中游	0.3178	0.3075	0.3061	0.2743	0.3263	0.3106	0.3344	0.3389
	南部沿海与北部沿海	0.2822	0.2696	0.2766	0.2361	0.2978	0.3142	0.3631	0.3416
	南部沿海与东部沿海	0.2817	0.2816	0.2765	0.2354	0.1826	0.1855	0.1867	0.1615
贡献率	区域内	7.2164	7.2167	6.7604	7.0894	6.9427	6.8888	6.3444	6.0898
	区域间	78.6093	78.3975	80.7435	81.2308	81.3798	80.5685	83.5911	83.8384
	超变密度	14.1743	14.3857	12.4961	11.6799	11.6775	12.5427	10.0645	10.0718

表 4-10　2013—2020 年发展过程维度下中国八大综合经济区经济高质量发展的区域差异情况

区域/年份		2013	2014	2015	2016	2017	2018	2019	2020
总体		0.2797	0.2779	0.2741	0.2069	0.2353	0.2041	0.1882	0.1839
区域内差异	东北	0.2019	0.2021	0.1976	0.1305	0.1645	0.1314	0.1266	0.1086
	大西北	0.1663	0.1792	0.1536	0.1546	0.1712	0.1644	0.1425	0.1357
	大西南	0.2086	0.1943	0.2106	0.1720	0.1663	0.1778	0.1615	0.1710
	黄河中游	0.1744	0.3489	0.1863	0.1627	0.1784	0.1496	0.1311	0.1367
	长江中游	0.2338	0.2250	0.2289	0.1813	0.2103	0.1764	0.1754	0.1694
	北部沿海	0.3594	0.1929	0.3439	0.2582	0.3068	0.2617	0.2323	0.2293
	东部沿海	0.3060	0.3193	0.3099	0.2118	0.2483	0.2171	0.2204	0.2166
	南部沿海	0.3710	0.3689	0.3547	0.2712	0.3032	0.2524	0.2278	0.2160
区域间差异	大西北与东北	0.3153	0.3026	0.2693	0.2383	0.2334	0.2151	0.2043	0.1900
	大西南与东北	0.3036	0.2926	0.2901	0.2011	0.2339	0.2093	0.1937	0.1936
	大西南与大西北	0.1923	0.1891	0.1872	0.1732	0.1724	0.1750	0.1569	0.1574
	黄河中游与东北	0.3014	0.3869	0.3090	0.2194	0.2500	0.2175	0.1852	0.1784
	黄河中游与大西北	0.1739	0.2865	0.1755	0.1629	0.1785	0.1594	0.1393	0.1384
	黄河中游与大西南	0.1947	0.2940	0.2024	0.1703	0.1740	0.1674	0.1495	0.1562
	长江中游与东北	0.3102	0.3066	0.2968	0.1924	0.2290	0.1897	0.1738	0.1657
	长江中游与大西北	0.2088	0.2053	0.2009	0.1859	0.1966	0.1771	0.1732	0.1640
	长江中游与大西南	0.2245	0.2132	0.2220	0.1796	0.1949	0.1810	0.1748	0.1761
	长江中游与黄河中游	0.2094	0.3002	0.2134	0.1803	0.2034	0.1728	0.1626	0.1597

区域/年份		2013	2014	2015	2016	2017	2018	2019	2020
区域间差异	北部沿海与东北	0.3889	0.3050	0.3767	0.2540	0.3076	0.2665	0.2293	0.2182
	北部沿海与大西北	0.2857	0.1886	0.2790	0.2182	0.2551	0.2194	0.1944	0.1899
	北部沿海与大西南	0.3021	0.1981	0.2935	0.2216	0.2504	0.2268	0.2015	0.2034
	北部沿海与黄河中游	0.2918	0.2937	0.2836	0.2177	0.2555	0.2136	0.1889	0.1885
	北部沿海与长江中游	0.3089	0.2135	0.2981	0.2266	0.2700	0.2305	0.2118	0.2053
	东部沿海与东北	0.3419	0.3505	0.3345	0.2247	0.3025	0.2333	0.2156	0.2063
	东部沿海与大西北	0.2485	0.2632	0.2467	0.1945	0.2254	0.1973	0.1925	0.1865
	东部沿海与大西南	0.2636	0.2670	0.2678	0.1963	0.2183	0.2008	0.1948	0.1982
	东部沿海与黄河中游	0.2520	0.3413	0.2612	0.1940	0.2219	0.1906	0.1845	0.1842
	东部沿海与长江中游	0.2763	0.2806	0.2774	0.2004	0.2474	0.2023	0.2034	0.1987
	东部沿海与北部沿海	0.3409	0.2696	0.3341	0.2391	0.2829	0.2447	0.2293	0.2254
	南部沿海与东北	0.3361	0.3310	0.3213	0.2427	0.2759	0.2315	0.2282	0.2043
	南部沿海与大西北	0.3071	0.3076	0.2828	0.2360	0.2542	0.2191	0.1934	0.1850
	南部沿海与大西南	0.3124	0.3084	0.3027	0.2312	0.2528	0.2230	0.1999	0.1962
	南部沿海与黄河中游	0.3047	0.3822	0.3027	0.2318	0.2592	0.1728	0.1891	0.1824
	南部沿海与长江中游	0.3219	0.3195	0.3107	0.2343	0.2662	0.2212	0.2111	0.1970
	南部沿海与北部沿海	0.3840	0.3111	0.3706	0.2714	0.3143	0.2656	0.2336	0.2256
	南部沿海与东部沿海	0.3493	0.3591	0.3442	0.2519	0.2948	0.2452	0.2301	0.2207
贡献率	区域内	11.5648	11.4765	11.6556	12.1828	12.0091	12.1170	12.3129	12.3682
	区域间	32.7848	32.9304	33.2008	28.2656	27.5730	27.7533	28.2401	27.0017
	超变密度	55.6504	55.5931	55.1436	59.5516	60.4178	60.1298	59.4471	60.6301

表 4-11　2013—2020 年发展结果维度下中国八大综合经济区
经济高质量发展的区域差异情况

区域/年份		2013	2014	2015	2016	2017	2018	2019	2020
总体		0.0295	0.0284	0.0278	0.0269	0.0246	0.0245	0.0240	0.0252
区域内差异	东北	0.0287	0.0277	0.0312	0.0280	0.0254	0.0251	0.0248	0.0260
	大西北	0.0391	0.0338	0.0285	0.0368	0.0261	0.0249	0.0225	0.0231
	大西南	0.0206	0.0200	0.0199	0.0184	0.0174	0.0178	0.0169	0.0177
	黄河中游	0.0195	0.0171	0.0188	0.0188	0.0177	0.0176	0.0148	0.0162
	长江中游	0.0180	0.0175	0.0177	0.0172	0.0153	0.0140	0.0136	0.0128
	北部沿海	0.0342	0.0310	0.0266	0.0266	0.0241	0.0289	0.0286	0.0297
	东部沿海	0.0166	0.0166	0.0170	0.0172	0.0159	0.0160	0.0159	0.0146
	南部沿海	0.0219	0.0210	0.0193	0.0192	0.0185	0.0175	0.0172	0.0222

续表

区域/年份		2013	2014	2015	2016	2017	2018	2019	2020
区域间差异	大西北与东北	0.0349	0.0313	0.0303	0.0331	0.0265	0.0260	0.0241	0.0252
	大西南与东北	0.0268	0.0275	0.0316	0.0268	0.0241	0.0235	0.0245	0.0254
	大西南与大西北	0.0352	0.0321	0.0297	0.0334	0.0270	0.0268	0.0248	0.0266
	黄河中游与东北	0.0285	0.0295	0.0322	0.0275	0.0245	0.0235	0.0242	0.0254
	黄河中游与大西北	0.0374	0.0340	0.0302	0.0339	0.0273	0.0268	0.0246	0.0266
	黄河中游与大西南	0.0207	0.0194	0.0196	0.0188	0.0177	0.0178	0.0160	0.0172
	长江中游与东北	0.0291	0.0301	0.0324	0.0289	0.0263	0.0261	0.0285	0.0300
	长江中游与大西北	0.0383	0.0346	0.0303	0.0356	0.0295	0.0309	0.0292	0.0323
	长江中游与大西南	0.0205	0.0197	0.0190	0.0185	0.0172	0.0175	0.0171	0.0183
	长江中游与黄河中游	0.0190	0.0174	0.0183	0.0184	0.0171	0.0172	0.0156	0.0165
	北部沿海与东北	0.0383	0.0396	0.0413	0.0368	0.0332	0.0325	0.0335	0.0348
	北部沿海与大西北	0.0464	0.0434	0.0388	0.0434	0.0364	0.0361	0.0338	0.0361
	北部沿海与大西南	0.0307	0.0291	0.0257	0.0256	0.0238	0.0257	0.0247	0.0261
	北部沿海与黄河中游	0.0294	0.0267	0.0252	0.0253	0.0237	0.0256	0.0237	0.0250
	北部沿海与长江中游	0.0284	0.0268	0.0244	0.0237	0.0212	0.0230	0.0224	0.0229
	东部沿海与东北	0.0507	0.0526	0.0542	0.0476	0.0447	0.0433	0.0469	0.0478
	东部沿海与大西北	0.0604	0.0564	0.0508	0.0552	0.0493	0.0497	0.0481	0.0510
	东部沿海与大西南	0.0377	0.0359	0.0317	0.0317	0.0315	0.0316	0.0315	0.0324
	东部沿海与黄河中游	0.0333	0.0305	0.0307	0.0310	0.0312	0.0315	0.0303	0.0309
	东部沿海与长江中游	0.0307	0.0302	0.0295	0.0278	0.0264	0.0241	0.0240	0.0225
	东部沿海与北部沿海	0.0329	0.0297	0.0265	0.0264	0.0252	0.0288	0.0295	0.0297
	南部沿海与东北	0.0440	0.0471	0.0495	0.0423	0.0383	0.0359	0.0383	0.0395
	南部沿海与大西北	0.0536	0.0510	0.0462	0.0496	0.0422	0.0416	0.0392	0.0420
	南部沿海与大西南	0.0322	0.0318	0.0284	0.0276	0.0262	0.0253	0.0247	0.0270
	南部沿海与黄河中游	0.0287	0.0270	0.0274	0.0269	0.0259	0.0251	0.0232	0.0254
	南部沿海与长江中游	0.0265	0.0269	0.0264	0.0241	0.0219	0.0191	0.0185	0.0198
	南部沿海与北部沿海	0.0312	0.0288	0.0253	0.0247	0.0230	0.0255	0.0255	0.0279
	南部沿海与东部沿海	0.0206	0.0197	0.0188	0.0190	0.0186	0.0184	0.0186	0.0210
贡献率	区域内	10.2401	10.0039	10.2466	10.3405	10.3191	10.3250	9.9967	9.9720
	区域间	58.9158	61.4503	61.2326	59.8646	60.0522	58.5295	60.8175	58.7754
	超变密度	30.8442	28.5458	28.5208	29.7949	29.6286	31.1455	29.1857	31.2526

在八大综合经济区经济高质量发展分维度指数的区域内差异方面,东北地区内部的发展条件维度差异在考察期内呈现倒"N"型变动趋势,发展过程维度差异和发展结果维度差异在考察期内大致呈现下降趋势,2020年的区域

内差异相较 2013 年分别下降了 44.77%、46.21% 和 9.41%，对比各维度指数的差异水平，东北地区内部的发展条件和发展过程维度区域内差异较大，平均水平均为 0.160，远高于发展结果维度 0.030 的平均水平。黄河中游地区的发展条件维度差异在考察期内呈现"N"型变动，大西北、大西南、长江中游、北部沿海、东部沿海和南部沿海地区内部的发展条件、过程和结果维度差异在考察期内均大致呈现下降趋势，条件、过程和结果维度区域内差异下降幅度最大的分别是长江中游地区、东北地区和大西北地区，说明考察期内创新要素和创新能力区域内均衡发展改善幅度最大的是长江中游地区，产业转型和贸易转型区域内均衡发展改善幅度最大的是东北地区，而效率提升、共同富裕、节能减排区域内均衡发展改善幅度最大的是大西北地区。就水平值而言，条件、过程和结果维度区域内差异最小的地区分别是东部沿海、东北和长江中游地区，差异最大的分别是大西南、北部沿海和大西北地区，说明东部沿海地区的创新要素和创新能力、东北地区的产业转型和贸易转型、长江中游地区的效率提升、共同富裕、节能减排处于趋同发展的态势，而大西南地区的创新要素和创新能力、北部沿海地区的产业转型和贸易转型和大西北地区的效率提升、共同富裕、节能减排现阶段区域内存在较大差异，尚未很好实现均衡发展。

在分维度指数的区域间差异方面，从发展条件维度的横向对比视角来看，在考察期期初，东部沿海除了与南部沿海的区域间差异系数差距较小外，与其余综合经济区之间的差异系数均位于总差异排名前十位。在东部沿海地区之后，与其余综合经济区拉开较大差距的是南部沿海地区，并且类似东部沿海地区，与南部沿海地区差异较大的前三大区域依然是大西北、大西南与黄河中游地区，这说明在八大综合经济区内部，东部沿海和南部沿海地区的创新要素和创新能力均处于绝对领先地位，而大西北、大西南和黄河中游地区的创新要素和创新能力积累则处于落后水平。到考察期期末，发展条件维度区域间差异系数最大的前三位是东部沿海与大西北、南部沿海与大西北、东部沿海与东北地区,在区域间差异系数较大的前八位分别是东部沿海和南部沿海地区与大西北、大西南、东北和黄河中游地区,同时,南部沿海与大西北、东北和大西南的区域间差异系数均进一步扩大,分别扩大了16.63%、35.56%和13.33%,这意味着直至2020年,东部沿海和南部沿海地区在经济高质量发展的条件维度方面仍然处于领跑位置,与大西北、大西南和东北地区的梯度差距逐渐拉大。纵向对比来看,2013—2020年,60.71%的区域组间差异呈下降趋势,说明中国八大综合经济区间的经济高质量发展条件水平差距总体缩小,但是仍然存在较为明显的梯度差异。在经济高质量发展的过程和结果维度方面,东部沿海和南部沿海地区也均处于领跑位置,与其他区域间存在较大梯度差距,但是在过程维度方面,八大综合经济区的组间差异在考察期内均呈现下降趋势,且下降幅度分布在18.15%—46.58%。这意味着在2013—2020年,中国八大综合经济区在产业转型和贸易转型方面大多表现出协同发展态势;在结果维度方面,仅有长江中游与东北地区、南部沿海与东部沿海地区间的组间差异在考察期内有所扩大,其余区域间的经济高质量发展结果维度均表现出均衡发展趋势。

根据图4-6、图4-7、图4-8的结果可知,三个分维度的区域内差异贡献率均值分别为6.82%、11.96%、10.18%,可以看出,发展过程维度的区域内差异是经济高质量发展区域内差异的主要来源。三个分维度的区域间差异贡献率均值分别为81.06%、29.72%、59.96%,其中,发展条件维度的区域间差异贡献率均值最大,发展过程维度的区域间差异均值最小,说明发展条件维度的区域间差异是经济高质量发展区域间差异的主要来源。从超变密度来看,发展过程维度的超变密度均值最大,为58.32%,发展条件维度的超变密度均值最小,为12.14%。综上,经济高质量发展三个分维度的区域差异均来源于区域间差异。

（单位：%）

指数

区域内差异　区域间差异　超变密度

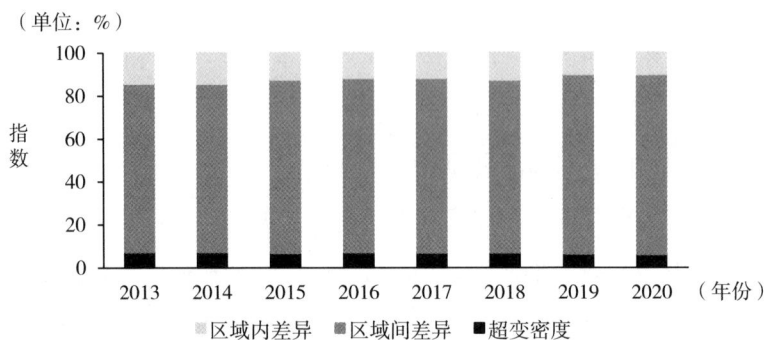

图 4-6　2013—2020 年发展条件维度下经济高质量发展基尼系数分解项的贡献率

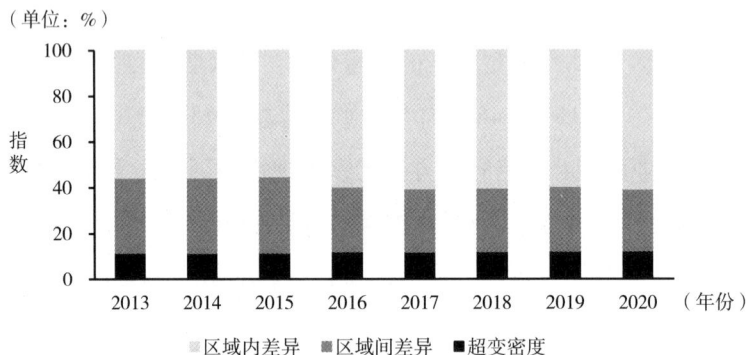

（单位：%）

指数

区域内差异　区域间差异　超变密度

图 4-7　2013—2020 年发展过程维度下经济高质量发展基尼系数分解项的贡献率

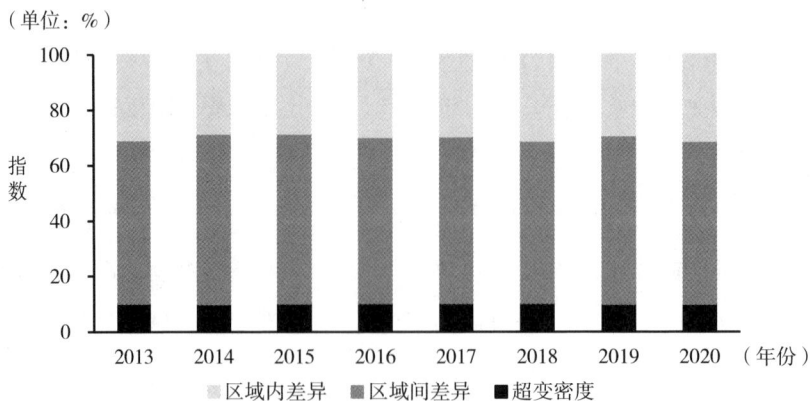

（单位：%）

指数

区域内差异　区域间差异　超变密度

图 4-8　2013—2020 年发展结果维度下经济高质量发展基尼系数分解项的贡献率

本章在梳理经济高质量发展理论内涵演变过程的基础上，立足于中国发展阶段转换的历史性特征从动态视角定义经济高质量发展，并通过构建包含 31 个基础指标的综合评价指标体系、采用主客观结合的赋权方法测算中国地级及以上城市的经济高质量发展状态，进一步采用核密度估计、达格姆(Dagum)基尼系数方法对其发展水平进行分析。研究结论主要包括以下几点：

第一，从发展阶段转换视角的动态视角看，经济高质量发展的条件维度是以创新要素充分涌动、创新能力不断提升为核心要义的高级状态，经济高质量发展的过程维度是以产业调整变革、贸易转型提升为典型特征的高级状态，而经济高质量发展的结果维度是以发展成果的高效性、包容性和可持续性为主要内涵的高级状态。

第二，根据地级市经济高质量发展综合指标体系的测算结果，中国 2013—2020 年地级市经济高质量发展水平呈现稳步提升趋势，全国平均水平由 2013 年的 0.318 上涨 20.18% 至 2020 年的 0.382。

第三，通过分析省际层面经济高质量发展情况得到，中国各省份 2013—2020 年经济高质量发展演变势头良好，增幅稳定在 11.61%—31.53%。其中，北京、上海、江苏处于领先水平，而甘肃、宁夏等省区处于相对落后地位、不具备竞争力。

第四，核密度估计结果表明，2013—2020 年，地级市的经济高质量发展水平在逐渐向均值水平靠拢，也有少量地级市维持在领跑位置。在分维度层面，条件维度和过程维度均在 2016 年发生低水平状态的向上跃升，并在此之后形成各地级市发展条件和发展过程在更高水平的集聚。

第五，马尔科夫链分析发现，在不考虑空间因素情况下，经济高质量发展水平在不同等级间的分布相对较为稳定，具有"俱乐部趋同"特征；经济高质量发展的高水平等级地区与其他等级地区间存在顽固差距，各地级市向经济高质量发展高水平转移存在较大困难。在测算莫兰指数，发现本地区经济高质量发展水平与周边区域的经济高质量发展存在高度空间同质性情况后,得到空间马尔科夫转移概率矩阵,在邻近地区经济高质量发展存在差异的情况下,本地区经济高质量发展发生转移的概率同样存在差异。

第六,达格姆(Dagum)基尼系数分析发现,中国经济高质量发展呈现八大综合经济区内部趋同集聚、外部逐渐分散的差异演变趋势。具体而言,东部沿海地区、南部沿海地区、长江中游地区处于中国八大综合经济区中经济高质量发展的领跑地位,而大西北地区、大西南地区和黄河中游地区则处于落后地位,并且差距正在逐渐拉大,这一发现在分维度指数的区域差异分析中也同样存在。整理2013—2020年八大综合经济区经济高质量发展水平的α收敛演变趋势发现,北部沿海和南部沿海以外的六大综合经济区表现出典型的α收敛特征。

第五章　中国数字经济影响经济
高质量发展的实证分析

本章基于第三章与第四章对数字经济与经济高质量发展水平测算结果，在对数字经济与经济高质量发展因果关系作出初步判断后，实证验证数字经济对经济高质量发展的影响。本章具体研究思路如下：首先，本章基于前文测得的数字经济与经济高质量发展指数，对中国数字经济与经济高质量发展之间的关系进行初步描述；其次，本章对中国数字经济影响经济高质量发展水平的研究设计进行分析说明，主要包含模型设定、变量选取以及数据来源与说明三个部分；再次，本章运用一系列实证方法检验数字经济对经济高质量发展水平的影响，主要包括基准回归、内生性检验、稳健性检验、空间相关性检验与异质性检验；最后，对本章内容进行总结，为进一步加快中国数字经济建设，推动中国经济高质量发展提供经验证据与政策启发。

第一节　数字经济与经济高质量发展的
初步经验观察

本节基于前文中国数字经济和经济高质量发展水平的测度评价结果，对

二者的关系进行初步的经验观察,其基本特征主要表现为:

2013—2020 年,中国数字经济发展和不同维度经济高质量发展水平均存在不同程度的上升趋势。如图 5-1 所示,中国数字经济发展水平由 2013 年的 0.106 增至 2020 年的 0.281,年增长率达 12.96%,中国不同维度经济高质量发展水平在考察期内均有不同程度的提升。其中,条件维度水平值由 2013 年的 0.073 增至 2020 年的 0.177,年增长率达 13.34%;过程维度水平值由 2013 年的 0.086 增至 2020 年的 0.153,年增长率达到 8.52%。由上述特征事实可以看出,中国经济高质量发展在整体水平与分维度水平均与数字经济发展水平呈现出同向变动趋势,且均为正向变动,即中国经济高质量发展整体水平与分维度水平均可能与数字经济存在正向变动关系。由此,本节作出数字经济发展会显著推动经济高质量发展整体水平与分维度水平的基本判断。然而,数字经济对经济高质量发展究竟存在怎样的影响?其对不同维度高质量发展水平会存在怎样的影响?这一影响是否存在空间关联效应?数字经济会通过哪些渠道与机制影响中国经济高质量发展水平?回答这些问题,有利于推动经济发展信息化、平台化、共享化、智能化,为数字经济赋能经济高质量发展提供经验证据。为回答上述问题,本章将在余下篇幅通过实证分析进行进一步检验。

第二节　中国数字经济影响经济高质量发展的研究设计

一、模型设定

基于上述理论分析,为进一步验证中国数字经济对经济高质量发展的影响,本章构建以下基本计量模型:

$$dev_{it} = \alpha_0 + \alpha_1 DIG_{it} + \lambda Z_{it} + \mu_i + \delta_t + \varepsilon_{it} \tag{5.1}$$

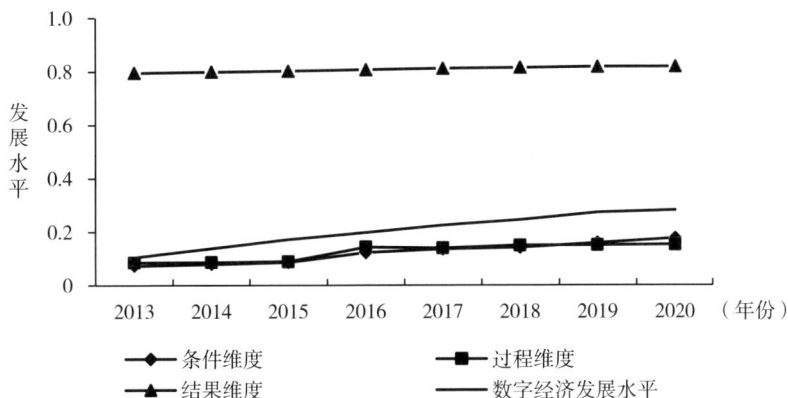

图 5-1　2013—2020 年中国数字经济与不同维度经济高质量
发展水平的变化趋势

资料来源:Patenthub 全球专利数据库,网址为 www.patenthub.cn;2013—2020 年制造业企业上市公司年
报,网址为 http://www.cninfo.com.cn/new/index;国泰安数据库,网址为 data.csmar.com;
2013—2020 年政府工作报告,网址为 http://district.ce.cn/。其他数据笔者根据 2014—2021
年《中国统计年鉴》整理(中华人民共和国国家统计局:《中国统计年鉴》,中国统计出版社出
版)。经济高质量发展综合评价指标体系来源:国泰安数据库,网址为 data.csmar.com;海关
数据库,网址为 www.jkck.com;国研网国际贸易研究与决策数据库,网址为 www.drcnet.com.
cn;EPS 数据库,网址为 www.epsnet.com.cn;世界贸易组织数据库,网址为 www.wto.org;全球
统计数据分析平台,网址为 www.epsnet.com.cn;中国研究服务数据平台,网址为 www.cnrds.
com;中国碳核算数据库,网址为 www.ceads.net.cn;其他数据由笔者根据 2014—2021 年《中
国城市统计年鉴》(国家统计城市社会经济调查司:《中国城市统计年鉴》,中国统计出版社
出版)、2014—2017、2019—2021 年《中国高技术产业统计年鉴》(国家统计局社会科技和文
化产业统计司:《中国高技术产业统计年鉴》,中国统计出版社出版)、2014—2021 年《中国科
技统计年鉴》(国家统计局社会科技和文化产业统计司:《中国科技统计年鉴》,中国统计出
版社出版)、2014—2021 年《中国统计年鉴》(中华人民共和国国家统计局:《中国统计年
鉴》,中国统计出版社出版)、2014—2021 年《中国火炬统计年鉴》(科学技术部火炬高技术
产业开发中心:《中国火炬统计年鉴》,中国统计出版社出版)整理。本章以下图表所用资料
来源相同,不再一一标注。

式中,dev_{it} 表示各个地级市 i 在 t 时期的经济高质量发展水平,DIG_{it} 表示
各个地级市 i 在 t 时期的数字经济发展水平,Z_{it} 表示影响经济高质量发展的
一系列控制变量的集合,μ_i 表示各个地级市 i 不随时间变化的个体固定效应,
δ_t 表示时间固定效应,ε_{it} 表示随机扰动项。模型中 α_1 为本基准回归关注的核
心系数。

值得注意的是,基于最小二乘法的传统固定面板效应模型采用条件均值回归,容易受到极端值的影响,而固定效应面板分位数回归则可以在减少极端值对回归结果影响的同时,准确刻画条件分布的全面特征。因此,本章进一步构建分位数回归模型来考察条件分布的全貌,具体模型构建如下:

$$dev_{it} = \beta_0(\tau) + \beta_1(\tau) DIG_{it} + \delta(\tau) Z_{it} + \mu_i + \delta_t + \varepsilon_{it} \qquad (5.2)$$

本章所使用的分位数回归模型考察了在被解释变量不同分位数点下,解释变量对被解释变量的影响。其中,τ($0 < \tau < 1$)代表不同分位数点,本章选择 0.1、0.25、0.5、0.75、0.9 作为本章分位数回归的分位点。β_1 表示数字经济对经济高质量发展在不同分位数点的边际影响。

二、变量选取

(一)经济高质量发展(dev)

本书第四章基于经济高质量发展的理论内涵,从条件维度、过程维度与结果维度三个层面测算了各地区经济高质量发展指数,具体来看,条件维度包含创新要素与创新能力,过程维度包含产业转型与贸易转型,结果维度包含效率提升、共同富裕与节能减排。本章使用第四章所测得的经济高质量发展指数作为本章的被解释变量进行实证分析。

(二)数字经济(DIG)

本书第三章对中国数字经济发展指数作出了全面、系统性的测算,本章进一步使用第三章所测得的数字经济指数作为本章的解释变量。值得指出的是,由于第三章所测得的数字经济发展水平是省级层面的,因此,本章通过将所测得的数字经济指数乘以地级市层面的互联网渗透率来赋予其地级市权重,以衡量地级市层面的数字经济发展水平。

（三）控制变量

参考赵涛、张智、梁上坤（2020）[1]、柏培文、张云（2021）[2]的研究，本章对以下地级及以上城市层面的变量进行控制，具体包括：政府干预水平（gov），采用各个地级及以上城市政府财政支出占 GDP 的比重表示；金融发展水平（fin），采用各个地级及以上城市金融机构存贷款余额占 GDP 的比重表示；城市规模（lnscale），采用各个地级及以上城市户籍人口数的对数表示；职工薪酬水平（lnwage），用各个地级及以上城市在岗职工的平均薪酬的对数表示；人力资本水平（human），采用各个地级及以上城市居民平均受教育年限表示；居民消费率（cr），采用各个地级及以上城市最终消费占 GDP 的比重表示；教育支出（lnedu），采用各个地级及以上城市政府教育支出额的对数表示。

三、数据来源与说明

本章选取 2013—2020 年中国 282 个地级及以上城市作为研究样本，研究所使用的数据来自《中国城市统计年鉴》《中国统计年鉴》、国泰安数据服务中心（CSMAR）等。由于西藏自治区缺失数据较多，本章剔除了注册地为西藏自治区的相关数据。此外，由于少量数据存在部分年份缺失的问题，本章使用线性插值法对缺失数据进行了补充。为尽可能减少样本内离散值对回归结果带来的影响，本章进一步对所有连续变量在 1% 和 99% 分位进行缩尾处理，最终得到了中国 2013—2020 年 282 个地级及以上城市的面板数据。本章实证分析所涉及的主要变量描述性统计见表 5-1。结果显示，经济高质量发展指数均值为 0.3515，最小值为 0.2240，最大值为 0.5920，标准差为 0.0479，表明不

---

[1]　赵涛、张智、梁上坤：《数字经济、创业活跃度与高质量发展——来自中国城市的经验证据》，《管理世界》2020 年第 10 期。

[2]　柏培文、张云：《数字经济、人口红利下降与中低技能劳动者权益》，《经济研究》2021 年第 5 期。

同地区经济高质量发展水平存在一定差异;数字经济指标平均值较低,且标准差相对较大,表明中国整体数字经济发展水平有待提升且不同地区数字经济发展存在较大差距;从控制变量结果来看,不同城市的政府干预水平、金融发展水平、城市规模、职工薪酬水平、居民消费率以及政府教育支出均存在明显差异。

表 5-1　相关变量描述性统计

变量	变量说明	观测值	平均值	标准差	最小值	最大值
dev	经济高质量发展	2256	0.3515	0.0479	0.2240	0.5920
DIG	数字经济	2256	0.0630	0.0724	0.0018	0.7501
gov	政府干预水平	2256	0.2153	0.1408	0.0126	2.1761
fin	金融发展水平	2256	1.6742	1.2701	0.0001	12.2387
lnscale	城市规模	2256	4.7187	0.7963	2.7194	7.7609
lnwage	职工薪酬水平	2256	11.0033	0.2851	8.5087	12.1282
human	人力资本水平	2256	1.4541	0.4098	0.4473	3.3168
cr	居民消费率	2256	0.4026	0.1290	0.0628	2.6109
lnedu	教育支出	2256	8.6259	0.7764	4.2485	11.6425

第三节　中国数字经济影响经济高质量发展的实证检验

一、基准回归结果

表5-2报告了中国数字经济对经济高质量发展影响的基准回归结果,在回归过程中,为避免可能存在的异方差对回归结果产生误差,本章在回归结果中均使用稳健标准误差进行回归。列(1)是加入控制变量后的固定效应模型回归结果,可以看出,在对时间与地区效应进行控制后,数字经济的参数拟合值为0.1066,通过了1%水平下的统计显著性检验,表明中国数字经济对经济

高质量发展呈现显著的正向推动作用,中国数字经济的不断发展会促进经济高质量发展水平的提高。已有文献同样也得出了与本章相似的结论(李三希、黄卓,2022[①];任保平、何厚聪,2022[②]),这进一步从侧面佐证了本章结论的合理性。

表5-2　数字经济影响经济高质量发展的基准回归结果

变量	（1）固定效应模型	（2）10分位	（3）25分位	（4）50分位	（5）75分位	（6）90分位
数字经济	0.1066*** (0.0236)	0.0542*** (0.0211)	0.0818*** (0.0145)	0.1269*** (0.0177)	0.1655*** (0.0192)	0.1736*** (0.0244)
政府干预水平	−0.0031 (0.0070)	−0.0169* (0.0089)	−0.0055 (0.0091)	−0.0131* (0.0068)	−0.0059 (0.0092)	0.0003 (0.0099)
金融发展水平	−0.0015** (0.0007)	0.0003 (0.0006)	−0.0005 (0.0006)	−0.0012 (0.0011)	−0.0020 (0.0013)	−0.0025* (0.0013)
城市规模	0.0021 (0.0023)	0.0016 (0.0014)	0.0015 (0.0018)	0.0007 (0.0019)	0.0006 (0.0020)	−0.0001 (0.0007)
职工薪酬水平	0.0023 (0.0031)	−0.0014 (0.0036)	0.0001 (0.0026)	0.0015 (0.0047)	−0.0004 (0.0029)	0.0010 (0.0053)
人力资本水平	0.0082* (0.0044)	−0.0002 (0.0017)	−0.0025 (0.0016)	−0.0009 (0.0020)	−0.0002 (0.0017)	−0.0013 (0.0033)
居民消费率	−0.0034 (0.0023)	0.0004 (0.0022)	−0.0011 (0.0045)	0.0063 (0.0045)	0.0080 (0.0089)	0.0110 (0.0076)
教育支出	0.0036 (0.0037)	0.0148*** (0.0043)	0.0118*** (0.0040)	0.0127*** (0.0034)	0.0047 (0.0046)	0.0043 (0.0031)
常数项	0.2189*** (0.0486)	0.3365*** (0.0678)	0.3610*** (0.0517)	0.3397*** (0.0449)	0.4613*** (0.0615)	0.4771*** (0.0713)
时间固定效应	是	是	是	是	是	是
城市固定效应	是	是	是	是	是	是
样本量	2256	2256	2256	2256	2256	2256
拟合优度	0.5165	0.8160	0.8019	0.8030	0.8305	0.8739

[①]　李三希、黄卓:《数字经济与高质量发展:机制与证据》,《经济学(季刊)》2022年第5期。
[②]　任保平、何厚聪:《数字经济赋能高质量发展:理论逻辑、路径选择与政策取向》,《财经科学》2022年第4期。

　　为进一步验证数字经济对经济高质量发展的非对称性影响,有效捕捉数字经济对经济高质量发展影响的尾部特征,深入挖掘数字经济影响经济高质量发展更为丰富的信息,本章进一步使用分位数回归,分别在 0.1、0.25、0.5、0.75 与 0.9 五个分位点上进行回归检验。分位数回归结果见表 5-2 的列(2)—列(6),在不同分位数点上数字经济对经济高质量发展的参数拟合值均显著为正,表明数字经济对经济高质量发展的各分位数点都具有显著的正向影响;同时可以看出,数字经济的参数拟合值大小随着分位数点的增加而呈现上升趋势,这表明对经济高质量发展的不同分位数点,数字经济对高分位数点的经济高质量发展水平的促进作用大于平均水平,对低分位数点的经济高质量发展水平促进作用小于平均水平。该回归结果可能具有的经济意义在于,数字经济对经济高质量发展的作用可能会受到经济高质量发展自身前期发展水平的影响,对于不同经济高质量发展层级的地区来说数字经济产生的作用是不同的。

二、内生性检验

　　根据基准回归结果,中国数字经济发展显著推动了经济高质量发展水平的提高。而根据本章中的基准模型设定,可能存在以下方面的内生性问题:一方面,经济高质量发展水平的高低会影响当地数字经济的发展,即数字经济与高质量发展之间可能会存在反向因果关系,由此产生内生性问题;另一方面,尽管本章对城市层面、年份层面以及一些可能会影响经济高质量发展的因素进行了多方面控制,尽可能对那些会同时影响数字经济发展水平与经济高质量发展水平的因素进行控制,但不可避免地仍会受到一些不可能观测因素的影响而产生内生性问题。鉴于此,本书使用工具变量法进一步解决可能存在的内生性问题。

在工具变量的选择方面,本章参考黄群慧、余泳泽、张松林(2019)[①]与钞小静、薛志欣、孙艺鸣(2020)[②]的做法,采用1994年每百万人微型计算机生产数量并与上一年ICT行业固定资产投资额构建交互项作为工具变量进行回归。选用微型计算机数量作为工具变量的原因如下:一方面,历史数据对于样本期内经济高质量发展的影响微乎其微,满足工具变量与被解释变量的外生性要求;另一方面,由于数字经济发展离不开以微型电子计算机为载体的终端,因此选取1994年微型电子计算机数量符合相关性要求。同时,数字经济发展离不开ICT行业的不断壮大,其固定资产投资额的不断增加有利于推动中国数字经济发展。因此,本章使用乘以互联网宽带用户数量为截面数据赋予时间趋势来构建本章的工具变量。

表5-3汇报了中国数字经济影响经济高质量发展的工具变量回归结果。结果表明,本章选择的工具变量在1%的显著性水平下拒绝了识别不足与弱工具变量的假设,即本章选取的工具变量有效。从表5-3可以看出,第一阶段回归中工具变量Iv的参数拟合值在1%的水平上显著为正,即内生变量与工具变量正相关,满足工具变量相关性要求;第二阶段回归结果显示,本章所关注的核心解释变量的参数拟合值为正且通过了1%的统计显著性检验,这表明在采用工具变量对内生性问题进行缓解的基础上数字经济依然对经济高质量发展具有显著促进作用,基本佐证了前文中基准回归的结果。

表5-3　数字经济影响经济高质量发展的工具变量回归结果

变量	第一阶段	第二阶段
数字经济		0.8858 *** (0.1813)

①　黄群慧、余泳泽、张松林:《互联网发展与制造业生产率提升:内在机制与中国经验》,《中国工业经济》2019年第8期。

②　钞小静、薛志欣、孙艺鸣:《新型数字基础设施如何影响对外贸易升级:来自中国地级及以上城市的经验证据》,《经济科学》2020年第3期。

续表

变量	第一阶段	第二阶段
工具变量	0.0028 *** (0.0007)	
政府干预水平	−0.0624 *** (0.0090)	0.0042 (0.0127)
金融发展水平	−0.0033 ** (0.0016)	0.0034 ** (0.0012)
城市规模	0.0073 ** (0.0030)	−0.0016 (0.0028)
职工薪酬水平	0.1231 *** (0.0088)	−0.0331 (0.0222)
人力资本水平	−0.0143 *** (0.0039)	−0.0077 * (0.0042)
居民消费率	0.01941 * (0.0107)	0.0125 * (0.0067)
教育支出	−0.0057 * (0.0032)	0.0018 *** (0.0023)
常数项	−1.2488 *** (0.0844)	0.5105 ** (0.2297)
工具变量识别不足检验	27.7570 *** (0.0000)	
弱工具变量识别检验(1)	78.5230	
弱工具变量识别检验(2)	14.3870	
时间固定效应	是	是
城市固定效应	是	是
样本量	2255	2255
拟合优度		0.3314

三、稳健性检验

为进一步保证上文中基准回归结果的真实性与可靠性,本章进行了一系列稳健性检验,具体包括:一是更换模型回归方法;二是更换核心解释变量的测算方法;三是剔除直辖市的样本;四是排除宏观性因素对经济发展的影响。

（一）更换模型回归方法

考虑到经济高质量发展的当期值在一定程度上会受到前期值的影响,进而产生序列相关问题影响回归结果准确性,为排除这一影响,本章进一步采用广义矩估计方法对基准计量模型进行重新回归分析。差分广义矩估计(差分GMM)与系统广义矩估计(系统GMM)的具体回归结果见表5-4列(1)与列(2):可以看出,经济高质量发展的滞后一期拟合值在1%的置信水平下均显著为正,表明经济高质量发展水平的变化在很大程度上取决于过去发展状态,而核心解释变量的参数拟合值为0.2810与0.3102,且均通过了1%置信水平下的显著性检验,表明在控制了经济高质量发展水平的前期值与残差项的内生关联、排除了被解释变量的时序自相关之后,数字经济对经济高质量发展水平的推动作用依旧显著,验证了本章核心结论的稳健性。

（二）更换核心解释变量测算方法

为排除变量测算偏误造成的回归误差,本章进一步使用熵值—优劣解距离法对中国数字经济发展水平进行重新测度,并将其纳入回归模型之中进行检验。熵值法能利用指标的固有信息量来判定各个指标的效用价值进而确定权重,所计算出的权重相较于层次分析法、德尔菲法等具有更高客观度。优劣解距离法可以通过比较评价对象与理想化目标的接近程度对现有方案的相对优劣程度进行评价,可以对真实评价情况进行客观反映。结合熵值法的优劣解距离法可以充分发挥熵值法计算出的权重更加客观的优势,实现对综合评价指标更加合理准确地度量。本章使用重新测得的数字经济指数进行回归检验的结果见表5-4列(3):可以看出,在对数字经济测算结果进行更换之后,数字经济的参数拟合值在1%的置信水平下依旧显著为正,验证了本章核心结论的稳健性。

（三）剔除直辖市样本

中国的四大直辖市在发展过程中存在明显的政策偏向性与经济特殊性，与其他城市相比经济活力更强且易受到更完善的政策性扶持，基于此，本章对来自北京市、上海市、天津市与重庆市的样本进行剔除后重新进行回归检验。回归结果见表5-4列(2)，可以看出，在剔除了中国四大直辖市的样本之后，数字经济的参数拟合值依旧在1%的置信水平下显著为正，说明中国数字经济发展对经济高质量发展水平具有正向的显著推动作用，表明本章的核心结论依旧成立。

（四）排除宏观性因素干扰

一国经济的发展不仅会受到其内部各类因素的影响，还会受到各种外部因素的冲击与干扰。一方面，在经济全球化的今天，中国数字经济与经济高质量的发展与全球范围内的其他国家经济发展息息相关，其他国家的经济发展状况会深刻影响我国经济各方面的运行；另一方面，各类客观因素，如疫情、自然灾害等也会影响中国数字经济建设与经济高质量发展的实现。2015年中国股票市场发生的波动与2020年新冠疫情的影响均对中国经济高质量发展产生了比较重大的影响，不可避免地也会对数字经济发展进程产生一定的冲击。因此，本章对上述两个年份的样本进行了剔除，试图在排除宏观性因素干扰的情况下考察数字经济对经济高质量发展的影响。回归结果见表5-4列(5)：可以看出，在排除了宏观性因素的干扰后，数字经济的参数拟合值依旧在1%的置信区间下依旧显著为正，证明了本章核心结论的稳健性。

表 5-4 数字经济影响经济高质量发展的稳健性检验结果

变量	（1）差分广义矩估计	（2）系统广义矩估计	（3）更换测算方法	（4）剔除直辖市	（5）排除宏观干扰
数字经济	0.2810*** （0.0317）	0.3102*** （0.06412）	0.0917*** （0.0121）	0.1078*** （0.0240）	0.1176*** （0.0166）
经济高质量发展(滞后)	0.4173*** （0.0163）	0.3951*** （0.0310）			
政府干预水平	-0.0095 （0.0128）	0.0045 （0.0178）	-0.0071 （0.0102）	-0.0036 （0.0070）	-0.0018 （0.0078）
金融发展水平	0.0009 （0.0018）	0.0045 （0.0033）	-0.0917 （0.0812）	-0.0015** （0.0007）	-0.0007 （0.0009）
城市规模	0.0199** （0.0087）	0.0109 （0.0122）	0.0066 （0.0081）	0.0023 （0.0023）	0.0024 （0.0023）
职工薪酬水平	0.0119 （0.0103）	0.0278 （0.0300）	-0.0038 （0.0069）	0.0024 （0.0031）	0.0046 （0.0066）
人力资本水平	0.0048 （0.0072）	-0.0159 （0.0116）	-0.0016 （0.0019）	-0.0037 （0.0024）	-0.0038 （0.0025）
居民消费率	0.0192*** （0.0062）	-0.0074 （0.0153）	-0.0017 （0.0013）	0.0037 （0.0036）	0.0047 （0.0063）
教育支出	0.0386*** （0.0121）	0.0103 （0.0129）	0.0172* （0.0096）	0.0082 （0.0045）	0.0134 （0.0040）
常数项	-0.2183*** （0.0326）	-0.4181*** （0.0927）	0.3271*** （0.0131）	0.2161* （0.0490）	0.1481** （0.0725）
时间固定效应	是	是	是	是	是
城市固定效应	是	是	是	是	是
一阶序列相关	0.0000	0.0000			
二阶序列相关	0.1970	0.4630			
样本量	2256	2256	2256	2224	1692
拟合优度			0.3570	0.5288	0.5799

第四节　中国数字经济影响经济高质量
发展的进一步分析

一、空间相关性检验

数字经济的发展并非是互相独立的,还会受到邻近地区数字经济发展过程中产生的外溢效应的影响。当前已有研究证实数字经济会产生显著的空间外溢效应,对邻近地区的经济与社会发展产生影响(潘为华、贺正楚、潘红玉,2021[①];王军、朱杰、罗茜,2021[②])。大部分学者从城市碳减排、全球价值链嵌入、全要素生产率等视角探讨数字经济发展产生的空间溢出效应。一是数字经济会显著降低本区域以及邻近区域各类环境污染物的排放以及二氧化碳的排放,通过推动绿色技术创新、产业结构优化等途径实现绿色发展(邵帅、张可、豆建民,2019[③])。同时,还有研究证实数字经济对城市碳减排具有倒"U"型的非线性作用,且数字经济对城市相邻地区空间溢出效应也具有显著性(李治国、王杰,2022[④])。二是数字经济对全球价值链地位提升发挥关键作用,有利于在地区内部与地区之间发挥空间溢出效应,且存在显著的空间异质性(孙黎、许唯聪,2021[⑤])。三是数字经济发展不仅会推动本地区全要素生产率的提升,还存在显著的空间溢出效应,有利于推动邻近地区全要素生产率

---

① 潘为华、贺正楚、潘红玉:《中国数字经济发展的时空演化和分布动态》,《中国软科学》2021 年第 10 期。

② 王军、朱杰、罗茜:《中国数字经济发展水平及演变测度》,《数量经济技术经济研究》2021 年第 7 期。

③ 邵帅、张可、豆建民:《经济集聚的节能减排效应:理论与中国经验》,《管理世界》2019 年第 1 期。

④ 李治国、王杰:《经济集聚背景下数字经济发展如何影响空间碳排放?》,《西安交通大学学报(社会科学版)》2022 年第 5 期。

⑤ 孙黎、许唯聪:《数字经济对地区全球价值链嵌入的影响——基于空间溢出效应视角的分析》,《经济管理》2021 年第 11 期。

（杨慧梅、江璐，2021）[1]。综合上述研究，数字经济发展会对经济社会发展产生显著的空间外溢效应，而其对经济高质量发展的空间外溢效应如何？为回答这一问题，本节进一步使用空间计量方法分析数字经济在地理空间上对经济高质量发展的影响。本节参考马丽梅、张晓（2014）[2]以及邵帅等（2016）[3]的做法，建立空间自回归模型、空间误差模型与空间杜宾模型来考察数字经济对经济高质量发展的空间溢出效应。

$$\text{SAR}：\ln hqd_{it} = \alpha_0 + \rho W \ln hqd_{it} + \alpha_1 \ln dige_{it} + \alpha_2 \ln z_{it} + \mu_i + \delta_t + \varepsilon_{it}$$

$$(5.3)$$

$$\text{SEM}：\ln hqd_{it} = \alpha_0 + \alpha_1 \ln dige_{it} + \alpha_2 \ln z_{it} + \mu_i + \delta_t + \gamma_{it} \qquad (5.4)$$

$$\gamma_{it} = \lambda W \gamma_{it} + \varepsilon_{it} \qquad (5.5)$$

$$\text{SDM}：\ln hqd_{it} = \alpha_0 + \rho W \ln hqd_{it} + \alpha_1 \ln dige_{it} + \alpha_2 \ln z_{it} + \beta_1 W \ln dige_{it}$$

$$+ \beta_2 W \ln z_{it} + \mu_i + \delta_t + \varepsilon_{it} \qquad (5.6)$$

其中，α_0 为常数项，ρ 和 λ 分别为空间自回归系数与空间误差系数，W 为空间权重矩阵，α_1、α_2、β_1、β_2 为各变量的系数，z_{it} 为控制变量集合，μ_i 与 δ_t 分别表示控制城市与年份的固定效应，ε_{it} 为误差项。本节所使用的变量与数据与前文中基准回归中的一致。

（一）空间自相关分析

数字经济能够帮助传统生产要素有效克服物理空间和时间约束，推动各类新型生产要素的主要载体加速数据在各主体之间的充分流动，不断实现人、机、物的全面互联，通过覆盖范围的几何倍增产生显著的空间效应。基于此，

① 杨慧梅、江璐：《数字经济、空间效应与全要素生产率》，《统计研究》2021 年第 4 期。

② 马丽梅、张晓：《中国雾霾污染的空间效应及经济、能源结构影响》，《中国工业经济》2014 年第 4 期。

③ 邵帅、李欣、曹建华、杨莉莉：《中国雾霾污染治理的经济政策选择——基于空间溢出效应的视角》，《经济研究》2016 年第 9 期。

本章采用莫兰(Moran's I)对数字经济发展的空间自相关性进行测度,其计算公式如下:

$$I = \frac{\sum\limits_{i=1}^{n}\sum\limits_{j=1}^{n} W_{ij}(x_i - \bar{x})(x_j - \bar{x})}{S^2 W_{ij} \sum\limits_{i=1}^{n}\sum\limits_{j=1}^{n} W_{ij}} \qquad (5.7)$$

其中,$S^2 = \sum\limits_{i=1}^{n}(x_i - \bar{x})^2/n$,$W_{ij}$为空间权重矩阵,本书分别使用地理距离矩阵、空间邻接矩阵与经济地理嵌套矩阵作为空间权重矩阵,x_i和x_j表示地级市i与地级市j的观测值,$\bar{x}$为观测值的均值。莫兰(Moran's I)指数取值范围为$[-1,1]$,当莫兰指数大于0时,表示数字经济发展水平的高值与高值相邻、低值与低值相邻,即存在空间上的正相关关系;当莫兰指数小于0时,表示数字经济发展水平的高值与低值相邻,即存在空间上的负相关关系;当莫兰指数等于0时,表明数字经济发展水平在空间上分布呈现随机态势。2013—2020年中国数字经济莫兰指数具体测度结果见表5-5。

表5-5   2013—2020年数字经济莫兰指数

年份	地理距离矩阵	空间邻接矩阵	经济地理嵌套矩阵
2013	0.289***	0.463***	0.135***
2014	0.299***	0.475***	0.144***
2015	0.304***	0.453***	0.176***
2016	0.349***	0.462***	0.216***
2017	0.423***	0.512***	0.232***
2018	0.444***	0.537***	0.228***
2019	0.388***	0.509***	0.240***
2020	0.364***	0.497***	0.255***

由表5-5可以看出:(1)从空间相关性的显著性看,中国2013—2020年数字经济莫兰指数在1%的置信水平下显著,这表明数字经济存在空间上的

正相关性,即中国数字经济存在显著的全局空间集聚效应。(2)从空间相关性的时序变化来看,中国2013—2020年数字经济莫兰指数在空间上呈现非随机性分布,集聚程度随时间推进而呈现波动态势,但总体来看集聚程度波动不大。

(二)空间计量模型分析

为更准确地选择合适的空间计量模型,本节重点考虑以下检验:(1)拉格朗日乘子(LM)检验。拉格朗日乘子检验通过基于最小二乘(OLS)模型的残差进行检验,可以有效鉴别模型是否具有空间误差与滞后效应;(2)似然比检验(LR检验)与沃尔德(Wald)检验。似然比检验可以对空间杜宾模型是否转化为空间滞后模型与空间误差模型进行检验,而沃尔德检验可以鉴别空间杜宾模型转化为空间滞后模型与空间误差模型的条件。由此,本节采用以上三种检验对选择何种空间模型进行筛选。本节的空间计量模型选择检验结果见表5-6。

表5-6 空间计量模型选择检验

变量	地理距离矩阵	空间邻接矩阵	经济地理嵌套矩阵
拉格朗日乘子误差检验	882.488*** (0.000)	309.783*** (0.000)	58.228*** (0.000)
拉格朗日乘子滞后检验	135.054*** (0.000)	10.745*** (0.000)	110.178*** (0.000)
似然比检验:空间杜宾—空间误差	179.88*** (0.000)	141.26*** (0.000)	279.45*** (0.000)
似然比检验:空间杜宾—空间滞后	296.85*** (0.000)	799.92*** (0.000)	181.54*** (0.000)
沃尔德检验	67.35*** (0.000)	431.97*** (0.000)	29.19*** (0.000)

由表5-6可以看出:拉格朗日乘子检验、似然比检验与沃尔德检验均表明可以将空间计量模型转化为空间杜宾模型。因此,本节采用空间杜宾模型

进行空间计量回归检验。本节分别使用地理距离矩阵、空间邻接矩阵与经济地理嵌套矩阵作为空间权重矩阵。本章的空间计量模型检验结果见表 5-7。

表 5-7　数字经济影响经济高质量发展的空间计量检验结果

变量	（1）	（2）	（3）
	地理距离矩阵	空间邻接矩阵	经济地理嵌套矩阵
数字经济	0.0307*** (0.0022)	0.0196*** (0.0030)	0.0389*** (0.0025)
政府干预水平	0.0192*** (0.0042)	−0.0123** (0.0048)	0.0080* (0.0047)
金融发展水平	0.0000 (0.0008)	0.0071*** (0.0021)	−0.0055*** (0.0014)
城市规模	0.0084** (0.0041)	0.0090** (0.0037)	0.0140*** (0.0030)
职工薪酬水平	0.0722*** (0.0061)	0.0166 (0.0120)	0.0493*** (0.0099)
人力资本水平	−0.0271*** (0.0053)	0.0176** (0.0076)	−0.0464*** (0.0058)
居民消费率	0.0035 (0.0050)	0.0015 (0.0067)	0.0405*** (0.0054)
教育支出	0.0156*** (0.0043)	0.0613*** (0.0038)	0.0451*** (0.0029)
空间自相关系数	5314.308 (154.2942)	0.2959*** (0.0013)	0.1732*** (0.0411)
空间自回归系数	0.0007*** (0.0000)	0.0058*** (0.0002)	0.0043*** (0.0001)
空间权重矩阵×数字经济	−158.1809*** (47.1616)	−0.0106*** (0.0008)	0.0379*** (0.0068)
空间权重矩阵×政府干预水平	14.6057 (95.9220)	0.0086*** (0.0017)	−0.0594*** (0.0091)
空间权重矩阵×金融发展水平	−8.7629 (10.8684)	−0.0007 (0.0006)	0.0047* (0.0028)
空间权重矩阵×城市规模	594.7642*** (131.318)	−0.0045*** (0.0013)	−0.0170** (0.0068)
空间权重矩阵×职工薪酬水平	−146.7791 (163.5263)	0.0118*** (0.0010)	−0.0028 (0.0066)

续表

变量	（1）地理距离矩阵	（2）空间邻接矩阵	（3）经济地理嵌套矩阵
空间权重矩阵×人力资本水平	169.3784 ** （84.9821）	0.0032 （0.0024）	−0.1190 *** （0.0139）
空间权重矩阵×居民消费率	237.2252 ** （96.1211）	0.0027 （0.0023）	−0.0589 *** （0.0140）
空间权重矩阵×教育支出	−345.5114 *** （120.9146）	−0.0150 *** （0.0014）	0.0102 （0.0071）
常数项	−0.7843 *** （0.0263）	−0.9281 *** （0.0726）	−0.8273 *** （0.0115）
时间固定效应	是	是	是
城市固定效应	是	是	是
样本量	2256	2256	2256
拟合优度	0.0603	0.0033	0.7051

从表5-7可以看出,在不同空间权重矩阵下,空间杜宾模型的空间自回归系数与空间误差系数均在1%的置信水平下显著为正,表明各地区经济高质量发展水平具有明显的空间依赖关系,在探讨数字经济对经济高质量发展的影响时不能忽略空间因素的影响,同时也意味着数字经济在不同城市具有显著的正向空间溢出效应,即一地区数字经济发展不仅会推动本地经济高质量水平的提高,还会对周围地区经济高质量发展水平的提升产生正向的推动作用。这表明数字经济由于其自身特性,可以突破地理距离对传统经济活动的空间约束,一方面推动了生产要素、研发要素等跨区域流动与重组,进一步实现生产资源的更合理配置;另一方面扩展了企业之间、产业之间的跨区域合作与竞争的深度与广度,显著增强了地区之间各类经济活动的空间关联性,由此会对经济高质量发展产生显著的正向空间溢出效应。

进一步地,本章通过计算地理距离矩阵、空间邻接矩阵与经济地理嵌套矩阵下空间杜宾模型的直接效应、间接效应与总效用,以更深入地探讨数字经济对经济高质量发展所产生的空间溢出效应的强弱,计算结果见表5-8。

表5-8 数字经济影响经济高质量发展的空间效应分解

变量	（1）地理距离矩阵	（2）空间邻接矩阵	（3）经济地理嵌套矩阵
直接效应：数字经济	0.0309*** (0.0022)	0.0288*** (0.0053)	0.0401*** (0.0025)
政府干预水平	-0.0205**** (0.0040)	-0.0219**** (0.0070)	0.0063 (0.0044)
金融发展水平	-0.0000 (0.0008)	0.0046** (0.0023)	-0.0052*** (0.0014)
城市规模	0.0164*** (0.0045)	0.0122*** (0.0040)	0.0135*** (0.0029)
职工薪酬水平	0.0748*** (0.0060)	-0.0149 (0.0190)	0.0496*** (0.0093)
人力资本水平	-0.0264*** (0.0052)	0.0021 (0.0114)	-0.0495*** (0.0056)
居民消费率	0.0065 (0.0050)	-0.0041 (0.0074)	0.0391*** (0.0056)
教育支出	0.0124** (0.0047)	0.0554*** (0.0051)	0.0456*** (0.0029)
间接效应：数字经济	0.0062 (0.0309)	0.0339*** (0.0071)	0.0527*** (0.0065)
政府干预水平	0.0821 (0.0731)	-0.0354*** (0.0117)	-0.0671*** (0.0103)
金融发展水平	-0.0062 (0.0061)	-0.0100*** (0.0035)	0.0040 (0.0029)
城市规模	0.4246*** (0.1424)	0.0127 (0.0103)	-0.0163* (0.0084)
职工薪酬水平	0.1442 (0.1119)	-0.1180*** (0.0229)	0.0066 (0.0092)
人力资本水平	0.0208 (0.0521)	-0.0607*** (0.0175)	-0.1483*** (0.0164)
居民消费率	0.1645** (0.0714)	-0.0210 (0.0182)	-0.0619*** (0.0159)
教育支出	-0.1714 (0.1076)	-0.0216* (0.0111)	0.0211** (0.0076)
总效应：数字经济	0.0371 (0.0312)	0.0626*** (0.0075)	0.0929*** (.0066)

变量	（1）地理距离矩阵	（2）空间邻接矩阵	（3）经济地理嵌套矩阵
政府干预水平	0.1026 （0.0735）	−0.0573*** （0.0138）	−0.0608*** （0.0098）
金融发展水平	−0.0061 （0.0061）	−0.0055 （0.0038）	−0.0011 （0.0031）
城市规模	0.4410*** （0.1445）	0.0249** （0.0120）	−0.0028 （0.0088）
职工薪酬水平	0.2190* （0.1136）	−0.1329*** （0.0220）	0.0561*** （0.0139）
人力资本水平	−0.0057 （0.0525）	−0.0586*** （0.0194）	−0.1978*** （0.0164）
居民消费率	0.1711** （0.0721）	−0.0252 （0.0204）	−0.0227 （0.0174）
教育支出	−0.1591 （0.1092）	0.0338** （0.0130）	0.0667*** （0.0081）

由表5-8可得,除地理距离矩阵之外,在空间邻接矩阵与经济地理嵌套矩阵下数字经济的直接效应、间接效应与总效应的参数拟合值均在1%的置信水平下显著为正,表明数字经济不仅能够显著推动本地经济高质量发展,还具有显著的空间溢出效应,本地数字经济发展可以带动邻近地区经济高质量发展,即数字经济发展有利于突破传统物理城市间的边界壁垒,弱化距离对经济发展的阻碍,深化不同地区产业间的协同与融合,推动地区间经济高质量发展。

二、异质性检验

(一)地区金融科技规模异质性

金融科技可以依靠科技"赋能"传统金融机构,通过优化信贷资源配给、降低信息不对称性等方面,推动中国金融更好地服务于实体经济发展。金融科技发展水平较高的地区可以凭借其金融资源配置更合理、信息成本更低等优势,有利于更充分发挥数字经济对实体经济各方面的带动作用,推动各类企业实现数字化转型,由此推动经济高质量发展的实现。因此,本章引入金融科技规模(*fintech*)与数字经济(*DIG*)的交互项,其中金融科技规模使用某地级市所拥有的上市公司的公司年报中有关金融科技的词频来表征,若某地级市上市公司年报有关金融科技的词频数大于全国平均值,赋值为1,否则赋值为0。具体回归结果见表5-9列(1),结果表明,*fintech*×*DIG* 的参数拟合值在1%的置信水平下显著为正,表明与较小金融科技规模的城市相比,数字经济对金融科技规模较大城市的推动作用更明显。

(二)地区基础设施建设规模异质性

基础设施可以通过优化产业结构、改善资源配置效率等推动经济高质量发展。基础设施建设投资有利于改善区域基础设施条件,降低区域间运输成本与贸易成本。基础设施发展程度较好的地区往往有利于推动各类新型数字基础设施的建设以及新技术的引入,促进知识与信息在区域创新系统中的充分流通,为科技成果转化为生产力提供坚实保障,有利于有效推动创新新旧动能转化进一步为经济高质量发展提供驱动力。因此,本章引入基础设施建设规模(*infra*)与数字经济(*DIG*)的交互项,其中基础设施建设规模用地区道路面积表征,若某地级市道路面积大于全国平均值,赋值为1,否则赋值为0。具体回归结果见表5-9列(2),结果表明,*infra*×*DIG* 的参数拟合值在1%的置信水平下显著为正,表明与基础设施建设规模较小的地区相比,基础设施建设规模较大、建设更成熟的地区数字经济对经济高质量发展的推动作用更加显著。

(三)地区市场化程度异质性

市场化程度可以通过要素市场与产品市场影响地区创新能力,有利于推动地区经济高质量发展。一方面,市场化程度较高的地区其要素市场与产品市场相对较发达,对各类先进的数字设备与技术接受程度较高,有利于提高区域创新能力进而促进当地数字经济发展,带动经济高质量发展的实现;另一方面,市场化程度较高的地区政府对经济干预程度往往较低,有利于增强市场活力,促进各类主体进行数字技术创新与应用,减少因政府过度干预造成的数字化转型受阻的问题,进一步推动数字经济建设并实现经济高质量发展。基于上述分析,本章引入市场化程度($market$)与数字经济(DIG)的交互项,其中若地区市场化水平高于全国平均值赋值为1,否则赋值为0。地区市场化程度异质性的具体回归结果见表5-9列(3),可以看出,$market×DIG$的参数拟合值在1%的置信水平下显著为正,这表明数字经济对市场化程度较高地区的经济高质量发展的推动作用更加显著。

(四)地区工业发展程度异质性

工业是国民经济中重要的物质生产部门,是国民经济的支柱产业。一方面,工业化水平较高的地区往往具有完善的工业基础设施与工业生产体系,更有利于各类数字技术在生产中运用以推动工业企业数字化转型;另一方面,工业发展程度较高的地区往往会受到国家各类政策的扶持,有利于推动信息化与工业化深入融合,带动当地数字经济发展,由此推动经济高质量发展。基于上述分析,本章引入地区工业发展程度($Industrial$)与数字经济(DIG)的交互项,其中地区工业发展程度使用地区规模以上工业企业数量进行表征,若某地级市规模以上工业企业数量大于全国平均值赋值为1,否则赋值为0。地区工业发展程度异质性的回归结果见表5-9列(2),可以看出,$Industrial×DIG$的参数拟合值在5%的置信水平下显著为正,表明与工业发展程度较低的地区相比,数字经济对工业发展程度较高地区的经济高质量发展的推动作用更为显著。

(五)地区城镇化异质性

地区城镇化水平的提升有利于当地数字经济的不断发展,推动地区数字

数字经济推动经济高质量发展的机制及路径研究

化转型。城镇化率的不断提升会带来各类基础设施以及相关产业链的发展与完善,为数字经济发展提供合适的"土壤"。相较于城镇化水平较低的地区,城镇化水平较高的地区其所具有的城市功能更加健全,各类基础设施的智能化与数字化程度更高,有利于更加充分释放数字经济活力与推动力,发挥数字经济对经济高质量发展的推动作用。基于上述分析,本章引入地区城镇化水平($urbanization$)与数字经济(DIG)的交互项,其中地区城镇化水平使用城镇化率来表征,若某地级市城镇化率大于全国平均水平赋值为1,否则赋值为0。具体回归结果见表5-9列(5),结果表明,$urbanization \times DIG$的参数拟合值在5%的置信水平下显著为正,表明与城镇化水平较低的地区相比,数字经济对城镇化水平较高地区的经济高质量发展推动作用更为显著。

表5-9　数字经济影响经济高质量发展的异质性检验

变量	(1)	(2)	(3)	(4)	(5)
数字经济	0.0866*** (0.0321)	0.0891*** (0.0325)	−0.1257*** (0.0350)	0.0766** (0.0288)	0.1167*** (0.0274)
金融科技×数字经济	0.0139*** (0.0048)				
金融科技	0.0042*** (0.0013)				
基础设施×数字经济		0.0276*** (0.0243)			
基础设施		−0.0002 (0.0021)			
市场化水平×数字经济			0.2342*** (0.0235)		
市场化水平			−0.0060*** (0.0017)		
工业发展程度×数字经济				0.0439** (0.0201)	
工业发展程度				0.0001 (0.0017)	

续表

变量	（1）	（2）	（3）	（4）	（5）
城镇化水平×数字经济					0.0370** （0.0143）
城镇化水平					−0.0015 （0.0021）
政府干预水平	−0.0025 （0.0071）	−0.0026 （0.0071）	−0.0007 （0.0062）	−0.0024 （0.0070）	−0.0019 （0.0071）
金融发展水平	−0.0015** （0.0006）	−0.0014** （0.0007）	−0.0006 （0.0006）	−0.0015** （0.0007）	−0.0014** （0.0007）
城市规模	0.0022 （0.0023）	0.0021 （0.0023）	0.0017 （0.0021）	0.0021 （0.0023）	0.0021 （0.0023）
职工薪酬水平	0.0029 （0.0031）	0.0032 （0.0032）	0.0031 （0.0027）	0.0032 （0.0031）	0.0017 （0.0029）
人力资本水平	−0.0032 （0.0023）	−0.0035 （0.0024）	−0.0038* （0.0020）	−0.0034 （0.0023）	−0.0038* （0.0023）
居民消费率	0.0039 （0.0037）	0.0039 （0.0037）	0.0003 （0.0033）	0.0040 （0.0037）	0.0023 （0.0034）
教育支出	0.0082* （0.0045）	0.0081* （0.0045）	0.0054 （0.0034）	0.0075* （0.0042）	0.0077* （0.0045）
常数项	0.2111*** （0.048）	0.2110*** （0.0490）	0.2407*** （0.0400）	0.2150*** （0.0479）	0.2325*** （0.0480）
时间固定效应	是	是	是	是	是
城市固定效应	是	是	是	是	是
样本量	2256	2256	2256	2256	2256
拟合优度	0.5370	0.5278	0.5122	0.5263	0.4892

　　当前，中国已进入高质量发展阶段，过去依赖要素投入的粗放型经济发展模式已无法适应经济社会发展需要，亟须寻找发展新动能，而随着大数据、云计算、人工智能等新一代信息技术的快速发展以及其与经济社会各方面的深度融合，数字经济已逐渐成为推动中国经济增长的新引擎。基于此，本章在对数字经济与经济高质量发展关系进行初步之后，实证检验了数字经济对经济高质量发展的影响。研究结论主要包括以下几点：

第一,中国数字经济对经济高质量发展具有显著的正向影响作用,即数字经济可以显著推动中国经济高质量发展,且这一结论在使用工具变量解决模型内生性问题、更换回归方法、更换解释变量测算结果、剔除直辖市样本以及排除宏观经济干扰之后依旧成立。

第二,空间相关性检验结果表明,数字经济存在显著的正空间自相关性,即中国数字经济存在显著的全局空间集聚效应,而在进行了空间计量检验后结果表明数字经济对经济高质量发展具有显著的空间溢出效应,数字经济不仅会影响当地经济高质量发展水平,且会对邻近地区产生正向推动作用。

第三,进一步的异质性分析结果表明,对于金融科技发展程度更高、基础设施建设更完善、市场化程度更高、工业发展水平更高以及城镇化率更高的地区,数字经济对经济高质量发展的推动作用更加明显。

第六章　中国数字经济影响经济
高质量发展的扩散机制

　　上一章从总体层面实证研究了数字经济对经济高质量发展的影响,可以发现,在样本考察期内中国数字经济对经济高质量发展具有显著的推动作用。那么,从发展条件维度来看,数字经济是否依然对经济高质量发展具有推动作用? 其内在机理是怎么样的? 基于此,本章重点从条件维度入手研究数字经济对经济高质量发展的影响机制。具体研究思路如下:首先,本章梳理了数字经济影响经济高质量发展的相关文献,在此基础上分析数字经济对条件维度经济高质量发展的作用机制。其次,本章进行了一系列实证分析,从创新要素与创新能力两个角度实证验证数字经济对条件维度经济高质量发展的影响机制。最后,本章从不同视角论证数字经济影响条件维度经济高质量发展的边界条件,进而为提升国家创新体系整体效能,实现经济高质量发展提供实践支撑。

第一节　数字经济影响经济高质量发展
扩散机制的理论分析

　　创新驱动作为经济实现高质量发展的重要前提,从严格意义上来讲,经济高质量发展的核心条件集中体现在实现创新驱动发展上面,因此,条件维度的经济高质量发展可以理解为投入层面的创新要素积累与产出层面创新能力提升的高级状态。兹拉特科和保罗(Zlatko 和 Paul,2021)认为,通用技术与各自相关技术、组织模式之间的双向互动,构成了信息技术革命的关键驱动力量。[①] 事实也证明,随着量子计算、虚拟现实、人工智能等数字技术的不断发展与突破,我国以现代信息通信技术、互联网技术、数据处理与算力等通用目的技术为载体的数字经济发展正通过一系列技术、组织的重构加快实现创新驱动,改变着社会生产方式和人民生活方式。由于数字技术的扩散与渗透,不仅使创新要素发生重要改变,还会与创新组织发生作用。因此,我们拟从数字技术视角出发,深入探讨数字经济如何通过数字技术扩散影响创新要素以及创新组织,推动经济高质量发展。

一、创新要素维度:数字经济对经济高质量发展的扩散机制

卡斯特的网络社会理论指出,"数字化"是"信息化"和"网络化"的超越与凝练。数字经济作为一种数字化的经济活动(张文魁,2022)[②],通过应用数字技术,使原本信息交流方式从"单线的、点对点"发展成"开放的、点对面"的方式(蔡继明、刘乐易,2022)[③],加快了数据要素与其他要素的相互渗透,缩短了技术扩散时间,而数字技术的扩散早期呈现明显的非对称性特征(师军利、王庭东,2022)[④],在地区层面集中体现为区域异质性,这会进一步促使知识等生产要素的空间流动,数字技术使知识载体发生了质的变革,加

① Zlatko B., Adler, Paul S., "The Evolution of Management Models: A Neo-Schumpeterian Theory", *Administrative Science Quarterly*, Vol.63, No.1, 2021, pp.85–129.

② 张文魁:《数字经济的内生特性与产业组织》,《管理世界》2022 年第 7 期。

③ 蔡继明、刘乐易:《数字经济时代知识要素参与分配方式探析》,《河北学刊》2022 年第 4 期。

④ 师军利、王庭东:《RCEP 区域双循环构想——基于数字技术扩散视角的实证研究》,《经济与管理评论》2022 年第 4 期。

快了知识的储存、传播与应用,提高了知识要素在经济活动中发挥作用的效率。

一方面,由于创新要素的流动具有很强的外部性(吕海萍等,2018)①,因而会对其他地区的创新要素产生向心力,不断促使创新要素在网络空间或地理空间上形成集聚,发挥创新生产中的规模经济效应(杨伟等,2022)②,这会使地区创新平均成本降低,从而提高地区创新的收益,地区创新能力也相应得以提高。首先,随着创新要素在流入地的集聚,创新要素在"趋利性"驱使下可以有效配置研发资源,提升研发利用效率,进而创造出新的技术轨迹和避免技术的低端锁定,最终促使地区创新水平得以提升。其次,数字经济通过投入创新要素进行创新活动。数据要素作为新时期的一种新型生产要素,以其非竞用性、非排他性、低成本、无限复制性突破传统生产要素稀缺性的制约,提高各要素本身的质量、要素之间的契合程度,进而优化资源配置效率,对地区创新产生促进效应。最后,数字经济能够通过数字化模块促使复杂技术标准化,降低企业生产所需的研发、提高干中学的能力,减少技术门槛,让更多企业拥有进行技术创新的能力。

另一方面,当创新要素在流入地的集聚程度不断提高,且跨过一定阈值后,会带来过度的垄断效应,从而不利于创新能力的提升。具体来看,创新要素的使用方一般会关注自身的利益。当创新要素过度集聚时,其竞争优势会越来越明显,地区为了获得数字技术的控制权,很有可能借助算法或数据的反馈机制,签订垄断协议,从而影响创新主体积极性,进而阻碍创新能力的提升。若数据等创新要素集聚超过集聚的最优临界值,短时间内新技术大量集聚,而其内部在发展速度、趋势等方面存在差异,发展较慢的技术会制约新技术簇的

① 吕海萍、化祥雨、池仁勇、刘洪民:《研发要素空间联系及其对区域创新绩效的影响——基于浙江省的实证研究》,《华东经济管理》2018年第5期。
② 杨伟、劳晓云、周青、张璐:《区域数字创新生态系统韧性的治理利基组态》,《科学学研究》2022年第3期。

整体发展(陈维宣、吴绪亮,2020)①,各地区为了争夺技术发展所需的资源会进行恶意竞争,进一步加剧资源错配,在这种情景下极易产生大量的非生产性寻租支出,从而对创新支出产生挤出效应,导致创新能力的减弱。因此,在数字经济的作用下并非所有创新要素的集聚都会对经济高质量发展产生正向影响,也有可能对经济高质量发展带来负效应。

据此,本章提出以下假说:

假说一:数字经济会通过创新要素的集聚产生规模效应和配置效应抑或是垄断效应和错配效应,对经济高质量发展产生双向影响。

二、创新组织层面:数字经济对经济高质量发展的扩散机制

技术以一种规律性方式影响不同场景中的组织结构。由于数字经济具有显著的技术驱动特征,随着数字经济的快速发展,互联网技术、云计算、人工智能和大数据等新型数字技术正在从研发部门向生产、销售部门渗透。同时,其也在从服务业渐次向工业与农业渗透(陈维宣、吴绪亮,2020),也就是说数字技术正在纵向组织(企业内部)以及横向组织(企业间)进行持续扩散,这会促使更多的资源参与到"产品—市场—产业"的经济过程中,更好地协助供需双方根据自身需求进行动态匹配,加快创新的集成与应用水平,从而提升其创新能力。

首先,数字经济不仅能够连接用户需求与生产供给,还能够连接产业内部的各个生产节点,在数字经济渗透到企业内部各环节的基础上,会促使纵向组织将需求与技术精准匹配,将用户的真实个性化需求和消费偏好等信息通过数字平台传送给生产制造企业,从而企业围绕用户核心需求建立弹性化、灵活化生产模块,通过共研、共创,缩短研发周期,提高环节匹配的效率,更好地推

---

① 陈维宣、吴绪亮:《跨越中等收入陷阱:基于产业互联网发展战略视角的评述》,《产业经济评论(山东大学)》2020年第4期。

动创新能力提升。

其次,数据要素作为数字经济的关键要素,其在生产过程中,通过技术的重组与组合推动各类要素更好地结合,提高用户需求感知、用户服务等多种运行效率,连接多节点多渠道的产业价值链,同时通过基于用户服务为基础的治理环境优化,能够加速数字技术的扩散,提高数据要素在不同创新主体之间的转移,促使数字化技术延伸至价值链两端,提高创新要素在价值链的供需匹配程度,提升地区创新水平。例如,大数据的应用通过数字化技术获取用户反馈信息,能够精准快速地分析其行为习惯、消费习惯等重要信息,形成数据画像,帮助企业更好地进行生产决策。

最后,数字经济的发展将更快速地打破企业间的边界,将组织模式通过中间节点的模块化进行拆分解构,促使其向网络型协同架构转变(何大安,2022)①,这会促使企业间自发进行动态匹配,参与到生产过程中的组织数量相应增加,大量异质性的外部资源会增加组织知识元素的重组机会(Markovic和 Bagherzadeh,2018)②,加深企业与高校、研发机构之间合作,提高协同匹配效率。那么,在这种情况下横向组织就会更容易从全局把握行业发展与技术前沿,从而有针对性地调整技术方案满足市场需求,促使组织进入更具发展潜力的技术轨迹,有利于创新能力的提升。

据此,本章提出以下假说:

假说二:数字经济会通过纵向组织的环节匹配效应和横向组织的协同匹配效应,从而推动经济高质量发展。

---

① 何大安:《企业数字化转型的阶段性及条件配置——基于"大数据构成"的理论分析》,《学术月刊》2022 年第 4 期。

② Stefan Markovic, Mehdi Bagherzadeh, "How Does Breadth of External Stakeholder Cocreation Influence Innovation Performance? Analyzing the Mediating Roles of Knowledge Sharing and Product Innovation", *Journal of Business Research*, Vol.88, 2018, pp.173–186.

第二节　中国数字经济影响经济高质量发展扩散机制的研究设计

为实证检验本节的理论分析和研究假设,本节首先构建了基准回归模型,其次翔实交代了本章各变量的选取依据,最后说明本章的数据来源并进一步阐释了数据的特征。

一、模型构建

为了检验在数字经济推动条件维度下经济高质量发展的扩散机制,并进一步揭示具体的影响效应与特征,在遵循理论分析架构思路的基础上,充分借鉴现有的研究,构建了以下基准回归模型:

$$pre\_dev_{it} = \alpha_0 + \alpha_1 DIG_{it} + \alpha_c Z_{it} + \mu_i + \delta_t + \varepsilon_{it} \tag{6.1}$$

式(6.1)中,下标 i 表示地区, t 表示年份,被解释变量 pre_dev_{it} 为 i 地区在第 t 年条件维度下经济高质量发展的总水平,核心解释变量 DIG_{it} 为 i 地区在第 t 时期数字经济发展的综合水平指数, Z_{it} 代表一系列城市层面的控制变量,主要包括经济发展水平($\ln pgdp$)、外商投资水平(fdi)、教育支出水平($\ln educate$)、金融发展水平($finance$)、产业结构发展水平($structure$)、传统基础设施建设水平($infrastructure$); μ_i 表示城市个体固定效应, δ_t 表示时间固定效应; ε_{it} 表示随机扰动项。

条件维度下的经济高质量发展由创新要素和创新能力两个层面构成。本节进一步对数字经济影响条件维度下经济高质量发展的分维度指数进行因果效应识别。模型设定如式(6.2)和式(6.3)所示:

$$pre\_ele_{it} = \alpha_0 + \alpha_1 DIG_{it} + \alpha_c Z_{it} + \mu_i + \delta_t + \varepsilon_{it} \tag{6.2}$$

$$pre\_cre_{it} = \alpha_0 + \alpha_1 DIG_{it} + \alpha_c Z_{it} + \mu_i + \delta_t + \varepsilon_{it} \tag{6.3}$$

其中, pre_ele_{it} 表示 i 地区第 t 年创新要素发展水平指数, pre_cre_{it} 表示 i

地区第 t 年创新能力发展水平指数，Z_{it} 为一系列城市层面影响条件维度下经济高质量发展水平的控制变量，与模型（6.1）相同；μ_i 表示城市个体固定效应，δ_t 表示时间固定效应；ε_{it} 表示随机扰动项。

二、变量测度与数据说明

（一）被解释变量：条件维度下经济高质量发展

迈克尔·波特认为，一国经济发展历程从低到高依次要经历要素驱动阶段、投资驱动阶段、创新驱动阶段，在数字技术的作用下，整体经济发展由效率驱动逐渐向更高层次的创新驱动转变，创新已然成为经济高质量发展的题中之义。经济高质量发展是一个螺旋上升的复杂动态变化过程，创新作为引领经济向更高质量迈进的重要前提条件，能够有效激发经济高质量发展的巨大潜能，从而提供新成长空间，因此将高质量发展聚焦到创新条件维度，有助于清晰把握经济高质量发展的首要前提条件。

把创新作为推动条件维度下经济高质量发展的动力引擎，有必要测度当前创新在驱动经济高质量发展条件维度的绩效水平，以便考察创新引领和驱动经济高质量发展条件维度的"完成程度"及"投入—产出"效果，促进各城市更好地优化区域创新资源配置，提升创新能力，发挥好创新在经济高质量发展条件维度的支撑引领作用。本节依据第三章《我国经济高质量发展的综合评价》中经济高质量发展条件维度的内涵界定，设定了由创新要素和创新能力两个二级指标构成的条件维度下经济高质量发展多维度评价体系，首先考虑到创新要素禀赋主要包含研发人才、创新资金和科研院所等，因此该维度主要选取了规模以上工业企业研发机构情况、高等学校在校人数总人数、研发人员数量占总员工人数比重、科学财政支出占财政支出之比、高技术产业研发活动经费占国内生产总值的比重这 5 个基础指标。其次创新能力是创新结果层面的内容，因而该维度主要选取了技术市场成交额占国内生产总值比重、规模以上工业企业新产品销售收入与开发经费之比、创新型企业数、高技术产业发明专利占年末人口数之比、专利申请数、有研发活动的规模以上工业企业数这 6 个指标来衡量。在具体指标测算方法上,本节采用纵横向拉开档次方法对 2013—2020 年全国 282 个地级及以上城市的经济高质量发展进行测算,得到了条件维度下的高质量发展水平,记为 pre_dev ,具体指标详见第三章《我国经济高质量发展的综合评价》。

（二）解释变量:数字经济发展水平

目前构建综合指标体系来测算数字经济发展水平是现有文献的普遍做法,该方法能较全面地涵盖数字经济在生产生活领域的应用程度。有鉴于此,本节选择该方法来构建数字经济综合发展指数。具体而言,本节在梳理信息经济、互联网经济和数字经济发展脉络的基础上,结合数字经济当前发展状态,界定数字经济的核心内涵与范围,从与数字经济发展紧密相关的新基建、新产品、新产业以及新模式等方面入手选取代理变量,采用纵横向拉开档次构建了包含信息经济、平台经济、共享经济和智能经济四大维度。2013—2020 年全国 30 个省份的数字经济发展水平指标体系,并用互联网渗透率将其分配到地级市,记为 DIG 。详细的指标选取和测度结果参见第二章《我国数字经济的测度》部分。

（三）控制变量

本节旨在揭示数字经济对条件维度下经济高质量发展的影响,考虑到影响条件维度下高质量发展的创新因素较多,因而为了尽可能缓解遗漏变量导致的内生性问题,本节在以往文献设定的基础上采用多项指标对其他影响因素加以控制,以增强本节结论的可信度。具体而言本节设置的各个控制变量如下:经济发展水平($lnpgdp$):我国已转向高质量发展阶段,但国内生产总值仍是经济社会发展动态的"显示屏",因而参考赵涛等(2020)本节的设定,采用人均国内生产总值的对数值来控制经济发展水平可能存在的非线性影响；外商投资水平(fdi)：李政等(2017)[1]研究发现，外商直接投资带来的技术外溢逐渐变为影响区域创新产出能力和创新效率差异不可忽视的因素，因而本节采用当年实际使用外资与地区生产总值的比值表征并将其放入基准模型加以控制；教育支出水平(lneducate)：既有研究发现，教育经费投入增加了接近知识的机会、增强吸收知识能力和学习动力，进而有效促进科研创新[2]，因而本节采用当年教育财政支出的对数值来表征；金融发展水平($finance$)：既有研究发现，金融发展能够促进技术创新(孙伍琴、王培，2013)[3]，因而本节采用机构存贷款余额比地区生产总值表示；传统基础设施建设水平($infrastructure$)：交通基础设施的网络特征可以促进创新要素自由流动，提高空间可达性进而形成创新跨区域溢出[4]，因而本节采用人均道路面积来衡量并将其纳入回归模型加以控制；产业结构($structure$)：产业结构升级能够实现资源的优化配置，助推经济高质量发展，本节采用第三产业与第二产业的比值来表征。

三、数据来源与描述性统计

本节选取 2013—2020 年中国 282 个地级及以上城市为研究主体展开分析，研究使用的数据来源于《中国统计年鉴》《中国城市统计年鉴》《中国高技术产业统计年鉴》《中国科技统计年鉴》以及国泰安数据库和阿里研究院等。此外，本节对所有连续变量在 1% 和 99% 分位处进行缩尾处理。实证分析所涉及主要变量的描述性统计如表 6-1 所示。结果显示，创新要素指标呈现

---

①　李政、杨思莹、何彬：《抑制还是提升了中国区域创新效率？——基于省际空间面板模型的分析》，《经济管理》2017 年第 4 期。

②　高洁、汪宏华：《教育经费投入对科研创新影响的实证研究》，《科研管理》2020 年第 7 期。

③　孙伍琴、王培：《中国金融发展促进技术创新研究》，《管理世界》2013 年第 6 期。

④　诸竹君、黄先海、王煌：《交通基础设施改善促进了企业创新吗？——基于高铁开通的准自然实验》，《金融研究》2019 年第 11 期。

"均值大、标准误小"的特点。而创新能力指标呈现出"均值小、标准误大"的特点。数字经济发展指数(*DIG*)的均值为 0.0631,最大值为 0.7502,最小值为 0.0019,标准差为 0.0725,表明不同地区的数字经济发展存在一定的差异。

表 6-1　条件维度下变量的描述性统计

变量	变量说明	样本量	均值	标准差	最小值	最大值
pre_dev	条件维度经济高质量发展	2256	0.1219	0.0892	0.0105	0.5267
pre_ele	创新要素	2256	0.1399	0.0717	0.0093	0.4605
pre_cre	创新能力	2256	0.1056	0.1320	0.0026	0.6908
DIG	数字经济	2256	0.0631	0.0725	0.0019	0.7502
ln*pgdp*	经济发展	2256	1.5659	0.6490	0.2910	3.9840
fdi	外商投资	2256	0.1055	0.9368	0.0000	31.1116
ln*educate*	教育支出	2256	13.2305	0.7767	9.8436	16.2476
finance	金融发展	2256	2.5959	1.2429	0.00002	21.2961
infrastructure	传统基础设施	2256	5.4714	6.4801	0.2751	13.0424
structure	产业结构	2256	1.2133	0.6745	0.2024	5.9001

资料来源:数字经济综合评价指标体系资料来源:Patenthub 全球专利数据库,网址为 www.patenthub. cn;2013—2020 年制造业企业上市公司年报,网址为 http://www.cninfo.com.cn/new/index;国泰安数据库,网址为 data.csmar.com;2013—2020 年政府工作报告,网址为 http://district. ce.cn/。笔者根据 2014—2021 年《中国统计年鉴》整理(中华人民共和国国家统计局:《中国统计年鉴》,中国统计出版社出版)。条件维度经济高质量发展指标数据资料来源:国泰安数据库,网址为 https://data.csmar.com/;全球统计数据分析平台,网址为 https://www.eps-net.com.cn/;中国研究服务数据平台,网址为 https://www.cnrds.com/。控制变量数据笔者根据 2014—2021 年《中国城市统计年鉴》整理(国家统计城市社会经济调查司:《中国城市统计年鉴》,中国统计出版社出版)。本章以下图表所用资料来源相同,不再一一标注。

第三节　中国数字经济影响经济高质量发展扩散机制的实证检验

为了有效识别出数字经济对条件维度下经济高质量发展的因果效应并得出稳健的结论,本节首先对基准模型进行估计,主要检验数字经济对条件维度

下经济高质量发展的总体影响以及数字经济对条件维度下经济高质量发展的
分维度影响等;其次进行稳健性检验,本节主要采用更换被解释变量的测度方
法、更换核心解释变量、剔除宏观冲击的影响和直辖市样本估计识别策略;最
后进行内生性处理,本节主要采取面板工具变量估计和倾向得分匹配估计识
别策略。

一、总体检验与分维度检验结果

首先,在对面板数据进行实证估计前需要通过豪斯曼检验来选择固定效
应模型或是随机效应模型,豪斯曼检验结果显示 $P<0.001$,即拒绝原假设,因
而本节选择采用固定效应估计方法对基准模型进行回归。考虑到进行数字经
济影响经济高质量发展的相关研究时,面板数据在个体维度和时间维度会受
到扰动项自相关的影响从而导致稳健标准误和回归系数存在较大偏差,需要
对时间和个体同时加以控制,因此本节拟采用包含个体固定效应和时间固定
效应的双向固定效应模型对基准回归模型(6.1)展开估计。表 6-2 中列(1)、
列(3)、列(5)汇报了未加入控制变量的估计结果,列(2)、列(6)报告了既加
入控制变量又控制个体固定效应和时间固定效应的估计结果。表 6-2 列(1)
回归结果表明,数字经济在 1%的水平下显著提高了地区创新水平。列(2)报
告了既加入控制变量又控制个体固定效应和时间固定效应的估计结果,可以
发现,数字经济每提高一个百分点,将推动城市创新水平提高 0.4251 个单位,
即数字经济有利于提升条件维度下的经济高质量发展的结论依旧成立,初步
验证了本节的核心结论。

根据本节理论分析,一方面,数字经济可以通过数字技术的扩散效应打破
要素流动壁垒、促进创新要素充分涌动,激发创新活力;另一方面,数字技术的
扩散与渗透还会重塑创新组织结构,从创新组织结构方面助力创新效率的提
升。因此,为进一步实证检验数字经济对条件维度下经济高质量发展两个子
维度的影响效应,本节对其进行了分维度检验,具体回归结果如表 6-2 的

列(3)—列(6)所示,数字经济对创新要素维度的回归结果并不显著,可能的原因是,一方面,目前我国区域创新虽已取得一定成效,但仍会受到区域行政区划及市场分割等因素的制约,研发人员和研发资金等创新要素在区域间难以自由流动,区域统筹协调能力不强,导致创新发展进程较为缓慢。另一方面,我国产业学研体系的创新通道仍然存在一些堵点尚未打通,科研机构和高校院所等创新人才、创新资金和财物的资源匹配衔接不够高效,数字经济的发展尚未能激发各类创新要素的协同力和流通活力,因此无法促进经济向更高质量迈进。而反观数字经济对城市创新能力提升的拟合系数是显著为正的,可能的原因是,数字经济的发展使知识的获取成本降低,进一步促进创新知识流动与传递,与此同时,伴随企业数字化转型的加快,企业借助数字技术获取创新要素的能力大大提升,对现有创新资源的整合和利用率也更高效,因此数字经济能促进经济高质量发展创新能力维度的提升。

表6-2 条件维度下的基准回归

变量	条件维度经济高质量发展		创新要素		创新能力	
	（1）	（2）	（3）	（4）	（5）	（6）
数字经济	0.4353*** (0.0432)	0.4251*** (0.0419)	0.0243 (0.0259)	0.0164 (0.0261)	0.8061*** (0.0756)	0.7937*** (0.0734)
经济发展		0.0050 (0.0063)		0.0031 (0.0052)		0.0068 (0.0108)
外商投资		0.0005 (0.0009)		0.0012* (0.0007)		−0.0002 (0.0014)
教育支出		0.0323*** (0.0062)		0.0022 (0.0042)		0.0595*** (0.0110)
金融发展		−0.0008 (0.0008)		−0.0015 (0.0010)		−0.0001 (0.0014)
传统基础设施		−0.0017*** (0.0005)		0.0008** (0.0004)		−0.0040*** (0.0010)
产业结构		0.0001 (0.0020)		0.0018 (0.0018)		−0.0014 (0.0034)

变量	条件维度经济高质量发展		创新要素		创新能力	
	（1）	（2）	（3）	（4）	（5）	（6）
常数项	0.0944*** (0.0027)	-0.3291*** (0.0798)	0.1384*** (0.0017)	0.1018* (0.0554)	0.0548*** (0.0048)	-0.7179*** (0.1415)
城市固定效应	是	是	是	是	是	是
年份固定效应	是	是	是	是	是	是
样本量	2256	2256	2256	2256	2256	2256
拟合优度	0.9307	0.9339	0.9108	0.9117	0.9142	0.9200

二、分维度检验结果

由第三章可知,数字经济是涵盖信息经济、平台经济、共享经济、智能经济的综合指标体系,为了更加细致地刻画不同形态下数字经济对条件维度经济高质量发展的影响,本节进一步将数字经济替换为子维度下的信息经济（INF）、平台经济（PLA）、共享经济（SHA）、智能经济（INT）,以此来考察其对条件维度的经济高质量发展的影响。回归结果如表6-3的列（1）—列（4）所示,分维度的拟合结果均在1%的水平下显著为正。从拟合系数的大小来看,数字经济四个子维度对条件维度下经济高质量发展的创新影响存在一定差异,具体来看,智能经济的拟合系数为1.1836,居于首位,其次是平台经济,再次是信息经济,最后是共享经济,由此可知一个重要的启示是:目前,数字经济各个层面的发展各有特点,在推动创新发展方面也表现出一定差异,因而需要进一步深度挖掘数字经济不同子维度对条件维度下经济高质量发展的影响路径,进而有针对性地激发其潜在力量,最大限度地发挥其对提高经济发展质量的影响效力。

表 6-3　条件维度下的分维度回归

变量	（1）	（2）	（3）	（4）
信息经济	0.8780*** （0.0324）			
平台经济		1.0614*** （0.0219）		
共享经济			0.7342*** （0.0292）	
智能经济				1.1836*** （0.0280）
经济发展	0.0110*** （0.0033）	0.0053* （0.0029）	−0.0074* （0.0039）	−0.0119*** （0.0038）
外商投资	−0.0002 （0.0004）	−0.0000 （0.0003）	0.0001 （0.0003）	0.0002 （0.0003）
教育支出	−0.0101*** （0.0035）	0.0054** （0.0022）	0.0052* （0.0031）	0.0015 （0.0031）
金融发展	−0.0004 （0.0004）	0.0003 （0.0004）	−0.0000 （0.0011）	0.0001 （0.0005）
传统基础设施	0.0006 （0.0008）	−0.0001 （0.0005）	−0.0001 （0.0004）	−0.0004 （0.0011）
产业结构	−0.0018* （0.0011）	−0.0002 （0.0010）	0.0026* （0.0014）	0.0006 （0.0009）
常数项	0.1282*** （0.0450）	−0.0752*** （0.0286）	−0.0725* （0.0407）	−0.0119*** （0.0038）
城市固定效应	是	是	是	是
年份固定效应	是	是	是	是
样本量	2256	2256	2256	2256
拟合优度	0.9648	0.9840	0.8674	0.9550

三、动态叠加影响

　　数字经济是一场深刻而广泛的科技革命,对条件维度的经济高质量发展也表现出深远的影响,本节拟用上一期到上三期的数字经济发展水平对当期条件维度下的经济高质量发展指数进行回归,以此来检验数字经济的动态叠加效应。研究结果如表6-4所示,数字经济对条件维度经济高质量发展的创新驱动效果十分突出。随着时间的推移,推动条件维度经济高质量发展的数字经济新引擎并未表现出任何衰减迹象,在滞后一期至滞后三期中基本保持了正向显著的统计特征,且均通过了1%的统计性检验,与此同时,其拟合系数值也表现出向上攀升的趋势,具有时间序列上的动态叠加特征,该检验传递出了一个十分有益的信息,即数字经济可以为条件维度经济高质量发展提供持久的续航能力,也为当前和未来经济高质量发展指明了方向,即应大力发挥数字经济对经济高质量发展创新驱动的动态叠加效应。

表6-4 条件维度下的动态叠加效应

变量	条件维度经济高质量发展	创新要素	创新能力
数字经济的滞后一期	0.5264*** (0.0358)		
数字经济的滞后二期		0.5813*** (0.0401)	
数字经济的滞后三期			0.5814*** (0.0532)
经济发展	0.0048 (0.0065)	0.0111* (0.0064)	0.0124* (0.0066)
外商投资	0.0004 (0.0005)	0.0006 (0.0005)	0.0005 (0.0004)
教育支出	0.0308*** (0.0070)	0.0269*** (0.0102)	0.0311** (0.0143)
金融发展	0.0002 (0.0008)	0.0006 (0.0008)	0.0008 (0.0009)
传统基础设施	-0.0017*** (0.0005)	-0.0005 (0.0005)	-0.0005 (0.0007)
产业结构	0.0023 (0.0019)	0.0046***(0.0017)	0.0044** (0.0018)
常数项	-0.3115*** (0.0923)	-0.2721** (0.1352)	-0.3173* (0.1901)
城市固定效应	是	是	是

变量	条件维度经济 高质量发展	创新要素	创新能力
年份固定效应	是	是	是
样本量	1974	1692	1410
拟合优度	0.9453	0.9573	0.9637

四、稳健性检验

本节还采用了多种方法来验证基准回归结果的稳健性：一是更换被解释变量的测度方法；二是更换核心解释变量；三是剔除宏观冲击的影响；四是剔除直辖市样本。

（一）更换测量方法

本节进一步采用熵权法重新测算了经济高质量发展水平。熵权法是一种客观赋权法，相对主观赋权具有较高的可信度和精确度。其基本思路是根据指标变异性的大小来确定权重。一般而言，某个指标的信息熵 e_j 越小，说明该指标值的变异程度越大，包含信息量也越多，在综合评价中所能起到的作用也越大，其权重也就越大。相反，某个指标的信息熵越大，表明指标值的变异程度越小，提供的信息量也越少，在综合评价中所起到的作用也越小，其权重也就越小。

具体测算方法如下：

第一步，鉴于经济高质量发展指标体系中各子指标存在数量级与量纲之间存在一定差异，因此需要将底层指标进行归一化。归一化是将不同量纲的指标同量纲化，本节采用的方法是0—1归一化（或称临界值法）

正向指标标准化：

$$X_{ij}{}' = \frac{X_{ij} - \min\{X_{1j}, \cdots, X_{nj}\}}{\max\{X_{1j}, \cdots, X_{nj}\} - \min\{X_{1j}, \cdots, X_{nj}\}} \tag{6.4}$$

逆向指标标准化：

$$X_{ij}' = \frac{\max\{X_{1j}, \cdots, X_{nj}\} - X_{ij}}{\max\{X_{1j}, \cdots, X_{nj}\} - \min\{X_{1j}, \cdots, X_{nj}\}} \tag{6.5}$$

其中，X_{ij}' 为第 i 个城市的第 j 个指标数据，$i = 1, \cdots, 282, j = 1, \cdots, 11$，若指标为正向指标，则选用第一个公式，若指标为负向指标，则选用第二个公式。

第二步，计算第 j 项指标下第 i 个城市指标值占该指标的比重：

$$P_{ij} = \frac{X_{ij}'}{\sum_{i=1}^{n} X_{ij}'}$$

第三步，计算第 j 项指标的熵值 $e_j = -K \sum_{i=1}^{n} (P_{ij} - \ln P_{ij})$，其中，$K$ 为常数，$K = \frac{1}{\ln m}$，m 为总样本量。

第四步，计算信息冗余度 $d_j = 1 - e_j$ 和各项指标的权重 $w_j = \frac{d_j}{\sum_{j=1}^{n} d_j}$。

第五步，构造规范化矩阵 $Z = [z_{ij}]_{mn} = w_j \times X$，其中 w_j 表示权重。

第六步，根据求出的加权矩阵计算评价指标与正理想解之间的距离：

$D_i^+ = \sqrt{\sum_{i=1}^{n} (z_{ij} - z_j^+)^2}$，确定最优方案；计算评价指标与负理想解之间的距离，$D_i^- = \sqrt{\sum_{i=1}^{n} (z_{ij} - z_j^-)^2}$，确定最劣方案。

第七步，计算贴近程度：$C_i = \frac{D_i^-}{D_i^+ + D_i^-}$，其中，相对贴合度 C_i 介于 0 与 1，C_i 越大表明指数绩效越好，即条件维度的经济高质量发展越强；反之，C_i 越小表明指数绩效越差，即条件维度的经济高质量发展越弱。

回归结果如表 6-5 列（1）所示，数字经济对条件维度的经济高质量发展指数的回归结果依旧显著为正，证明本节指标测算的严谨性和方法选取的合理性，也进一步验证核心结论是稳健可靠的。

此外,本节进一步采用主成分分析法重新测算了条件维度的经济高质量发展指数,回归结果如表6-5列(2)所示。结果显示,数字经济对条件维度经济高质量发展的影响在1%的置信水平下显著为正,同样验证了本章的核心结论。

(二)替换核心解释变量

一方面,在基准回归中采用互联网渗透率将数字经济综合指数分配到地级市,考虑到数字经济的发展与城市信息技术人员数量密切相关,本节进一步将地级市信息技术人员数分配到地级市,从而得到数字经济的替代变量,将其记为数字经济的替换变量。另一方面,地区的数字化产品和设备的应用能力和应用水平是数字经济的发展现状最直接的表现形式,而北京大学数字普惠金融指数中的数字化程度($Indexdig$)能较好地衡量地区数字化发展水平,本节将其作为数字经济的替代变量2放入模型中进行检验。表6-5的列(3)和列(4)报告了采用以上两种方法替换核心解释变量的相关结果,在采用其他变量替换数字经济后,其对条件维度下的经济高质量发展的拟合系数依旧显著为正,与前文的基准回归结果基本一致,说明本节结论具有稳健性。

表6-5 条件维度下的稳健型检验(一)

变量	(1)	(2)	(3)	(4)
数字经济	0.3559*** (0.0439)	2.1020*** (0.3605)		
数字经济的替换变量1			4.1988*** (1.0199)	0.0003*** (0.0000)
数字经济的替换变量2				0.0003*** (0.0000)
经济发展	0.0103** (0.0051)	0.1434*** (0.0463)	0.0032 (0.0066)	0.0003 (0.0062)
外商投资	-0.0000 (0.0008)	0.0030 (0.0068)	0.0014** (0.0007)	0.0015** (0.0007)

变量	（1）	（2）	（3）	（4）
教育支出	0.0307*** （0.0079）	0.1198 （0.0856）	0.0381*** （0.0070）	0.0376*** （0.0070）
金融发展	0.0004 （0.0012）	0.0123 （0.0143）	−0.0020* （0.0011）	−0.0018* （0.0010）
传统基础设施	−0.0011*** （0.0004）	−0.0039 （0.0028）	−0.0009* （0.0005）	−0.0010** （0.0005）
产业结构	0.0059*** （0.0019）	0.0736*** （0.0197）	−0.0033 （0.0021）	−0.0024 （0.0020）
常数项	−0.3843*** （0.1044）	−0.3586 （1.1409）	−0.3757*** （0.0907）	−0.4255*** （0.0918）
城市固定效应	是	是	是	是
年份固定效应	是	是	是	是
样本量	2256	2256	2256	2256
拟合优度	0.8739	0.7764	0.9227	0.9214

（三）排除宏观因素冲击

在经济全球化的今天，数字经济的发展同国家乃至全球范围经济发展的整体态势息息相关，荣辱与共，倘若忽略这类重大宏观因素的考察势必会降低回归结果的可信度。从实操层面来看，诸如 2015 年中国股灾和 2020 年新冠疫情这类重大冲击因素难以通过特定的变量进行有效测度。有鉴于此，本节拟将宏观危机因素剔除后进行回归：一是剔除 2015 年数据；二是剔除 2020 年数据；三是将两年的数据均做剔除处理，相关结果如表 6-6 列（1）—列（3）所示。对样本进行部分剔除后，数字经济对条件维度下经济高质量发展的正向促进作用依旧成立。

（四）剔除直辖市特征

众所周知，中国的四大直辖市存在较大的经济特殊性，无论是在自生经济发展活力还是政策支持力度等方面均存在一定的优势。对此,本节对直辖市的样本数据予以剔除,重新放入基准模型进行回归检验。由表6-6列(4)的结果可知,本节"数字经济有助于推动条件维度下的经济高质量发展"核心结论依旧稳健。

表6-6 条件维度下的稳健型检验(二)

变量	(1)	(2)	(3)	(4)
数字经济	0.4193*** (0.0452)	0.4573*** (0.0342)	0.4659*** (0.0366)	0.4419*** (0.0436)
经济发展	0.0065 (0.0064)	0.0058 (0.0046)	0.0082* (0.0047)	0.0032 (0.0063)
外商投资	0.0003 (0.0009)	−0.0002 (0.0008)	−0.0003 (0.0008)	0.0004 (0.0009)
教育支出	0.0346*** (0.0068)	0.0223*** (0.0053)	0.0229*** (0.0059)	0.0311*** (0.0062)
金融发展	−0.0008 (0.0008)	−0.0011 (0.0008)	−0.0011 (0.0008)	−0.0010 (0.0008)
传统基础设施	−0.0016*** (0.0005)	−0.0010 (0.0007)	−0.0008 (0.0007)	−0.0017*** (0.0005)
产业结构	−0.0006 (0.0020)	0.0000 (0.0019)	−0.0005 (0.0020)	0.0010 (0.0020)
常数项	−0.3571*** (0.0870)	−0.2074*** (0.0678)	−0.2161*** (0.0758)	−0.3105*** (0.0792)
城市固定效应	是	是	是	是
年份固定效应	是	是	是	是
样本量	1974	1974	1692	2224
拟合优度	0.9337	0.9481	0.9473	0.9343

五、内生性处理

由基准模型可知,要想获得数字经济对条件维度下经济高质量发展的因果识别效应,需要处理好三种可能存在的内生性问题:一是模型遗漏变量导致的结果偏误。虽然本节在借鉴现有研究的基础上控制一系列影响条件维度经济高质量发展城市层面的重要因素,但仍不可避免地会存在某些不可观测的变量或重要变量的忽略,而这些遗漏变量可能会导致模型估计结果产生偏误,因而会产生因遗漏变量导致的内生性问题。二是反向因果问题。一般而言,创新水平越高的地区,数字经济发展水平也更高。加之国家早期选择数字经济发展试点城市时本身就存在内生性,一方面,发展数字经济本身对地区的"软环境"和"硬设施"就有一定的要求,一般而言经济发展质量高的地区往往被选中的概率更大;另一方面,国家前期在布局试点城市时,会在试点城市进行硬件设施的建设,例如,宽带中国试点政策,而这些城市的经济发展质量本身就处于中上游水平,因此,就可能导致经济高质量发展越高的地区,数字经济发展程度也更高。三是样本自选择问题。考虑到论文可能存在一定的样本自选择问题,因而采用倾向得分匹配法进行矫正。为缓解以上因素可能导致的内生性问题,本节采取以下三种方法进行处理。

(一)"省份—年份"固定效应估计

首先,考虑到本节在基准回归中采用时间和地区的双向固定效应是现有研究一种较为常规的做法,对内生性的控制尚不够严格,而通过加入或者进一步增加控制变量的方法来缓解遗漏变量问题依然会存在一些不可预测的"漏网之鱼"未被纳入的情况,综合以上两种因素,本节在双向固定效应的基础上进一步控制了"省份—年份"固定效应,交乘时间和区域固定效应一方面能够较为全面地涵盖不可观测的遗漏变量,另一方面会使比分别加入固定效应有更强的控制力度,从而能够有效应对遗漏变量问题。回归结果如表6-7列(1)所示,在加入"省份—年份"固定效应后,数字经济对经济高质量发展的拟合系数为0.0627,且在1%的统计水平上显著,与基准回归相比系数有所降低,表明加入省份—年份固定效应确实进一步控制了一些潜在的难以观测的遗漏变量,因而能在一定程度上解决模型存在的内生性问题。

(二)面板工具变量估计

考虑到数字经济与经济高质量发展之间可能存在逆向因果关系,即经济发展质量越高的地区,数字经济的程度也越高,因此,本节借鉴黄群慧、余泳泽、张松林(2019)①的方法,采用各城市在 1984 年的邮电历史数据作为数字经济发展综合指数的工具变量。一方面,信息基础设施的建设与当地经济社会发展需求紧密相关,一般而言,历史上邮局布局密度较高的城市意味着该地区信息交流频率更高,基础设施的发展在不断更新迭代,不可否认的是,地区历史上传统通信基础设施的布局会在一定程度上影响新兴数字通信技术的发展和应用,而第五代通信技术和宽带作为新兴数字信息通信技术的代表,是传统信息技术发展延续至今的结果,因而该工具变量满足相关性假定;另一方面,考虑到 1984 年的邮电历史数据距本节样本起始年份 2013 年相去甚远,现代信息技术的发展使历史上邮局等通信设施的使用频率日渐降低,因而其对经济高质量发展的影响也微乎其微。因此,该工具变量也满足排他性假定。此外,鉴于该数据是截面数据而本节数据为面板数据,本节用上一年全国信息软件固定投资额分别与 1984 年年末邮电局数相乘构造面板工具变量,以此作为该城市当年数字经济综合指数的工具变量。

本节采用两阶段最小二乘法进行估计,表 6-7 详细列示了面板工具变量估计结果,列(2)为第一阶段的估计结果,其中,工具变量的估计结果在 1% 的水平上显著,也即历史上邮件布局越多的地区,数字经济的发展程度越高。此外,对原假设"工具变量识别不足"的检验,Kleibergen-Paap rk 的 LM 统计量大于 1% 水平上的临界值,显著拒绝原假设;在工具变量弱识别的检验中,Kleibergen-Paap rk 的 Wald F 统计量大于 Stock-Yogo 弱识别检验 10% 水平上的临界值。以上检验说明本节选取历史上各城市邮局数与上一年全国信息软

---

① 黄群慧、余泳泽、张松林:《互联网发展与制造业生产率提升:内在机制与中国经验》,《中国工业经济》2019 年第 8 期。

件固定投资的交互项作为数字经济工具变量是合理的。表6-7列（3）为第二阶段回归估计结果，数字经济对条件维度下的经济高质量发展的估计系数为0.7285，且在1%的水平上显著。综上，面板工具变量估计结果进一步表明数字经济对条件维度下经济高质量发展存在一定的促进作用。

表6-7　内生性处理："省份—年份"固定效应和工具变量

变量	（1）	（2）	（3）
数字经济	0.0627** (0.0314)	0.0000121*** (0.0000002)	
工具变量			0.7285*** (0.1300)
经济发展	0.0035 (0.0051)	−0.0073 (0.0099)	0.0076 (0.0076)
外商投资	0.0002 (0.0005)	0.0021 (0.0022)	−0.0001 (0.0014)
教育支出	0.0011 (0.0031)	0.0218*** (0.0072)	0.0266*** (0.0062)
金融发展	−0.0004 (0.0004)	−0.0043*** (0.0020)	0.0003 (0.0010)
传统基础设施	0.0004 (0.0003)	−0.0006 (0.0006)	−0.0020*** (0.0006)
产业结构	0.0029* (0.0016)	−0.0069*** (0.0022)	0.0022 (0.0023)
常数项	0.1203** (0.0486)	−0.1716*** (0.1159)	0.7285*** (0.1300)
Kleibergen-Paap rk LM 统计量			35.229
Cragg-Donald Wald F 统计量			67.658
Kleibergen Paap Wald rk F 统计量			32.829
城市固定效应	是	是	是
时间固定效应	是	是	是
"省份—年份"固定效应	是	否	否
样本量	2256	2256	2,256
拟合优度	0.9831	—	0.9266

（三）倾向得分匹配估计

考虑到数字经济可能会收到某些不可观测因素的影响，更重要的是，这些不可观测的因素或许与经济高质量发展相关，从而导致数字经济与随机扰动项相关。因此，采用传统线性方法直接对方程进行回归可能会导致计量结果存在偏差，而倾向得分匹配能够有效克服有偏样本与样本自选择导致的选择偏差（虞义华、赵奇锋、鞠晓生，2018）[1]，从而在一定程度上解决内生性问题。本节采用倾向得分匹配法估计数字经济对经济高质量发展创新条件维度的"处理效应"，在进行倾向得分匹配回归前协变量都通过了平衡性检验，表6-8汇报了数字经济对经济高质量发展采用邻近匹配的估计结果。由表6-8可知，匹配结果显著为正，且都在1%的水平上显著，倾向得分匹配估计结果与基准模型较为接近。

表6-8　条件维度下的倾向得分匹配回归估计结果

因变量	条件维度的经济高质量发展
匹配方法	近邻匹配
匹配方法	近邻匹配
匹配前	0.0828 ***
处理组平均处理效应	0.0436 ***

进一步验证了本节结论，即数字经济能够显著提高城市经济发展质量。本节进一步采用匹配后的样本进行回归，结果如表6-9所示，数字经济对条件维度下经济高质量发展总指标和创新能力子维度具有显著的促进作用，与基准回归结果基本一致，避免了样本选择偏差带来的内生性问题。

---

[1]　虞义华、赵奇锋、鞠晓生：《发明家高管与企业创新》，《中国工业经济》2018年第3期。

表6-9 内生性处理:倾向得分匹配

变量	(1)	(2)	(3)
数字经济	0.4660*** (0.0809)	-0.0428 (0.0314)	0.9194*** (0.1415)
经济发展	0.0154* (0.0080)	-0.0094 (0.0084)	0.0334** (0.0146)
外商投资	0.0128 (0.0099)	-0.0007 (0.0040)	0.0248 (0.0179)
教育支出	0.0355*** (0.0094)	0.0051 (0.0062)	0.0668*** (0.0190)
金融发展	-0.0022 (0.0022)	-0.0050* (0.0026)	-0.0002 (0.0040)
传统基础设施	-0.0009** (0.0005)	-0.0004 (0.0005)	-0.0016* (0.0008)
产业结构	0.0111*** (0.0038)	0.0016 (0.0028)	0.0201*** (0.0066)
常数项	-0.4082*** (0.1229)	0.0934 (0.0853)	-0.9025*** (0.2453)
城市固定效应	是	是	是
年份固定效应	是	是	是
样本量	1408	1408	1408
拟合优度	0.9099	0.9002	0.9022

第四节 中国数字经济影响经济高质量发展扩散机制的进一步检验

基于上述分析,本章进一步探讨了数字经济影响经济高质量发展的机制分析与异质性分析,试图从不同角度深入分析数字经济影响经济高质量发展的作用渠道。

一、机制检验

本章的基准回归结果表明,条件维度下数字经济影响经济高质量发展的作用显著为正。在这一部分,我们重点从创新要素、创新能力维度阐述导致这一结果的作用机制。

一是基于创新要素维度的机制检验。数字经济的渗透性,缩短了数字技术扩散时间,进一步促使知识、新技术等生产要素的空间流动,形成一定范围的创新要素集聚。而成功的创新要素的集聚主要体现为创新过程中新知识的发展和整合,因此,本书进一步参考余泳泽(2011)①的做法,选取研发机构的集聚程度衡量创新要素的集聚,回归结果如表 6-10 所示。结果表明,数字经济(*DIG*)对创新要素集聚的影响为正,但不显著。这说明数字经济的发展对要素集聚的正向作用尚未发挥。进一步地,考虑到集聚效应的发挥需要依赖于一定的要素流动,创新要素携带了更多的知识和技术,在流动中会产生知识空间溢出效应,有利于创新知识在空间范围的传播与扩散(王岳龙、袁旺平,2022)②。因此,本书参考陶良虎、郑炫、王格格(2021)③的做法,采用 R&D 人员流动表征创新要素流动,进一步讨论了数字经济的发展是否对要素流动产生影响? 表 6-10 列(2)的结果表明数字经济(*DIG*)对要素流动的影响显著为正,这说明,数字经济的发展已经促使了要素间的流动,但尚未形成一定规模,因而数字经济的集聚效应尚未发挥作用。

二是基于创新组织维度的机制检验。数字经济的快速发展,促使数字技术不仅从研发部门向生产、销售部门渗透,还会从服务业渐次向工业与农业渗

---

① 余泳泽:《创新要素集聚、政府支持与科技创新效率——基于省域数据的空间面板计量分析》,《经济评论》2011 年第 2 期。

② 王岳龙、袁旺平:《地铁开通、知识溢出与城市创新——来自中国 289 个地级市层面的证据》,《经济科学》2022 年第 2 期。

③ 陶良虎、郑炫、王格格:《创新要素流动与区域创新能力——基于政府和市场的调节作用》,《北京邮电大学学报(社会科学版)》2021 年第 6 期。

透,换言之,数字技术正在纵向组织以及横向组织间进行持续扩散,从而更好地协助供需双方根据自身需求进行动态匹配,提高创新的应用水平。其中,企业内各部门组织结构的优化一定程度上反映了纵向组织的环节匹配,研发机构与企业间合作的密切程度能够反映横向组织的协同匹配。这是由于创新的主体为企业,数字技术的应用降低信息成本与沟通成本,增强了企业与研发机构的交流,帮助企业和研发机构建立高效稳定的合作关系,提高协同匹配的效率,进而提高创新能力(余泳泽、刘大勇,2013)[1]。因此,本章选用科研机构科研经费中企业投入的比重来衡量企业在产学研合作过程中的投入力度[2],当数字经济水平提升时,企业在产学研合作过程中的投入力度一般会相应提高。从表6-10列(3)的结果来看,数字经济对产学研过程中的投入力度的回归系数显著为正,即数字经济会提高环节匹配与协同匹配的效率。这表明,通过提升环节匹配与协同匹配效率来提高创新能力是数字经济发挥扩散功能的一个机制。

表6-10　条件维度下数字经济影响经济高质量发展的机制检验

变量	(1)	(2)	(3)
数字经济	-0.1895 (0.1159)	0.0088*** (0.0015)	6.2318*** (0.8891)
经济发展	-0.0711*** (0.0207)	0.0077*** (0.0003)	4.7651*** (0.3348)
外商投资	0.0467*** (0.0123)	-0.0007*** (0.0001)	-0.5954*** (0.1664)
教育支出	0.0688*** (0.0215)	0.0007*** (0.0003)	0.0940 (0.1586)
金融发展	0.0207** (0.0085)	0.0002*** (0.0001)	0.0330 (0.0584)

---

[1]　余泳泽、刘大勇:《我国区域创新效率的空间外溢效应与价值链外溢效应——创新价值链视角下的多维空间面板模型研究》,《管理世界》2013年第7期。

[2]　受数据可得性限制,企业在产学研合作过程中的投入力度选用各省企业研究与试验发展经费分配到地级市。其中,地级市权重为人均国内生产总值。

续表

变量	（1）	（2）	（3）
传统基础设施	−0.0013 （0.0019）	−0.0000 （0.0000）	0.0814*** （0.0244）
产业结构	−0.0035 （0.0076）	−0.0003*** （0.0001）	0.0615 （0.0555）
常数项	−0.9338*** （0.2904）	−0.0092*** （0.0033）	−5.0058*** （1.8623）
城市固定效应	是	是	是
年份固定效应	是	是	是
样本量	2256	2256	2256
拟合优度	0.6360	0.9910	0.9770

二、异质性分析

一是基于互联网发展差异的检验。互联网技术是推动数字经济深入发展的重要基础。一般而言,互联网接入的覆盖程度与接入设备的使用情况决定了能否缩小数字技术接入鸿沟,推动数字经济应用。故本节选取互联网接入用户数的自然对数来衡量互联网发展水平,将低于均值的地区设为互联网发展低组,其余为互联网发展高组,进行分样本回归。如表6-11所示。根据表6-11的回归结果可知,在互联网发展高组,数字经济对条件维度的经济高质量发展指数的正向作用更为明显,且互联网发展高组与互联网发展低组间具有显著的组间差异。分维度结果显示,无论是互联网发展低组还是互联网发展高组,数字经济对创新要素的影响无明显的促进作用。而数字经济对创新能力的促进作用在互联网发展低组更为明显。这说明互联网发展水平是数字经济对条件维度经济高质量发展影响的调节变量。这可能的原因在于,互联网的快速发展,为数字经济融入社会生活提供了基础设施支撑,能够更好地实现互联互通,服务数字经济发展,促进产品或服务的更新,从而提升条件维度的经济高质量发展。

表6-11　条件维度下的异质性检验(一)

变量	条件维度经济高质量发展		创新要素		创新能力	
	互联网发展低组	互联网发展高组	互联网发展低组	互联网发展高组	互联网发展低组	互联网发展高组
数字经济	0.2808*** (0.0555)	0.4618*** (0.0579)	0.0762 (0.0542)	0.0049 (0.0311)	0.4902*** (0.0972)	0.2808*** (0.0555)
经济发展	0.0024 (0.0060)	0.0028 (0.0105)	−0.0111 (0.0088)	0.0061 (0.0105)	0.0081 (0.0113)	0.0024 (0.0060)
外商投资	0.0090 (0.0064)	0.0396*** (0.0107)	0.0067 (0.0057)	0.0012 (0.0053)	0.0095 (0.0113)	0.0090 (0.0064)
教育支出	0.0304*** (0.0084)	0.0343*** (0.0113)	0.0032 (0.0088)	0.0027 (0.0071)	0.0653*** (0.0148)	0.0304*** (0.0084)
金融发展	−0.0005 (0.0017)	−0.0018 (0.0030)	−0.0056** (0.0026)	−0.0022 (0.0024)	0.0043* (0.0025)	−0.0005 (0.0017)
传统基础设施	−0.0004 (0.0006)	−0.0005 (0.0009)	0.0007 (0.0006)	0.0014 (0.0009)	−0.0030* (0.0017)	−0.0004 (0.0006)
产业结构	0.0040* (0.0021)	−0.0009 (0.0036)	0.0074** (0.0029)	−0.0037 (0.0025)	0.0005 (0.0031)	0.0040* (0.0021)
常数项	−0.3158*** (0.1077)	−0.3488** (0.1527)	0.1162 (0.1157)	0.0927 (0.0948)	−0.8206*** (0.1862)	−0.3158*** (0.1077)
城市固定效应	是	是	是	是	是	是
年份固定效应	是	是	是	是	是	是
样本量	1164	1029	1164	1029	1164	1164
拟合优度	0.9390	0.9470	0.9100	0.9290	0.9250	0.9390
费希尔检验	0.0000***		—		0.0000***	

　　二是基于城镇化差异的检验。城市经济学理论认为,城镇化的发展可以为经济发展带来正外部性,而城镇化水平的提升会为数字经济发展提供良好的发展环境,加速城市数字化转型。基于此,本书将城镇化率作为分组变量,按照城镇化率的均值可分为城镇化率低组和城镇化率高组,城镇化率高的地区,城市功能结构更加全面,其所具备的基础设施建设的数字化、智能化水平相应较高,越有利于释放数字技术应用的新价值,推动数字经济发展。因此预

期,相对于城镇化率较低的地区,城镇化率较高的地区将更有可能发挥数字经济对条件维度的经济高质量发展指数的促进效应。根据表6-12结果表明,在城镇化率高的地区,数字经济与条件维度的经济高质量发展指数呈显著正相关关系,且组间系数差异显著。从条件维度的经济高质量发展指数的分维度结果来看,城镇化水平的高低并不是影响数字经济对条件维度的经济高质量发展指数的调节变量。从表6-12可以看出,数字经济对城镇化水平低的地区创新能力的提升更为明显。这说明,数字经济的发展离不开城镇化建设,尤其是新阶段下新型城镇化建设为数字经济发展提供了更为广泛的应用场景。

表6-12　条件维度下的异质性检验(二)

变量	条件维度经济高质量发展		创新要素		创新能力	
	城镇化水平低组	城镇化水平高组	城镇化水平低组	城镇化水平高组	城镇化水平低组	城镇化水平高组
数字经济	0.1664** (0.0805)	0.5025*** (0.0397)	0.0306 (0.0531)	0.0413 (0.0382)	0.2898* (0.1541)	0.1664** (0.0805)
经济发展	0.0044 (0.0087)	0.0062 (0.0083)	0.0025 (0.0075)	0.0003 (0.0097)	−0.0021 (0.0154)	0.0044 (0.0087)
外商投资	0.0228*** (0.0088)	0.0358*** (0.0100)	0.0112* (0.0061)	−0.0005 (0.0050)	0.0343** (0.0170)	0.0228*** (0.0088)
教育支出	0.0123* (0.0065)	0.0338*** (0.0098)	−0.0020 (0.0085)	−0.0024 (0.0071)	0.0292*** (0.0109)	0.0123* (0.0065)
金融发展	−0.0015 (0.0018)	0.0010 (0.0025)	−0.0043** (0.0022)	−0.0026 (0.0023)	−0.0004 (0.0029)	−0.0015 (0.0018)
传统基础设施	0.0006 (0.0005)	−0.0009 (0.0006)	0.0022*** (0.0007)	0.0000 (0.0007)	−0.0012 (0.0009)	0.0006 (0.0005)
产业结构	0.0015 (0.0024)	0.0036 (0.0028)	0.0056* (0.0030)	0.0019 (0.0027)	−0.0028 (0.0038)	0.0015 (0.0024)
常数项	−0.0816 (0.0798)	−0.3633*** (0.1308)	0.1494 (0.1110)	0.1744* (0.0967)	−0.3228** (0.1311)	−0.0816 (0.0798)
城市固定效应	是	是	是	是	是	是
年份固定效应	是	是	是	是	是	是

变量	条件维度经济高质量发展		创新要素		创新能力	
	城镇化水平低组	城镇化水平高组	城镇化水平低组	城镇化水平高组	城镇化水平低组	城镇化水平高组
样本量	828	1374	828	1374	828	828
拟合优度	0.9330	0.9480	0.9100	0.9240	0.9200	0.9330
费希尔检验	0.0000 ***		—		0.0000 ***	

  三是基于产业技术结构差异的检验。数字经济发展与产业技术结构密切相关,当产业技术结构趋向高级化转变时,将推动数字经济发展。因此,产业技术结构是影响数字经济发展的关键因素之一。对产业技术结构较低的地区,数字经济将会受制于产业技术的局限性,难以与数字经济发展的需求相匹配。随着产业技术结构的进一步优化,数字技术的应用将会更为充分,从而加速数字经济的快速发展。因此预期,相对于产业技术结构较低的地区,数字经济对条件维度的经济高质量发展指数的正向作用将更有可能发挥。本书根据产业技术复杂度的均值将样本划分为产业技术结构低组和产业技术结构高组,对原模型进行回归。根据表6-13的回归结果,在产业技术结构较优的地区,数字经济对条件维度的经济高质量发展指数的促进作用更为明显,且组间系数差异显著。由此可知,产业技术结构高的地区更有可能推动数字经济对条件维度的经济高质量发展指数促进作用。分维度结果显示,无论是产业技术结构差组还是产业技术结构优组,数字经济对创新要素并无显著的作用。而在创新能力维度,数字经济对产业技术结构差组和产业技术结构优组创新能力的促进作用均显著,且通过组间差异检验。这可能的原因在于,产业技术结构的调整,能够更好地匹配数字产业化、产业数字化需求,有助于实现从生产制造、经营管理与销售服务的协同,形成新的创新范式,从而提升创新能力。

表 6-13　条件维度下的异质性检验(三)

变量	条件维度经济高质量发展		创新要素		创新能力	
	产业技术结构差组	产业技术结构优组	产业技术结构差组	产业技术结构优组	产业技术结构差组	产业技术结构优组
数字经济	0.4021*** (0.0534)	0.4793*** (0.0779)	0.0269 (0.0351)	-0.0121 (0.0715)	0.7657*** (0.0979)	0.4021*** (0.0534)
经济发展	-0.0032 (0.0069)	0.0313** (0.0143)	-0.0019 (0.0073)	0.0056 (0.0123)	-0.0169 (0.0145)	-0.0032 (0.0069)
外商投资	0.0182*** (0.0067)	-0.0082 (0.0089)	0.0025 (0.0039)	-0.0015 (0.0074)	0.0319** (0.0127)	0.0182*** (0.0067)
教育支出	0.0301*** (0.0074)	0.0340** (0.0142)	0.0041 (0.0057)	-0.0073 (0.0120)	0.0625*** (0.0148)	0.0301*** (0.0074)
金融发展	-0.0016 (0.0018)	-0.0018 (0.0028)	-0.0036* (0.0020)	-0.0050 (0.0038)	-0.0005 (0.0033)	-0.0016 (0.0018)
传统基础设施	-0.0000 (0.0006)	-0.0047*** (0.0010)	0.0010* (0.0005)	-0.0035** (0.0014)	-0.0026 (0.0018)	-0.0000 (0.0006)
产业结构	-0.0016 (0.0024)	0.0121** (0.0050)	0.0020 (0.0022)	0.0042 (0.0037)	-0.0061 (0.0044)	-0.0016 (0.0024)
常数项	-0.2918*** (0.0977)	-0.3931** (0.1831)	0.0872 (0.0776)	0.2711* (0.1540)	-0.7211*** (0.1932)	-0.2918*** (0.0977)
城市固定效应	是	是	是	是	是	是
年份固定效应	是	是	是	是	是	是
样本量	1886	364	1886	364	1886	1886
拟合优度	0.9390	0.9540	0.9140	0.9420	0.9210	0.9390
费希尔检验	0.0000***		—		0.0000***	

　　四是基于研发投入的差异。由于研发投入存在差异,其对数字经济影响的程度也有所不同。对这种异质性作用的探讨有助于我们更加深入地认识数字经济在不同类型研发投入的适用性,为决策者提供一定的经验依据。本书根据研发投入强度①的均值将样本分为研发投入强度高的地区与研发投入强

———————

　　①　由于研发投入强度为省级层面数据,这里将地级市人均 GDP 与之相乘,从而得到地级市层面的研发投入强度。

度低的地区,如表 6-14 所示。结果表明,数字经济同时促进了研发投入强度低和研发投入强度高的条件维度的经济高质量发展指数与创新能力的提升。对比两组样本对条件维度的经济高质量发展指数的估计系数来看,无论被解释变量是条件维度的经济高质量发展指数还是创新能力,数字经济对研发投入强度低组的促进作用大于研发投入强度高组,即研发投入低的地区,数字经济的促进效果更易发挥,能够为研发投入强度低的地区带来更多的技术创新,且均激励了条件维度的经济高质量发展指数与创新能力的提升。这可能的原因在于数字经济对新发展阶段下研发投入要求更高,传统意义的研发投入强度增加,对数字经济的促进效果并不大。

表 6-14　条件维度下的异质性检验(四)

变量	条件维度经济高质量发展		创新要素		创新能力	
	研发投入强度低组	研发投入强度高组	研发投入强度低组	研发投入强度高组	研发投入强度低组	研发投入强度高组
数字经济	0.4159*** (0.0713)	0.2073*** (0.0522)	0.0149 (0.0343)	−0.0266 (0.0583)	0.7759*** (0.1194)	0.4159*** (0.0713)
经济发展	0.0130** (0.0054)	0.0370*** (0.0138)	−0.0080 (0.0080)	0.0217 (0.0138)	0.0317*** (0.0066)	0.0130** (0.0054)
外商投资	0.0069* (0.0040)	0.0342*** (0.0105)	0.0073* (0.0043)	0.0053 (0.0100)	0.0064 (0.0065)	0.0069* (0.0040)
教育支出	0.0204*** (0.0061)	0.0486** (0.0193)	−0.0020 (0.0053)	0.0159 (0.0104)	0.0409*** (0.0105)	0.0204*** (0.0061)
金融发展	0.0005 (0.0013)	0.0061 (0.0055)	−0.0033* (0.0018)	0.0011 (0.0049)	0.0038* (0.0021)	0.0005 (0.0013)
传统基础设施	−0.0008*** (0.0003)	−0.0009 (0.0008)	0.0006 (0.0005)	0.0006 (0.0008)	−0.0020*** (0.0004)	−0.0008*** (0.0003)
产业结构	0.0028* (0.0015)	−0.0113 (0.0087)	0.0034* (0.0019)	−0.0041 (0.0092)	0.0023 (0.0023)	0.0028* (0.0015)
常数项	−0.2159*** (0.0792)	−0.5669** (0.2675)	0.1544** (0.0715)	−0.0737 (0.1436)	−0.5530*** (0.1344)	−0.2159*** (0.0792)
城市固定效应	是	是	是	是	是	是

续表

变量	条件维度经济高质量发展		创新要素		创新能力	
	研发投入强度低组	研发投入强度高组	研发投入强度低组	研发投入强度高组	研发投入强度低组	研发投入强度高组
年份固定效应	是	是	是	是	是	是
样本量	1590	628	1590	628	1590	1590
拟合优度	0.8920	0.9490	0.8880	0.9040	0.8890	0.8920
费希尔检验	0.0000***		—		0.0000***	

五是基于地区的差异。由于不同城市数字经济发展存在差异,相比于城市群,非城市群由于各个城市的地理位置较为分散,需要更多数字网络提供的信息进行搜寻、连接与生产。因此,非城市群可能更加依赖数字经济网络的作用。基于此,本章将地级市按照城市群与非城市群划分为两个样本,如表6-15所示。由回归结果可知,相比于城市群,数字经济对非城市群条件维度的经济高质量发展指数、创新能力的提升作用更为明显。该结果证实,城市群与非城市群的差异在数字经济上表现也会不同,从而在数字经济发挥扩散作用上存在差异。可以看出,数字经济能够摆脱地理位置的依赖,更能促进非城市群条件维度的经济高质量发展指数,提升创新能力。

表6-15 条件维度下的异质性检验(五)

变量	条件维度经济高质量发展		创新要素		创新能力	
	非城市群	城市群	非城市群	城市群	非城市群	城市群
数字经济	0.5789*** (0.0863)	0.2848*** (0.0472)	0.0209 (0.0398)	-0.0040 (0.0388)	1.0799*** (0.1466)	0.5640*** (0.0892)
经济发展	0.0255*** (0.0074)	-0.0189** (0.0087)	-0.0143* (0.0077)	0.0136 (0.0097)	0.0613*** (0.0118)	-0.0677*** (0.0174)
外商投资	0.0170* (0.0087)	0.0221*** (0.0075)	0.0054 (0.0051)	0.0023 (0.0052)	0.0274* (0.0159)	0.0400*** (0.0139)
教育支出	0.0226*** (0.0080)	0.0355*** (0.0094)	-0.0008 (0.0059)	0.0111 (0.0091)	0.0440*** (0.0152)	0.0792*** (0.0182)

续表

变量	条件维度经济高质量发展		创新要素		创新能力	
	非城市群	城市群	非城市群	城市群	非城市群	城市群
金融发展	0.0022 (0.0017)	-0.0100*** (0.0030)	-0.0032* (0.0019)	-0.0043 (0.0034)	0.0071** (0.0031)	-0.0162*** (0.0058)
传统基础设施	-0.0011** (0.0005)	-0.0000 (0.0006)	0.0007 (0.0006)	0.0005 (0.0007)	-0.0027*** (0.0007)	-0.0029* (0.0016)
产业结构	0.0076*** (0.0023)	-0.0121*** (0.0037)	0.0046** (0.0021)	-0.0040 (0.0040)	0.0104*** (0.0039)	-0.0193*** (0.0067)
常数项	-0.2713*** (0.1033)	-0.2759** (0.1276)	0.1470* (0.0779)	0.0037 (0.1249)	-0.6528*** (0.1957)	-0.7657*** (0.2479)
城市固定效应	是	是	是	是	是	是
年份固定效应	是	是	是	是	是	是
样本量	1256	1000	1256	1000	1256	1256
拟合优度	0.9000	0.9520	0.8790	0.9230	0.9000	0.9000
费希尔检验	0.0000***		—		0.0000***	

　　数字经济作为引领经济复苏、产业变革和社会进步的重要驱动力量,已经成为新一轮国际竞争的重点领域。如何有效发挥数字经济对创新驱动的促进效果,是当前我国关注的焦点问题。基于此,本章立足数字经济在数字技术的扩散、渗透特征,从创新要素、创新组织两个层面阐释数字经济影响经济高质量发展扩散机制的理论逻辑,并利用2013—2020年中国地级及地上城市面板数据,实证检验了数字经济影响经济高质量发展的作用路径及其效果。研究结论主要包括以下几点:

　　第一,数字经济对经济高质量发展的影响效果高度相关。由基准回归结果可知,条件维度下数字经济能够显著推动经济高质量发展的提升。分维度结果表明,数字经济对创新要素的影响无明显促进作用,而数字经济对创新能力的提升具有显著的作用。这说明条件维度下数字经济对创新能力的促进效果占主导作用。此外,该结论在替换变量、"省份—年份"固定效应估计、排除宏观因素冲击、剔除直辖市因素干扰、工具变量法、倾向得分匹配估计等一系列检验下仍然成立。

第二,机制分析的结果发现,数字经济主要通过创新组织的匹配效应这一途径促进经济高质量发展。创新要素的集聚效应这一途径尚未发挥显著作用,究其原因,数字经济已经促使了创新要素的流动,然而尚未形成一定规模,创新要素的集聚尚未发挥配置效应和规模效应。

第三,进一步的异质性分析表明,对互联网发展较高的地区,由于其具有较强的基础设施,数字经济能够提高互联网较高地区的经济高质量发展和创新能力。对城镇化水平较高的地区,由于其更容易满足数字经济发展需求,因此,数字经济能够带动城镇化水平较高地区的经济高质量发展和创新能力。对产业技术结构较优的地区,由于其受到的技术约束较弱,数字经济的发展对产业技术结构较优地区经济高质量发展和创新能力的拉动作用相应较高。对研发投入强度低的地区,数字经济的发展对其经济高质量发展和创新能力的拉动作用相应较高。对非城市群,由于数字经济的网络特征,数字经济的发展对非城市群经济高质量发展和创新能力的促进作用相应较高。总体而言,对互联网发展较高、城镇化水平较高、产业技术结构较优、研发投入强度较低的地区以及非城市群,数字经济对经济高质量发展的带动效果更为明显。

第七章　中国数字经济影响经济
高质量发展的协同机制

前一章从发展条件维度刻画了数字经济影响经济高质量发展的扩散机制,本章则进一步从发展过程维度探究数字经济影响经济高质量发展的协同机制,为后文识别数字经济推动经济高质量发展的具体路径提供理论依据与数据支撑。具体研究思路如下:首先,本章在把握数字经济实现人、机、物三大主体全面互联、高效互通核心特征的基础上,从供给侧的生产协同效应与需求侧的市场互联效应两个方面刻画过程维度数字经济影响经济高质量发展的协同机制。其次,依据前文章节对数字经济与过程维度经济高质量的测算结果,采用 Bootstrap 方法、联合工具变量法和双重差分法等方法检验数字经济对过程维度经济高质量发展的具体影响。最后,识别数字经济产生的供给端生产交互效应与需求端市场互联效应,进一步从城市规模、政策强度和工业属性等方面论证数字经济影响过程维度经济高质量发展的边界条件,为推进经济高质量发展提供实践支撑与经验证据。

第一节　数字经济影响经济高质量发展
协同机制的理论分析

数字经济影响经济高质量发展协同机制本质是在数字经济实现人、机、物三大主体全面互联、高效互通核心特征主导下,推动过程维度经济高质量发展向高级形态动态演进的理论机理。具体来说,经济高质量发展的过程维度可以被具体理解为产业转型和贸易转型的高级状态。其中,区别于传统意义上强调主导产业由第二产业向第三产业转变的产业结构转型,在经济高质量发展目标指引下的产业转型是以产业基础能力提升为核心的多维概念;同样地,经济高质量发展目标指引下的贸易转型也是以出口质量与结构不断优化、附加值不断提升为核心内涵的复合概念。而从数字经济的互联能力视角出发,其影响经济高质量发展的协同机制可以在"供给—需求"框架下归纳整理为供给侧的生产交互效应与需求侧的市场整合效应。

一、数字经济影响经济高质量发展的生产交互效应

数字经济的生产交互效应是随着智能制造、工业互联网等数字技术的兴起,在以产品为核心的加工模式成为生产趋势背景下,通过分离技术空间与社会空间促使生产主体间的联系由固定地理空间构成的物理联系转向虚拟数字节点构成的数字联系,构建超越地理时空限制的均衡化、网络化空间生产结构,协同调度离散制造系统多生产单元的作用效果。在微观生产企业内部,数字经济能够通过加快布局具有非竞争性、非排他性和易复制性等技术—经济特征的数据要素,合理运用数据挖掘、机器学习、神经网络等智能算法形成新型流水生产线,通过物联网把柔性生产设备连接起来,让生产过程处在智能化控制之下,按照生产顺序及与加工时间柔性调控多生产单元并行协同(赵东方、张晓冬、周宏丽,2020[①];Hanelt 等,2020[②];戚聿东、褚席,2021[③]);而在单个企业之外,数

---

① 赵东方、张晓冬、周宏丽:《面向并行制造的多生产单元协同调度研究》,《中国管理科学》2020 年第 8 期。

② Hanelt André, Bohnsack René, Marz David, Antunes Marante Cláudia, "A Systematic Review of the Literature on Digital Transformation: Insights and Implications for Strategy and Organizational Change", *Journal of Management Studies*, Vol.58, No.5, 2020, pp.1159–1197.

③ 戚聿东、褚席:《数字经济发展、经济结构转型与跨越中等收入陷阱》,《财经研究》2021 年第 7 期。

字经济突破了现实物理空间限制、加剧了生产的片段化趋势,通过联合分布于不同地理空间的生产主体形成跨区域生产网络结构,在协作生产过程中大幅减少社会生产过程中的耗散和摩擦,促使每个生产主体都成为承接上游生产与下游加工的关键节点(陈尧、王宝珠,2022)①。

　　具体来说,就信息经济而言,作为以信息资源为基础,以信息技术为手段产生的新型经济形态,大数据、信息自动匹配等技术的成熟应用能够强化生产主体的信息处理能力,促进处于沉淀状态的数据被编码为二进制字符串、以比特形式被计算机设备存储处理,并依托其非竞争性、非排他性、低成本复制特征,挖掘出有效信息降低单个生产主体运行的不确定性,通过形成充足的主体蓄水池为构建生产交互网络提供单元主体。在此基础上,平台经济作为根植于信息化社会生产力的新型经济发展模式,扩宽了生产单位边界,可以为生产主体提供互联网连接服务,促使生产过程向数字化、可视化及透明化转型,进一步通过对生产主体运转过程的动态跟踪安排生产过程,实现对生产流程的动态与模块化管理,提升产业交互网络整合内部生产主体的协同能力,弥补单元主体生产环节短板。同时,共享经济作为对市场和企业的补充替代,具有强大的信息搜集、传递和处理能力,其可以跨越传统生产单元生产资料使用边界,建立网络节点,构建资源组合以增强生产交互网络的动态管理能力,协调生产单元之间的交易或交换关系形成拓扑状的网络结构,建立起自组织、自协同的扁平化生产组织模式。进一步地,智能经济借助机器学习等技术手段进行决策变革,在促使生产交互网络产出的产品向个性化、定制化与规模化转变的同时,提前预测可能出现的系统故障、残次品率等,通过不断调整生产参数对故障进行排除和修复,优化生产交互网络的生产流程(王佳元,2022②;Heo

　　①　陈尧、王宝珠:《以数字经济发展畅通国民经济循环——基于空间比较的视角》,《经济学家》2022 年第 6 期。
　　②　王佳元:《数字经济赋能产业深度融合发展:作用机制、问题挑战及政策建议》,《宏观经济研究》2022 年第 5 期。

和 Lee,2019①)。

产业转型是在不改变自身性质的前提下,产业基础能力不断提升的动态演进过程。数字经济带来的生产交互效应能够促进产业分工向产品分工、模块分工的裂变,在促进生产分工趋于精细化和精准化的同时,通过构建既具有线性分层特性,又具有多节点交互的数字空间生产布局,吸纳生产要素、整合社会网络关系,形成劳动力、资本的蓄水池和高质量、多样化、差异化的中间品投入,改善产业发展的基础零部件与基础材料;针对单个企业难以独自完成的关键性技术,提供协同一体化运作的互联网平台促进形成技术转移交叠,产生技术创新与生产交互网络的拓扑效应,降低试错成本、提升技术创新水平,改善产业技术基础;同时,数字经济的生产交互效应能够通过缩短生产时间、减少中间消耗、提高资本周转提高企业运行效率与营业覆盖半径,不断改善生产效率、提高产品竞争力,有效带动后续生产环节分布在高附加值区域,促进产业产品质量和附加值率攀升,从根本上提高产业的基础发展能力,促进产业转型(马飒、黄建锋,2022②;阳镇、陈劲、李纪珍,2022③)。

据此,本章提出以下假说:

假说一:数字经济能够通过构建跨区域多维生产网络,产生供给端生产协同效应促进产业转型,形成影响过程维度经济高质量发展的协同机制。

二、数字经济影响经济高质量发展的市场整合效应

传统经济学理论中的市场需求规模主要依赖于消费主体的消费预算与边

---

① Pil Sun Heo,Duk Hee Lee,"Evolution of the Linkage Structure of ICT Industry and its Role in the Economic System:The Case of Korea",*Information Technology for Development*,Vol.25,No.3,2019,pp.424-454.

② 马飒、黄建锋:《数字技术冲击下的全球经济治理与中国的战略选择》,《经济学家》2022年第5期。

③ 阳镇、陈劲、李纪珍:《数字经济时代下的全球价值链:趋势、风险与应对》,《经济学家》2022年第2期。

际效用两个方面,忽视了技术水平对市场边界的制约与影响。而随着数字经济发展,在区块链、大数据和物联网等数字技术的引领下,数字经济平台提供的远程非接触式交易手段,为潜在需求转化为有效需求提供了可能,使经济活动的交易市场的边界不再局限于地域和时间限制,实现了空间层面的市场互联(李天宇、王晓娟,2021)①。也就是说,数字经济依托大数据、云计算等技术手段,可以将消费市场上的小批量、定制化和个性化的消费者偏好更快、更准确地传递到供给侧,通过生产协同效应快速响应市场需求变化,继而将生产协同效应下产生的优质产品更高效便捷地传递到需求侧,助力实现供需精准匹配,通过市场整合效应加速产品价值最终实现(杨德明、刘泳文,2018)②。

具体而言,信息经济可以通过信息技术将现实空间的经济要素转化为虚拟数据,扩大了消费市场范围空间,促使其由单边市场向多双边市场转变,即生产主体理念从产品导向用户体验转变,通过与终端消费者的充分互动,在兼顾规模生产的成本优势下,综合考虑产品功能质量和用户情感,使产品设计更加契合用户需求,实现生产主体和消费主体之间"点对点"的即时沟通,借助"长尾效应"释放市场潜力、将尾部市场整合为有效需求。平台经济和共享经济发展衍生出的数字经济平台则克服了经济循环中各消费市场在物理空间独立分离造成的空间并存性障碍,通过连接大量的生产主体和消费主体,用数字虚拟市场空间打破时间和空间对物理市场交易活动的限制、实现了物理市场的互联并存,在降低消费主体搜寻成本、提升供需匹配度的同时,强化数字虚拟空间的现实体验,方便消费主体在数字经济平台进行无接触式体验与消费,强化其整合物理市场、充当流通当事人的特殊职能。同时,智能经济促使现代信息技术、自动化等新兴生产力通

---

① 李天宇、王晓娟:《数字经济赋能中国"双循环"战略:内在逻辑与实现路径》,《经济学家》2021 年第 5 期。

② 杨德明、刘泳文:《"互联网+"为什么加出了业绩》,《中国工业经济》2018 年第 5 期。

过提高全要素生产率和社会产出水平,将传统意义上的不可贸易品转变为可贸易品,从种类数量角度拓展了消费市场空间,实现数字经济模式下的市场整合。

贸易转型是以出口质量与结构不断优化、附加值不断提升为核心内涵的复合概念。而数字经济产生的市场整合效应能够通过多元主体虚拟集聚与共生,跨越时间和空间界限汇集海量企业和客户群体,促使竞争更加多元化、广泛化和充分化。一方面,通过塑造新的商业模式与创新生态,构建万物互联、信息深度感知的数字虚拟市场增加了贸易自由度。另一方面,市场整合带来的激烈竞争进一步通过推动传统产业数字化、网络化和智能化转型,延长产业链与价值链,突破"两头在外"的嵌入弊端实现价值链攀升;同时,通过促进高新技术产业从原有产业体系中独立出来,实现自身的创新发展、构建新型产业生态系统提高高新技术企业出口规模,从而综合促进贸易转型(王佳元,2022[1];费越等,2021[2];Glawe 和 Wagner,2020[3];Andreoni 等,2021[4])。

据此,本章提出以下假说:

假说二:数字经济能够通过扩展消费市场边界,激发需求端市场整合效应促进贸易转型,形成影响过程维度经济高质量发展的协同机制。

---

[1] 王佳元:《数字经济赋能产业深度融合发展:作用机制、问题挑战及政策建议》,《宏观经济研究》2022 年第 5 期。

[2] 费越、张勇、丁仙、吴波:《数字经济促进我国全球价值链地位升级——来自中国制造业的理论与证据》,《中国软科学》2021 年第 S1 期。

[3] Glawe, L., H. Wagner, "The Middle-Income Trap 2.0: The Increasing Role of Human Capital in the Age of Automation and Implications for Developing Asia", *Asian Economic Papers*, Vol.19, No.3, 2020, pp.40-58.

[4] Andreoni, Antonio, H. J. Chang, M. Labrunie, "Natura Non Facit Saltus: Challenges and Opportunities for Digital Industrialisation Across Developing Countries", *The European Journal of Development Research*, Vol.33, No.2, 2021, pp.330-370.

第二节　中国数字经济影响经济高质量发展协同机制的研究设计

一、模型设定

为了检验中国数字经济在推动过程维度经济高质量发展的协同机制,并进一步揭示具体的影响效应与特征,基于本章理论分析的基本思路,在全面参考已有研究并兼顾数据获取性的前提下,本章设定的基准计量模型如下:

$$process_{it} = \alpha_0 + \alpha_1 DIG_{it} + \sum \beta X_{it} + \lambda_i + \mu_t + \varepsilon_{it} \qquad (7.1)$$

其中,下标 i 表示城市,t 表示年份。被解释变量 $process_{it}$ 表示地级市 i 第 t 年过程维度经济高质量发展水平。核心解释变量 DIG_{it} 表示地级市 i 在第 t 年的数字经济发展水平。X_{it} 表示地级市层面影响过程维度经济高质量发展指数水平的控制变量。λ_i 为个体固定效应,μ_t 为时间固定效应,ε_{it} 为稳健标准误。α_0 是截距项;核心系数 α_1 反映数字经济对过程维度经济高质量发展指数水平的影响,我们预期该系数值为正,即数字经济能够促进过程维度经济高质量发展水平的提升。

二、变量选取

(一)被解释变量

过程维度经济高质量发展水平。作为本章计量模型中的核心被解释变量,准确测算经济高质量发展的过程维度状态对经验检验结果的可靠性与有效性具有至关重要的影响。具体来说,依据前文第三章《中国经济高质量发展的综合评价》中的相关内容,对于经济高质量发展过程维度状态的衡量主要把握产业转型和贸易转型两个维度进行。其中产业转型维度包括存货周转率、产业技术复杂度、高新技术企业产值规模、产能利用率和产业合理化等基础指标,分别描述供应链效率水平、产业技术水平、高新技术产业的发展状况、要素利用效率和产业结构与禀赋结构的匹配程度。贸易转型维度则包含贸易自由化、进出口贸易总额占比、高新技术企业出口规模和出口技术复杂度等基础指标,分别描述贸易环境、贸易规模、高新技术产业出口状况和价值链位置。在标准化预处理之后使用纵横向拉开档次法这一动态测算方法确定各基础指标的权重,计算得到各地级市过程维度经济高质量发展水平。

(二)核心解释变量

数字经济发展水平。根据前文第二章《中国数字经济的测度》一章的内容,从信息经济、平台经济、共享经济和智能经济等维度把握数字经济典型特征,衡量中国省级数字经济发展水平的基础上,结合各地级市互联网渗透率与数字经济发展存在高度相关性的特点,本章采用2013—2020年地级市互联网渗透率近似刻画同一省份不同地级市间数字经济发展的异质性,以此进一步将该指标分解到地级市层面以衡量地级市的数字经济发展水平。其中,互联网渗透率用互联网接入用户数与总人口的比重表示。

(三)机制变量

根据理论分析可知,数字经济能够通过构建跨区域多维生产网络产生供给端生产协同效应、能够通过扩展消费市场边界激发需求端市场互联效应,形成影响经济高质量发展的协同机制。在对生产协同效应和市场互联效应的具体刻画方面,本章分别选用上市公司供应链网络关系和市场一体化水平表征生产协同效应和市场互联效应。具体而言:在生产协同效应的表征方面,本章选用国泰安数据库公布的上市公司供应链网络关系指标,加总与上市公司有一级供应链关系和二级供应链关系的上市公司数量,以此衡量上市公司的生产协同情况,进一步将其按照上市公司注册所在地匹配到相应地级市,加总该地级市相关上市公司的生产协同情况,并以此衡量地级市生产协同情况。在市场互联效应的表征方面,本章借鉴王鹏、岑聪(2022)①的度量方法,从市场整合度与区域联系度两大维度构建市场一体化综合评价体系考察中国地级市市场互联情况。

（四）控制变量

参照已有研究文献的普遍做法②③,本章选取以下控制变量:人力资本(*labor*):用各地级市普通高等学校在校学生数衡量;金融发展水平(*finance*),用各地级市人均金融机构贷款余额衡量;固定资产(*assets*),用各地市固定资产形成额的自然对数衡量;政府支出(*budget*),用财政支出总额减去教育支出总额和科技支出总额得到;科技水平(*science*),用各地级市科学技术支出总额的自然对数表示:城市化(*urban*),用各地市城镇化率表示;就业率(*employ*),用各地级市就业人数与年末总人口数的比值衡量。

三、数据来源与说明

本章的样本数据区间为 2013—2020 年,并以 282 个地级市为考察对象进行展开,同时剔除了数据缺失严重的西藏自治区,以及因行政区划调整导致数据无法更新到最新年份的山东省莱芜市、贵州省毕节市等地级市。本章主要使用以下几类数据:第一类是 2012 年省级投入产出表数据,用于计算贸易自由化中的行业投入要素份额。第二类是行业关税数据,取自世界贸易组织数据库。第三类是省际数据,取自《中国高技术产业统计年鉴》、国研网国际贸

---

①　王鹏、岑聪:《市场一体化、信息可达性与产出效率的空间优化》,《财贸经济》2022 年第 4 期。
②　蔡海亚、徐盈之:《贸易开放是否影响了中国产业结构升级?》,《数量经济技术经济研究》2017 年第 10 期。
③　柯蕴颖、王光辉、刘勇:《城市群一体化促进区域产业结构升级了吗》,《经济学家》2022 年第 7 期。

易研究与决策数据库,其中《中国高技术产业统计年鉴》用于计算省级高新技术行业出口总额数据,国研网国际贸易研究与决策数据库用于计算出口技术复杂度中各省份制造业细分行业出口数据。第四类是地级市数据,来源于《中国城市统计年鉴》、CEIC 数据库、CNRDS 数据库、EPS 数据库和国研网数据库。第五类是中国企业海关数据,手工将产业内各 HS 六位代码通过 STIC 代码与国民经济行业代码进行匹配,用于计算产业技术复杂度中产品技术复杂度的加权平均。第六类是上市公司数据库,来源于国泰安数据库,用于计算各地级市高新技术行业比值以及供应链效率,同时本章按照中国上市公司注册所在地将其匹配到地级市。

表 7-1 为相关变量的描述性统计。在表 7-1 中,被解释变量过程维度经济高质量发展水平(process)的平均值 0.1248 高于中位数 0.1147,略显右偏属性,分维度指标产业转型和贸易转型的平均值均高于中位数,也略显右偏属性。同样,核心解释变量数字经济水平(DIG)的平均值 0.0631 大于中位数 0.0411,也略显右偏属性。说明超过半数的地级市的过程维度经济高质量发展水平、产业转型、贸易转型和数字经济发展水平略低,但是少数地级市过程维度经济高质量发展水平、产业转型、贸易转型和数字经济发展水平拉高了整体水平。

表 7-1 过程维度下的描述性统计

变量	观测值	平均值	标准差	最小值	中位数	最小值
过程维度经济高质量发展	2256	0.1248	0.0648	0.0171	0.1147	0.6374
产业转型	2256	0.1381	0.0865	0.0218	0.1143	0.7104
贸易转型	2256	0.1077	0.0815	0.0046	0.0984	0.6233
数字经济	2256	0.0631	0.0725	0.0019	0.0411	0.7502
人力资本	2256	1.0043	1.7522	0.0000	0.3900	13.0714
金融发展	2245	11.2565	1.2164	1.9653	11.2787	13.9632
固定资产	2256	16.4115	0.9371	12.0943	16.4558	19.1680

变量	观测值	平均值	标准差	最小值	中位数	最小值
政府支出	2256	0.2662	0.5797	0.0000	0.1146	7.1651
科技水平	2256	9.6466	1.8500	4.4543	9.6363	15.5293
城市化	2256	0.0468	0.0253	0.0000	0.0512	0.1000
就业率	2256	0.0019	0.0091	0.0003	0.0010	0.4245

资料来源:Patenthub 全球专利数据库,网址为 www.patenthub.cn;2013—2020 年制造业企业上市公司年报,网址为 http://www.cninfo.com.cn/new/index;国泰安数据库,网址为 data.csmar.com;2013—2020 年政府工作报告,网址为 http://district.ce.cn/。笔者根据 2014—2021 年《中国统计年鉴》整理(中华人民共和国国家统计局:《中国统计年鉴》,中国统计出版社出版)。产业转型来源:国泰安数据库,网址为 data.csmar.com;海关数据库,网址为 www.jkck.com;国研网国际贸易研究与决策数据库,网址为 www.drcnet.com.cn;EPS 数据库,网址为 www.epsnet.com.cn;笔者根据 2014—2021 年《中国火炬统计年鉴》整理(科学技术部火炬高技术产业开发中心:《中国火炬统计年鉴》,中国统计出版社出版)。贸易转型来源:国泰安数据库,网址为 data.csmar.com;海关数据库,网址为 www.jkck.com;国研网国际贸易研究与决策数据库,网址为 www.drcnet.com.cn;EPS 数据库,网址为 www.epsnet.com.cn;世界贸易组织数据库,网址为 www.wto.org。控制变量数据来源:EPS 数据库,网址为 www.epsnet.com.cn。本章以下图表所用资料来源相同,不再一一标注。

本章绘制了数字经济与过程维度下经济高质量发展的变化趋势。由图 7-1 可知,2013—2020 年数字经济与过程维度下经济高质量发展均呈现显著上升的动态趋势,数字经济由 2011 年的 6.1249 上升至 2020 年的 31.7306,年均增幅为 26.76%,过程维度下经济高质量发展水平从 2011 年的 24.2820 增长为 2020 年的 43.0306,年均涨幅达到 10.08%。具体而言,数字经济在 2015—2016 年增长幅度最大,在该时间范围内过程维度下的经济高质量发展也最快,增长速度高达 60.06%,数字经济在 2018—2020 年发展速度变得相对平缓,过程维度下经济高质量发展水平的增幅也随之变慢,由此可知过程维度下经济高质量发展水平和数字经济水平在样本数据区间内变动趋势一致,初步体现了数字经济对过程维度下的经济高质量发展存在促进作用。

（单位：%）　　　　　　　　　　　　　　　　　（单位：%）

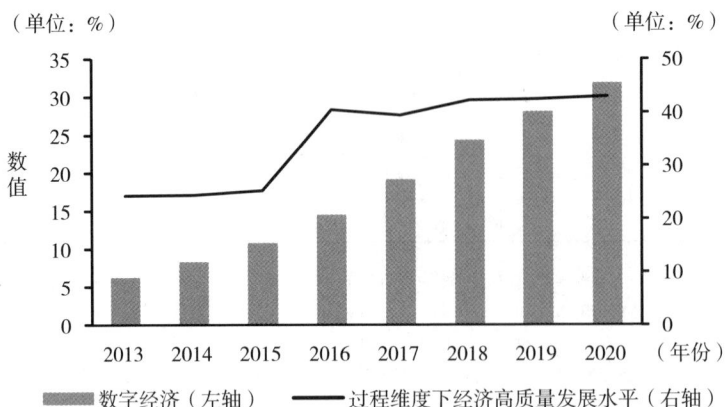

图 7-1　2013—2020 年数字经济与过程维度下经济高质量发展水平的变动趋势

第三节　中国数字经济影响经济高质量发展
协同机制的实证检验

为有效识别出数字经济发展对过程维度经济高质量发展的具体影响,本节首先采用自助重抽样(Bootstrap)等方法进行了基准模型估计,初步判断了数字经济与过程维度经济高质量发展二者间的关系;其次,从数字经济细分维度与过程维度经济高质量发展细分效应两个角度刻画了数字经济与过程维度经济高质量发展二者间的具体影响;再次,通过分位数检验捕捉数字经济在不同分位点对过程维度经济高质量发展的边际作用,刻画数字经济对过程维度经济高质量发展鸿沟的潜在影响;最后,通过联合工具变量法(微型电子计算机、固定电话数量)等方法多重验证本章核心观点的稳健性。

一、基准回归结果

本章根据模型(7.1)在基准回归中分别采用了最小二乘法、固定效应模型和自助重抽样(Bootstrap)方法检验数字经济对过程维度经济高质量发展水平的影响,具体拟合结果如表7-2所示。其中,表7-2的列(1)报告了未加入控制变量的混合OLS模型估计结果,为了确保拟合结果的科学性,列(2)则在不改变估计方法的基础上添加了一系列影响过程维度经济高质量发展水平的相关变量,根据结果可知,数字经济的拟合系数仍然显著为正,可以初步判断数字经济对过程维度经济高质量发展水平具有正向影响。为了尽可能排除其他因素的影响,本章进一步采用固定效应模型进行了检验,具体结果见表7-2列(3)和列(4),列(3)只控制了个体效应,列(4)则在列(3)的基础上进一步控制了时间固定效应,两列拟合结果显示,在尽可能排除其他因素影响的情况下,数字经济的拟合系数仍在1%的置信水平下显著为正,表明数字经济确实会推动过程维度下的经济高质量发展。列(5)是采用自助重抽样(Bootstrap)方法在随机抽样的基础上进行进一步回归,结果表明数字经济的拟合系数仍然在1%的置信水平下显著为正,进一步证实了数字经济对过程维度经济高质量发展水平的正向促进作用。与此同时,本章进一步将被解释变量过程维度的经济高质量发展水平分别替换为产业转型和贸易转型两个维度,具体回归结果如表7-2列(5)、列(6)所示,从中可以看出,数字经济对产业转型和贸易转型的拟合系数分别在1%的置信水平下显著,且数字经济对产业转型的影响系数略大于对贸易转型的影响系数,说明数字经济发展促进了地级市的产业转型与贸易转型,且数字经济对基于过程维度的经济高质量发展水平的正向影响主要来源于其对产业转型的拉动作用。

表7-2　过程维度下数字经济对经济高质量发展影响的基准回归结果

变量	过程维度经济高质量发展					产业转型	贸易转型
	(1)	(2)	(3)	(4)	(5)	(6)	(7)
数字经济	1.2396*** (0.1623)	1.3557*** (0.1516)	4.3793*** (0.2755)	0.3506*** (0.1200)	0.3506*** (0.1289)	0.4129*** (0.1273)	0.4034*** (0.1489)
人力资本		0.0520*** (0.0064)	0.1488*** (0.0261)	0.0219 (0.0139)	0.0219 (0.0150)	0.0563*** (0.0181)	-0.1067*** (0.0199)

续表

变量	过程维度经济高质量发展					产业转型	贸易转型
	（1）	（2）	（3）	（4）	（5）	（6）	（7）
金融发展		−0.0001 (0.0061)	0.0330 *** (0.0044)	0.0002 (0.0035)	0.0002 (0.0035)	−0.0014 (0.0050)	0.0030 (0.0021)
固定资产		0.0137 (0.0155)	0.1151 *** (0.0225)	0.0376 *** (0.0102)	0.0376 *** (0.0112)	−0.0064 (0.0115)	0.0228 (0.0151)
政府支出		0.2329 *** (0.0172)	−0.2045 *** (0.0553)	−0.1873 *** (0.0406)	−0.1873 *** (0.0446)	−0.0425 (0.0439)	−0.4489 *** (0.0367)
科技水平		−0.0616 *** (0.0087)	0.0509 *** (0.0100)	0.0225 *** (0.0067)	0.0225 *** (0.0069)	0.0093 (0.0076)	0.0016 (0.0095)
城市化		0.0920 *** (0.0088)	−0.0325 *** (0.0110)	0.0046 (0.0071)	0.0046 (0.0077)	0.0040 (0.0090)	0.0304 *** (0.0085)
就业率		−1.1988 *** (0.4263)	−0.2834 ** (0.1237)	0.3724 *** (0.1149)	0.3724 (19.9213)	0.7847 *** (0.2901)	1.1599 *** (0.2920)
常数项	−2.2794 *** (0.0144)	−1.8089 *** (0.2221)	−5.3986 *** (0.3584)	−3.0217 *** (0.1662)	−3.0217 *** (0.1800)	−2.1601 *** (0.1916)	−2.7175 *** (0.2366)
城市固定效应	未控制	未控制	未控制	控制	控制	控制	控制
时间固定效应	未控制	未控制	控制	控制	控制	控制	控制
样本量	2256	2256	2256	2256	2256	2256	2256
拟合优度	0.0326	0.1872	0.7690	0.9170	0.9170	0.8971	0.9621

具体而言，一方面，数字技术凭借其强渗透性、高创新性、广覆盖性的特点，不断释放数字经济发展潜力，在催生出高技术含量、高附加值的新产品、新服务、新模式、新业态推动产业内部结构升级的同时，对传统产业进行全方位、全角度、全链条的改造，加速传统产业实现智能化转型。另一方面，数字经济构筑了跨境电子商务、银行互联网跨境支付等便捷化、多元化、即时化的新型数字交易模式，丰富了消费选择，缩短了地理距离，扩展了消费边界，降低了国际贸易成本和门槛，为贸易的成功转型提供了良好的先决条件

（陈建、邹红、张俊英,2022）①。

二、分效应检验

为更加全面地刻画数字经济与过程维度经济高质量发展水平之间的关系,本章采用固定效应模型进行了数字经济影响过程维度的经济高质量发展水平的分效应估计与分维度估计。具体而言,分效应估计是将解释变量的地级市数字经济发展水平替换为信息经济、平台经济、共享经济和智能经济四个细分维度指数,具体回归结果见表7-3列（1）—列（4）,从中可以看出,信息经济、平台经济、共享经济和智能经济的拟合系数均显著为正,表明信息经济、平台经济、共享经济和智能经济在现阶段能够显著推动经济高质量发展过程维度向高级状态演进。

表7-3　过程维度下数字经济对经济高质量发展影响的分效应检验

变量	过程维度经济高质量发展			
	（1）	（2）	（3）	（4）
信息经济	0.0352 *** (0.0136)			
平台经济		0.0787 *** (0.0178)		
共享经济			0.2267 ** (0.0969)	
智能经济				0.0477 * (0.0282)
人力资本	0.0563 *** (0.0054)	−0.1031 *** (0.0318)	−0.1089 *** (0.0326)	0.0553 *** (0.0054)
金融发展	−0.0116 ** (0.0048)	0.0154 *** (0.0031)	0.0148 *** (0.0031)	−0.0130 *** (0.0047)
固定资产	−0.0464 *** (0.0125)	−0.0338 (0.0308)	0.0033 (0.0306)	−0.0439 *** (0.0124)

① 陈建、邹红、张俊英:《数字经济对中国居民消费升级时空格局的影响》,《经济地理》2022年第9期。

续表

变量	过程维度经济高质量发展			
	（1）	（2）	（3）	（4）
政府支出	0.2491 *** （0.0189）	0.0478 （0.0597）	0.0727 （0.0567）	0.2482 *** （0.0189）
科技水平	−0.0419 *** （0.0065）	−0.0053 （0.0097）	−0.0084 （0.0098）	−0.0409 *** （0.0067）
城市化	0.0667 *** （·0.0074）	−0.0323 *** （0.0110）	−0.0322 *** （0.0112）	0.0638 *** （0.0074）
就业率	0.5431 ** （0.2468）	−0.3420 ** （0.1415）	−0.3025 * （0.1589）	0.5066 ** （0.2462）
常数项	−0.8706 *** （0.1753）	−1.6257 *** （0.5151）	−2.3476 *** （0.5094）	−0.9430 *** （0.1716）
城市固定效应	控制	控制	控制	控制
时间固定效应	控制	控制	控制	控制
样本量	2256	2256	2256	2256
拟合优度	0.4911	0.8992	0.8983	0.4900

具体而言,信息经济的发展使计算机、光纤、信息网络、信息资源等软硬件设备不断完善加强,产业发展的基础技术水平得到改良优化,为适应技术水平的提高,产业生产方式也在不断革新。平台经济作为一种新业态、新模式快速崛起,成为推动新经济发展的重要驱动力。产业以平台经济为依托实现功能扩展和创新升级,从而实现结构优化。此外,平台经济颠覆了传统的消费模式,使消费模式更加智能化、个性化。共享经济的兴起使资本、时间、技术等闲置资源得以充分利用,有助于社会资源进行快速整合优化,提高资源利用效率,实现低成本、高效率的生产协作和消费模式,推动供需双方更好地匹配。人工智能技术可以利用数字化、智能化的产品渗透应用到传统产业部门进行价值创造,吸引高级劳动生产要素的涌入,改变传统产业的原有主导技术和生产方式,为产业转型升级创造新的空间。同时,人工智能技术将产生大量的互补性技术创新,催生新技术、新产品不断涌现,推动贸易规模扩大、贸易结构升级。

三、分位数回归

表7-4的基本计量模型着重考察了数字经济在均值区间对过程维度经济高质量发展水平的影响,忽视了其在极值区域的尾部状态特征。为了有效捕捉数字经济在过程维度经济高质量发展水平极值区域的影响效果,刻画数字经济在不同分位点对过程维度经济高质量发展水平的边际影响,分位数回归计量模型设定如下:

$$process_{it} = \alpha_0 + \alpha_1(q)\, DIG_{it} + \lambda\, X_{it} + \mu_i + \gamma_t + \varepsilon_{it} \qquad (7.2)$$

其中,选取的分位点分别为q=0.20、0.35、0.50、0.70、0.85。同时本章对时间效应和个体效应进行控制。具体回归结果见表7-4,从分位数回归模型来看,数字经济在20%、35%、50%、70%、85%的分位数回归中拟合系数均显著为正,说明数字经济对过程维度经济高质量发展水平各分位点都具有显著的正向促进作用,且数字经济系数拟合值大小随着分位数的增加而呈现出上升趋势,这表明针对过程维度经济高质量发展水平的不同分位点,数字经济对高分位点样本过程维度经济高质量发展水平的促进作用高于平均水平,对低分位点样本经济高质量发展的促进作用低于平均水平。其现实意义在于,数字经济对过程维度经济高质量发展水平的影响程度,在一定程度上依赖于过程维度经济高质量发展水平的前期积累,相同程度的数字经济发展水平,能够对不同层级经济高质量发展产生差异化影响,扩大二者间的经济高质量发展鸿沟。

表7-4　过程维度下数字经济对经济高质量发展影响的分位数回归

变量	(1)	(2)	(3)	(4)	(5)
	20%	35%	50%	70%	85%
数字经济	0.3438[*] (0.2036)	0.3468[**] (0.1614)	0.3504[***] (0.1351)	0.3558[**] (0.1705)	0.3586[*] (0.2137)
人力资本	0.0246 (0.0256)	0.0234 (0.0203)	0.0220 (0.0170)	0.0199 (0.0215)	0.0188 (0.0269)

变量	（1）20%	（2）35%	（3）50%	（4）70%	（5）85%
金融发展	0.0034 （0.0060）	0.0020 （0.0047）	0.0003 （0.0040）	−0.0021 （0.0050）	−0.0035 （0.0063）
固定资产	0.0551*** （0.0173）	0.0475*** （0.0137）	0.0382*** （0.0115）	0.0245* （0.0145）	0.0172 （0.0182）
政府支出	−0.1926*** （0.0610）	−0.1903*** （0.0483）	−0.1875*** （0.0404）	−0.1834*** （0.0510）	−0.1812*** （0.0640）
科技水平	0.0167* （0.0101）	0.0192** （0.0080）	0.0223*** （0.0067）	0.0268*** （0.0085）	0.0292*** （0.0106）
城市化	−0.0006 （0.0120）	0.0017 （0.0095）	0.0045 （0.0079）	0.0085 （0.0100）	0.0107 （0.0126）
就业率	0.4714** （0.1938）	0.4284*** （0.1537）	0.3755*** （0.1287）	0.2980* （0.1623）	0.2566 （0.2035）
城市固定效应	控制	控制	控制	控制	控制
时间固定效应	控制	控制	控制	控制	控制
样本量	2256	2256	2256	2256	2256

表7-5刻画了数字经济对产业转型在不同分位点的边际影响。本章利用控制个体效应的分位数回归,分别估计在20%、35%、50%、70%和85%分位点上数字经济影响产业转型的分位数方程。从分位数回归模型来看,数字经济在20%、35%、50%、70%和85%的分位数回归中拟合系数均在1%的显著水平下显著为正,说明数字经济对产业转型各分位点都具有显著的正向促进作用,且类似于数字经济对过程维度经济高质量发展水平的影响,数字经济对产业转型的系数拟合值大小随着分位数的增加而呈现出上升趋势。其现实意义在于,针对产业转型的不同分位点,数字经济对高分位点样本产业转型的促进作用高于平均水平,对低分位点样本产业转型的促进作用低于平均水平,说明数字经济对产业转型的影响在一定程度上依赖于产业转型指数的前期积累,相同程度的数字经济发展水平,能够对不同阶段的产业转型产生差异化影响,扩大二者间的产业转型鸿沟。

表7-5　过程维度下数字经济对产业转型影响的分位数回归

变量	（1）	（2）	（3）	（4）	（5）
	20%	35%	50%	70%	85%
数字经济	0.6791*** (0.2310)	0.8246*** (0.1845)	0.9676*** (0.1553)	1.1886*** (0.1625)	1.4025*** (0.2218)
人力资本	0.0523 (0.0432)	0.0521 (0.0345)	0.0518* (0.0290)	0.0514* (0.0303)	0.0509 (0.0414)
金融发展	0.0106 (0.0084)	0.0083 (0.0067)	0.0061 (0.0057)	0.0026 (0.0059)	−0.0008 (0.0081)
固定资产	0.0226 (0.0276)	0.0176 (0.0221)	0.0126 (0.0185)	0.0050 (0.0194)	−0.0023 (0.0265)
政府支出	−0.0101 (0.0808)	−0.0195 (0.0644)	−0.0286 (0.0541)	−0.0428 (0.0566)	−0.0565 (0.0773)
科技水平	0.0020 (0.0159)	0.0068 (0.0127)	0.0115 (0.0107)	0.0189* (0.0112)	0.0260* (0.0152)
城市化	−0.0123 (0.0199)	−0.0098 (0.0159)	−0.0074 (0.0134)	−0.0037 (0.0140)	−0.0001 (0.0191)
就业率	1.2426** (0.6121)	1.0041** (0.4886)	0.7696* (0.4109)	0.4073 (0.4299)	0.0566 (0.5867)
城市层面	控制	控制	控制	控制	控制
时间层面	未控制	未控制	未控制	未控制	未控制
样本量	2256	2256	2256	2256	2256

表7-6刻画了数字经济对贸易转型在不同分位点的边际影响。从参数估计值来看,数字经济在20%、35%、50%、70%、85%分位点上的拟合系数分别为3.8631、5.9113、4.8452、2.5871、2.0520,并且在1%的显著性水平上显著,表明数字经济确实可以推动不同分位点下的贸易转型水平。从异质性特征来看,数字经济的拟合系数随着贸易转型的不断提升呈现出先上升再下降的趋势,估计峰值出现在中分位点上,低分位点的拟合系数要高于高分位点的拟合系数,说明在50%以下的低分位点数字经济对贸易转型的影响在一定程度上依赖于贸易转型指数的前期积累,在50%以上的高分位点数这种依赖程度逐渐减弱,而且数字经济对低分位点的贸易转型的正向影响要高于高分位点贸易转型的影响,这表明数字经济能够有效减缓地区之间贸易转型的不均衡状

态,促进地区贸易平衡发展。

表7-6　过程维度下数字经济对贸易转型影响的分位数回归

变量	（1）20%	（2）35%	（3）50%	（4）70%	（5）85%
数字经济	3.8631 *** (0.5242)	5.9113 *** (0.6015)	4.8452 *** (0.7906)	2.5871 *** (0.4669)	2.0520 *** (0.4887)
人力资本	0.0989 *** (0.0160)	0.1009 *** (0.0242)	0.0779 *** (0.0146)	0.0779 *** (0.0088)	0.0695 *** (0.0113)
金融发展	0.0186 (0.0125)	0.0618 *** (0.0194)	0.0427 ** (0.0205)	0.0077 (0.0107)	-0.0047 (0.0069)
固定资产	0.3990 *** (0.0382)	0.3733 *** (0.0462)	0.2795 *** (0.0594)	0.1127 *** (0.0240)	0.0567 *** (0.0215)
政府支出	0.2730 *** (0.0404)	0.1973 *** (0.0453)	0.1076 *** (0.0354)	0.1136 *** (0.0216)	0.1277 *** (0.0262)
科技水平	-0.1887 *** (0.0279)	-0.2443 *** (0.0272)	-0.1742 *** (0.0241)	-0.0997 *** (0.0119)	-0.0897 *** (0.0159)
城市化	0.0158 (0.0147)	0.0144 (0.0299)	0.0733 ** (0.0294)	0.0183 (0.0163)	-0.0199 (0.0217)
就业率	-12.5457 (25.0570)	-0.8675 (39.3418)	-0.0385 (41.5725)	-0.7416 (10.5323)	-1.1177 (9.1809)
城市固定效应	未控制	未控制	未控制	未控制	未控制
时间固定效应	未控制	未控制	未控制	未控制	未控制
样本量	2256	2256	2256	2256	2256

四、稳健性检验

(一)内生性检验

根据本章基准回归模型设定,内生性来源可能有两个方面:一方面,数字经济与过程维度经济高质量发展水平之间可能存在反向因果关系,即经济高质量发展水平的提升可能会对数字经济的发展水平提出更高的要求,从而产生内生性问题。另一方面,虽然本章尝试对时间效应、个体效应和外部环境因素进行多方面控制,尽量去控制那些可能同时影响数字经济发展和经济高质量发展的因素,但是实证结果仍有可能受到一些不可预测因素的影响而导致的内生性问题。针对第一种可能造成的内生性问题,考虑到本章的解释变量数字经济是从省级层面测算分配到地级市层面的,因此地级市过程维度经济高质量发展水平很难对其所在省份的数字经济发展进程产生影响。而对于第二种可能造成的内生性问题,我们在计量方程中通过尽可能多地控制已有文献关注的影响经济高质量发展的一系列因素,也控制了个体固定效应和年份固定效应,以此缓解可能的遗漏变量导致的内生性问题。但本章进一步使用工具变量法进行检验以确保本章基准回归结果的真实可靠。

对于工具变量的选择,首先本章借鉴钞小静、薛志欣、孙艺鸣(2020)[①]的做法,赋予1993年各地级市每万人微型电子计算机生产数量时间趋势,将横截面数据转化为面板数据,将1993年各地级市每万人微型电子计算机生产数量与2012—2019年地级市国际互联网用户数的交乘项作为本章数字经济的工具变量。首先,该工具变量满足相关性要求,数字经济作为一种新型经济形态,其发展的基本架构和重要载体是现代信息网络,而微型电子计算机制造属于信息生产领域,因此选取微型电子计算机生产数量作为数字经济的工具变量符合相关性的要求。其次,该工具变量满足外生性要求。微型电子计算机生产数量并不会对经济高质量发展产生直接影响,并且历史上的微型电子计算机生产数量对目前经济高质量发展产生的影响微乎其微。此外,本章参考黄群慧、余泳泽、张松林(2019)[②]等的做法,选取1999年省份固定电话数量的历史数据与2012—2019年地级市的国际互联网用户数的交乘项作为本章的第二个工具变量。首先,该工具变量满足相关性要求,数字经济的发展与通信技术水平的提升息息相关,而固定电话数量能够在一定程度上代表通信技术

①　钞小静、薛志欣、孙艺鸣:《新型数字基础设施如何影响对外贸易升级——来自中国地级以上城市的经验证据》,《经济科学》2020年第3期。
②　黄群慧、余泳泽、张松林:《互联网发展与制造业生产率提升:内在机制与中国经验》,《中国工业经济》2019年第8期。

水平,因此选取固定电话数量作为数字经济的工具变量符合相关性的要求。其次,该工具变量满足外生性要求。省级固定电话的数量并不会对地级市经济高质量发展产生直接影响,并且历史上的固定电话数量对目前经济高质量发展产生的影响微乎其微。

表 7-7 报告了将 1993 年各地级市每万人微型电子计算机生产数量与 2012—2019 年地级市的国际互联网用户数的交乘项、1999 年省份固定电话数量的历史数据与 2012—2019 年地级市的国际互联网用户数的交乘项分别作为工具变量回归的结果。表 7-8 报告了将 1993 年各地级市每万人微型电子计算机生产数量与 2012—2019 年的全国互联网上网人数的交乘项、1999 年省份固定电话数量的历史数据与 2012—2019 年的全国互联网上网人数的交乘项作为联合工具变量分别检验数字经济对过程维度经济高质量发展以及产业转型、贸易转型两个细分维度的拟合结果。如第一阶段回归结果所示,两个工具变量对过程维度经济高质量发展水平的拟合分别通过了统计性显著检验,且 Kleibergen-Paap rk LM 统计量在 1% 的水平上显著,拒绝工具变量识别不足的原假设;Cragg-Donald Wald F 统计量大于 Stock-Yogo 弱工具变量识别 F 检验在 10% 显著性水平上的临界值,拒绝弱工具变量的原假设,表明这两个工具变量均是有效且理想的工具变量。第二阶段的拟合结果显示,数字经济对过程维度的经济高质量发展、产业转型、贸易转型仍存在显著的正向作用,与基准回归估计结果一致,因而本章的核心结论在充分考虑内生性问题后仍然稳健。

表 7-7 过程维度下数字经济对经济高质量发展影响的内生性检验

变量	过程维度的经济高质量发展			
	第一阶段	第二阶段	第一阶段	第二阶段
工具变量 1	0.0570 *** (0.0104)			
工具变量 2			0.0213 *** (0.0034)	

续表

变量	过程维度的经济高质量发展			
	第一阶段	第二阶段	第一阶段	第二阶段
数字经济		0.9181** (2.1349)		1.2959** (2.4884)
人力资本	−0.0129*** (0.0033)	0.0263* (1.8486)	−0.0116*** (0.0029)	0.0468*** (2.8530)
金融发展	−0.0581*** (0.0220)	0.0020 (0.5576)	−0.0213 (0.0178)	−0.2483*** (−2.9792)
固定资产	0.3140 (0.1272)	0.0338*** (3.2303)	0.1002 (0.1400)	−0.2547 (−0.3741)
政府支出	0.0500*** (0.0125)	−0.2201*** (−4.7900)	0.0562*** (0.0112)	−0.1591*** (−2.7138)
科技水平	0.2298 (0.1844)	0.0225*** (3.3660)	0.2844 (0.1941)	−0.1458 (−0.3350)
城市化	0.0020** (0.0008)	0.0035 (0.4877)	0.0021** (0.0009)	0.0070 (0.9576)
就业率	−0.2703** (0.1248)	0.3719*** (3.1736)	−0.3868** (0.1166)	1.0643*** (2.2805)
Kleibergen-Paap rk LM 统计量	43.56		66.838	
Cragg-Donald Wald F 统计量	121.62		109.507	
Kleibergen-Paap rk Wald F 统计量	29.80		39.088	
城市固定效应	控制	控制	控制	控制
时间固定效应	控制	控制	控制	控制
样本量	2256	2256		2256
拟合优度		0.012		0.001

表 7-8　过程维度下数字经济对经济高质量发展影响的内生性检验：联合工具变量

变量	过程维度经济 高质量发展		产业转型		贸易转型	
	第一阶段	第二阶段	第一阶段	第二阶段	第一阶段	第二阶段
工具变量 1	0.0431*** (0.0115)		0.0426*** (0.0101)		0.0431*** (0.0115)	
工具变量 2	0.0150*** (0.0035)		0.0150*** (0.0035)		0.0150*** (0.0036)	

变量	过程维度经济高质量发展		产业转型		贸易转型	
	第一阶段	第二阶段	第一阶段	第二阶段	第一阶段	第二阶段
数字经济		0.9181 ** (2.1349)		1.0401 * (1.9424)		1.6748 *** (2.8192)
人力资本	−0.0124 *** (0.0028)	0.0263 * (1.8486)	−0.0134 *** (0.0030)	0.0790 *** (3.9148)	−0.0124 *** (0.0028)	−0.0969 *** (−4.6921)
金融发展	−0.0013 * (0.0008)	0.0020 (0.5576)	−0.0425 ** (0.0178)	−0.2557 ** (−2.4967)	−0.0013 * (0.0178)	0.0069 ** (2.4424)
固定资产	0.0067 *** (0.0018)	0.0338 *** (3.2303)	0.1747 (0.1329)	−1.1185 (−1.0822)	0.0067 *** (0.0018)	0.0143 (0.8775)
政府支出	0.0267 ** (0.0103)	−0.2201 *** (−4.7900)	0.0438 *** (0.0116)	0.0052 (0.0845)	0.0268 ** (0.0103)	−0.5222 *** (−9.0373)
科技水平	−0.0007 (0.0010)	0.0225 *** (3.3660)	0.2361 (0.1835)	−0.2068 (−0.3306)	−0.0007 (0.0010)	0.0016 (0.1689)
城市化	0.0016 ** (0.0008)	0.0035 (0.4877)	0.0019 ** (0.0008)	0.0036 (0.3983)	0.0016 ** (0.0008)	0.0279 *** (3.2994)
就业率	−0.0001 ** (0.0122)	0.3719 *** (3.1736)	−0.2918 ** (0.1207)	0.9611 (1.5803)	−0.0001 (0.0122)	1.1586 *** (3.9001)
Kleibergen-Paap rk LM 统计量	63.328		74.025		63.328	
Cragg-Donald Wald F 统计量	82.698		86.167		82.698	
Kleibergen - Paap rk Wald F 统计量	17.089		19.182		17.089	
城市固定效应	控制	控制	控制	控制	控制	控制
时间固定效应	控制	控制	控制	控制	控制	控制
样本量	2256	2256	2256	2256	2256	2256
拟合优度		0.0246		0.0040		0.0640

（二）替换解释变量

为了进一步排除内生性干扰，更加稳健地评估数字经济对过程维度经济高质量发展水平的影响，本章以"宽带中国"试点作为准自然实验识别数字经济影响过程维度经济高质量发展水平的净效应。为检验数字经济对过程维度经济高质量发展水平的影响效应,本章参考田鸽、张勋(2022)[1]的方法构建渐进双重差分模型对两者之间的关系进行检验:

$$process_{it} = \alpha_0 + \alpha_1 T_t \times D_i + \sum \beta X_{it} + \lambda_i + \mu_t + \varepsilon_{it} \tag{7.3}$$

其中,$T_t \times D_i$ 为数字经济发展水平的虚拟变量,表示"宽带中国"政策第 t 年是否在城市 i 试点,若城市 i 在第 t 年入选"宽带中国"试点城市,则将其取值为1,否则为0。具体回归结果见表7-9,列(1)为数字经济影响过程维度经济高质量发展水平的回归结果,列(2)、列(3)为数字经济分别对产业转型和贸易转型的回归结果,从中可以看出,数字经济虚拟变量的拟合系数均在1%的置信水平上显著,与基准模型回归结果一致,表明数字经济确实会提升过程维度经济高质量发展水平,从分效应结果来看数字经济对产业转型和贸易转型也有一定的正向促进作用,进一步证实了本章的基本结论。

（三）替换被解释变量

为排除变量测度偏误,本章进一步采用加权优劣解距离法(TOPSIS)法和主成分分析法对过程维度经济高质量发展水平进行测度,具体回归结果见表7-9列(4)、列(5)。结果显示数字经济分别在1%的置信水平下显著为正,同样验证了本章的核心结论。

表7-9　过程维度下数字经济对经济高质量发展影响的稳健性检验（一）

变量	（1）总效应	（2）产业转型	（3）贸易转型	（4）优劣解距离法	（5）主成分
宽带中国×年份	0.1223 *** (0.0245)	0.0722 *** (0.0197)	0.1486 *** (0.0369)		
宽带中国				1.4959 *** (0.4512)	0.1071 *** (0.0404)

① 田鸽、张勋:《数字经济、非农就业与社会分工》,《管理世界》2022年第5期。

变量	（1）总效应	（2）产业转型	（3）贸易转型	（4）优劣解距离法	（5）主成分
人力资本	-0.0386 ** (0.0173)	0.0157 (0.0204)	-0.2332 *** (0.0436)	0.2694 *** (0.0536)	0.0084 ** (0.0038)
金融发展	0.0102 *** (0.0038)	0.0004 (0.0051)	0.0314 *** (0.0034)	-0.0045 (0.0072)	-0.0008 (0.0006)
固定资产	0.0486 *** (0.0158)	-0.0007 (0.0150)	0.0486 * (0.0293)	-0.0798 ** (0.0390)	0.0019 (0.0014)
政府支出	-0.1497 ** (0.0715)	-0.0187 (0.0704)	-0.3483 *** (0.0417)	1.6982 *** (0.1732)	0.0058 (0.0232)
科技水平	0.0202 ** (0.0098)	0.0078 (0.0101)	-0.0038 (0.0172)	0.0004 (0.0147)	0.0004 (0.0006)
城市化	-0.0134 (0.0096)	-0.0022 (0.0101)	-0.0185 (0.0158)	-0.0209 (0.0146)	-0.0028 ** (0.0013)
就业率	-0.1064 (0.0989)	0.7044 *** (0.1032)	-0.1538 *** (0.0575)	-0.1491 (0.1577)	0.0062 (0.0098)
年份	0.1031 *** (0.0029)	0.0189 *** (0.0030)	0.2969 *** (0.0041)	0.4903 (0.5865)	0.0089 (0.0213)
常数项	-2.100 *** (5.8976)	-40.3827 *** (5.9714)	-6.000 *** (8.1104)	1.4959 *** (0.4512)	0.1071 *** (0.0404)
城市固定效应	控制	控制	控制	控制	控制
时间固定效应	控制	控制	控制	控制	控制
样本量	2256	2256	2256	2256	2256
拟合优度	0.6495	0.0862	0.7358	0.8957	0.9435

（四）更换估计方法

考虑到过程维度经济高质量、产业转型、贸易转型当期值在很大程度上会受到前期值的影响,从而产生被解释变量的序列自相关问题。为排除这一影响,本章进一步采用广义矩估计方法对基准计量模型进行回归分析。系统GMM 和差分 GMM 的具体拟合结果如表7-10所示,从列（1）和列（4）可见,过程维度经济高质量发展水平滞后一期的拟合系数在两个模型中均在1%的置信水平下显著为正,说明过程维度经济高质量发展水平的变化在很大程度上取决于其过去的发展状态,而核心解释变量数字经济的拟合系数分别通过了10%和1%的统计显著性检验,说明在控制过程维度经济高质量发展水平前期值与残差项之间的内生关联、排除被解释变量时序自相关的影响后,数字经济对过程维度下经济高质量发展水平的促进作用依然显著。从列(2)和列(5)来看,产业转型指数水平滞后一期的拟合系数在两个模型中均在1%的置信水平下显著为正,说明产业转型指数水平的变化同样在很大程度上取决于其过去的发展状态,而核心解释变量数字经济的拟合系数分别通过了10%和1%的统计显著性检验,说明在控制产业转型指数水平前期值与残差项之间的内生关联、排除被解释变量时序自相关的影响后,数字经济对产业转型指数水平的促进作用依然显著。从列(3)和列(6)来看,差分 GMM 的 AR(2)检验并不显著,但从系统 GMM 回归结果可以看出,在控制贸易转型指数水平前期值与残差项之间的内生关联、排除被解释变量时序自相关的影响后,数字经济对贸易转型指数水平的促进作用依然显著。

表7-10　过程维度下数字经济对经济高质量发展影响的稳健性检验(二)

变量	(1)	(2)	(3)	(4)	(5)	(6)
	系统 GMM			差分 GMM		
	总效应	产业转型	贸易转型	总效应	产业转型	贸易转型
数字经济	4.2126**(2.0049)	2.0494**(0.9860)	41.9780***(3.4574)	1.0297***(0.2413)	0.4094**(0.1692)	4.3936***(0.8867)
L.过程维度的经济高质量发展	0.2750***(0.0360)			0.3218***(0.0195)		
L.产业转型		0.1879**(0.0857)			0.1935***(0.0421)	
L.贸易转型			0.1063***(0.0198)			0.1765***(0.0152)
人力资本	0.0549(0.0417)	0.0988(0.0670)	0.1051(0.0809)	0.0331(0.0217)	0.0347(0.0246)	0.0484(0.0441)

续表

变量	（1）	（2）	（3）	（4）	（5）	（6）
	系统 GMM			差分 GMM		
	总效应	产业转型	贸易转型	总效应	产业转型	贸易转型
金融发展	−0.0025 （0.0074）	0.0005 （0.0064）	0.0133 （0.0223）	0.0066* （0.0034）	−0.0036 （0.0044）	0.0359*** （0.0048）
固定资产	−0.0658 （0.0531）	0.0647 （0.0518）	0.5289*** （0.0943）	0.0152 （0.0211）	0.0027 （0.0227）	0.0275 （0.0641）
政府支出	−0.0363 （0.1284）	−0.0382 （0.1110）	−1.7334*** （0.3783）	0.0143 （0.0727）	0.0114 （0.1163）	0.0420 （0.1257）
科技水平	−0.0114 （0.0223）	−0.0115 （0.0203）	−0.1869*** （0.0331）	0.0173 （0.0128）	0.0029 （0.0135）	0.0453 （0.0331）
城市化	0.0210 （0.0168）	0.0203 （0.0174）	−0.1251*** （0.0395）	−0.0013 （0.0093）	0.0077 （0.0116）	−0.0464** （0.0195）
就业率	−0.9816*** （0.0667）	0.0084 （0.1378）	−1.1039 （1.7229）	−0.4083*** （0.0445）	0.7342*** （0.0793）	−0.7885*** （0.1114）
常数项	−0.1231 （0.8016）	−2.7250*** （0.8805）	−10.2897*** （1.4510）			
AR（1）	0.0000	0.0000	0.0000	0.0000	0.0000	0.000
AR（2）	0.5565	0.2349	0.9117	0.1100	0.4740	0.000
城市固定效应	未控制	未控制	未控制	未控制	未控制	未控制
时间固定效应	未控制	未控制	未控制	未控制	未控制	未控制
样本量	1692	1974	1974	1410	1410	1410

（五）其他稳健性检验

考虑到城市行政建制对地级市经济高质量发展的差异性影响,本章删除了注册所在地为北京市、上海市、天津市和重庆市四个直辖市的上市公司样本,再次检验了数字经济对过程维度经济高质量发展、产业转型指数、贸易转型指数的作用效果,具体结果如表7-11列（1）—列（3）所示,数字经济的拟合系数依然显著为正,说明剥离高水平直辖市样本的影响,数字经济对过程维度经济高质量发展、产业转型指数、贸易转型指数提升作用在普通地级市样本依然存在;为防止极端值对实证结果的影响,本章选择对原始样本的连续变量采用上下1%的缩尾法进行处理,具体拟合结果如表7-11列(4)—列(6)所示,结果表明数字经济的拟合系数仍存在1%的置信水平下显著为正,说明本章的核心结论具有高度的稳健性。

表7-11 过程维度下数字经济对经济高质量发展影响的稳健性检验(三)

变量	(1)	(2)	(3)	(4)	(5)	(6)
	剔除直辖市			缩尾处理		
	总效应	产业转型	贸易转型	总效应	产业转型	贸易转型
数字经济	0.3964***	0.4813***	0.5167***	0.3992***	0.4546***	0.3401**
	(0.1290)	(0.1386)	(0.1521)	(0.1171)	(0.1242)	(0.1363)
人力资本	0.0294**	0.0668***	-0.0911***	0.0291**	0.0563***	-0.1012***
	(0.0149)	(0.0182)	(0.0198)	(0.0138)	(0.0178)	(0.0201)
金融发展	0.0002	-0.0011	0.0029	-0.0003	-0.0016	0.0021
	(0.0035)	(0.0050)	(0.0022)	(0.0035)	(0.0050)	(0.0022)
固定资产	0.0393***	-0.0116	0.0192	0.0383***	-0.0064	0.0225
	(0.0107)	(0.0116)	(0.0154)	(0.0100)	(0.0114)	(0.0151)
政府支出	-0.2248***	-0.0499	-0.5340***	-0.2640***	-0.0595*	-0.4755***
	(0.0782)	(0.0905)	(0.0564)	(0.0311)	(0.0342)	(0.0408)
科技水平	0.0229***	0.0100	0.0036	0.0213***	0.0093	-0.0009
	(0.0068)	(0.0077)	(0.0096)	(0.0066)	(0.0074)	(0.0094)
城市化	0.0051	0.0052	0.0314***	0.0041	0.0038	0.0300***
	(0.0072)	(0.0091)	(0.0086)	(0.0071)	(0.0090)	(0.0084)
就业率	0.3657***	0.7719***	1.1592***	0.3655***	0.7804***	1.1467***
	(0.1065)	(0.2858)	(0.2953)	(0.1123)	(0.2883)	(0.2891)
常数项	-3.0741***	-2.1073***	-2.7246***	-3.0078***	-2.1570***	-2.6745***
	(0.1724)	(0.1919)	(0.2411)	(0.1642)	(0.1890)	(0.2355)
城市固定效应	控制	控制	控制	控制	控制	控制
时间固定效应	控制	控制	控制	控制	控制	控制
样本量	2224	2224	2224	2256	2256	2256
拟合优度	0.9116	0.8929	0.9623	0.9148	0.8952	0.9625

第四节　中国数字经济影响经济高质量发展协同机制的进一步检验

一、机制检验

由理论分析可知,数字经济帮助供给端生产主体超越地理时空限制产生生产协同效应、在需求端扩展消费市场边界产生市场互联效应,促进经济高质量发展。为了验证上述作用机制是否成立,我们参考李斌、黄少卿(2021)[1]的检验策略,采用模型(7.4)的形式进行作用机制检验。

$$med_{it} = b_0 + b_1 DIG_{it} + \sum \beta X_{it} + \lambda_i + \mu_t + \varepsilon_{it} \tag{7.4}$$

其中,med_{it} 表示机制变量,包括生产协同效应和市场互联效应。具体机制检验结果如表7-12所示。表7-12列(1)和列(2)分别报告的是数字经济对生产协同、市场互联的影响,数字经济的拟合系数均显著为正,说明数字经济能够形成影响经济高质量发展的协同机制,假说一与假说二得到验证。

表7-12　过程维度下数字经济对经济高质量发展影响的中介机制检验

变量	(1) 生产协同效应	(2) 市场互联效应
数字经济	0.1541*** (0.0456)	0.7267*** (0.2692)
人力资本	−0.0061 (0.0062)	0.1513*** (0.0141)
金融发展	−0.0017*** (0.0005)	0.0282*** (0.0101)
固定资产	−0.0100* (0.0055)	0.0278 (0.0248)

---

[1] 李斌、黄少卿:《网络市场渗透与企业市场影响力——来自中国制造业企业的微观证据》,《经济研究》2021年第11期。

续表

变量	（1） 生产协同效应	（2） 市场互联效应
政府支出	−0.0373* （0.0199）	0.3875*** （0.0445）
科技水平	0.0051*** （0.0016）	0.0980*** （0.0140）
城市化	0.0045** （0.0023）	0.0218 （0.0151）
就业率	0.0074 （0.0280）	−0.3478 （1.3098）
常数项	0.1878** （0.0923）	−0.9019** （0.3692）
城市固定效应	控制	控制
时间固定效应	控制	控制
样本量	2256	2256
拟合优度	0.4473	0.4463

二、异质性检验

（一）城市规模异质性

在城市规模差异方面，相对于规模较小的城市，规模大的城市拥有的数字基础设施比较完善，人才素质和科技水准也更高，所以产业转型和贸易转型能更快适应数字经济的发展新模式。规模小的城市其产业规模小散乱、区域特色主导产业不清晰、市场活力不强、缺乏新经济新产业创新要素等共性痛点问题，导致面临新型产业生态难以形成、新旧动能转换乏力等发展困境，产业转型和贸易转型较难适应数字经济的发展新模式。因此，本章根据城市常住人口的规模将地级市划分大规模城市和小规模城市，若城市常住人口数量超过200万，则为大规模城市，记为1；若小于200万，则为小规模城市，记为0；本章在模型(7.1)中引入是否为大规模城市(scale)与数字经济(DIG)的交互项。具体检验结果如表7-13列(1)所示，结果表明，是否为大规模城市×数字经济的拟合系数在 1% 的置信水平下显著为正,表明与小规模城市相比,数字经济对大规模城市过程维度经济高质量发展提升作用更大。

(二) 政策强度异质性

数字经济以数字技术为核心引擎,故而其关注的焦点在于云计算、大数据、人工智能等核心新型数字技术。近年来,中国围绕数字经济的发展,相继出台了一系列政策文件。2015 年国务院印发了《促进大数据发展行动纲要》,旨在加快大数据部署,大力推动大数据发展和应用,并先后设立贵州、京津冀、珠三角、上海、河南、沈阳、内蒙古大数据综合试验区,要将试验区在大数据基础设施建设、数据开放共享、产业集聚发展等方面的示范带动效应充分发挥出来,进一步强化基础设施建设的整体规划,突破数据资源壁垒,挖掘数据资源的价值,并在数据开放、数据交易、行业应用等方面进行深入探讨。因此,《促进大数据发展行动纲要》政策的实施为大数据综合试验区发展数字经济创造了良好的基础设施条件,有利于数字经济更好地发挥对产业转型和贸易转型升级的带动作用。本章在模型(7.1)中引入是否设立大数据试验区($data$)与数字经济(DIG)的交互项。具体结果如表 7-13 列(2)所示。结果表明,是否设立大数据试验区×数字经济的拟合系数在 1% 的置信水平下显著为正,表明与未设立大数据试验区的地级市相比,数字经济对设立大数据试验区地级市的经济高质量发展的提升作用更大。

(三) 城市工业属性异质性

虽然重工业具有独特优势经济传统,但由于其过度依赖投资带动的发展方式,使其经济发展缺乏持久性,首先,重工业数据涉及设备数据、产品数据、运营数据等,覆盖范围比较广,难以实现数据远程协同;其次,目前中国关键核心技术存在短板,核心通信芯片、关键元器件等依赖进口,国产芯片和元器件在稳定性、精度、性能等方面存在一定差距。为此,按照城市工业基础和属性特征,依据国务院《全国老工业基地调整改造规划(2013—2022年)》的分类标准,本章在模型(7.1)中引入是否为老工业基地城市(industrial)与数字经济(DIG)的交互项。具体结果如表7-13列(3)所示。结果表明,是否为老工业基地城市×数字经济的拟合系数在1%的置信水平下显著为负,表明与老工业基地的城市相比,数字经济对非老工业基地地级市的经济高质量发展的提升作用更大。在老工业基地,重工业占比相对较高,其产业转型相对困难,数字经济对过程维度经济高质量发展的促进作用并不明显。

(四)城市教育资源异质性

随着互联网信息技术的不断发展与普及,数字经济已经向纵深发展。数字经济对过程维度经济高质量发展可能因教育资源的不同而产生不同的影响,本章选用地级市高等教育学校数量作为衡量地级市教育资源的子表。高校作为研究型人才、应用型人才、导师型人才等人才培养的主要基地,可以为推动数字经济的发展构建良好的人才流动格局。同时,高校可以积极发挥科技创新能力,通过利用研究创新平台,持续推进科技创新,挖掘出更多创新技术,避免数字经济发展中出现被技术"卡脖子"的现象。因此,本章在模型(7.1)中引入地级市高等教育学校数量(edu)与数字经济(DIG)的交互项,具体结果如表7-13列(2)所示,结果表明,高等教育学校数量×数字经济的拟合系数在1%的置信水平下显著为正,表明在高校数量比较多的地级市,数字经济对过程维度下经济高质量发展的促进作用更加明显。

(五)城市对外贸易环境异质性

港口城市特有的区位优势为港口城市产业转型和贸易转型创造了条件,因此港口城市可能为数字经济推动过程维度经济高质量发展提供良好的经济发展环境。首先,港口作为集物资、资金、技术、信息于一体的综合性平台,促使各类生产要素实现优化配置和整合,产业转型和贸易转型注入了强大的动力;其次,港口城市的工业可以享受港口便利的运输条件进行产品的配套以及原材料的集疏,降低工业的物流成本,提高产品竞争力,有利于提高该地区工业进行转型升级和参与国际分工。为此,本章在模型(7.1)中引入地市级是否为港口城市(port)与数字经济(DIG)的交互项,具体结果见表7-13列(5),结果表明,是否为港口城市×数字经济的拟合系数在1%的置信水平下显著为正,表明在港口城市,数字经济对过程维度经济高质量发展的促进作用更加明显。

表7-13　过程维度下数字经济对经济高质量发展影响的异质性检验

变量	(1)	(2)	(3)	(4)	(5)
	城市规模	政策强度	城市工业	城市教育资源	城市对外贸易环境
数字经济	0.1791 (0.1297)	0.3387 (0.3156)	0.4954*** (0.1570)	0.0932 (0.1313)	0.2849** (0.1207)
是否为大规模城市×数字经济	0.4540*** (0.1593)				
是否为大规模城市	−0.0156 (0.0275)				
是否设立大数据试验区×数字经济		2.4656*** (0.3144)			
是否设立大数据试验区		0.0493 (0.3478)			
是否为老工业基地城市×数字经济			−0.4542** (0.1998)		
是否为老工业基地城市			5.0384*** (0.2279)		
高等教育学校数量×数字经济				0.3616*** (0.1376)	
高等教育学校数量				0.0105 (0.0237)	
是否为港口城市					−2.3369*** (0.1940)
是否为港口城市×数字经济					0.4571** (0.2007)

续表

变量	（1） 城市规模	（2） 政策强度	（3） 城市工业	（4） 城市教育资源	（5） 城市对外贸易环境
人力资本	0.0168 （0.0138）	0.0217 （0.0251）	−0.1030*** （0.0197）	0.0153 （0.0137）	0.0213 （0.0139）
金融发展	0.0006 （0.0035）	0.0002 （0.0059）	0.0037* （0.0022）	0.0011 （0.0034）	0.0007 （0.0035）
固定资产	0.0360*** （0.0103）	0.0378* （0.0211）	0.0185 （0.0153）	0.0386*** （0.0102）	0.0366*** （0.0102）
政府支出	−0.2135*** （0.0423）	−0.1890*** （0.0645）	−0.4399*** （0.0378）	−0.2012*** （0.0420）	−0.2014*** （0.0394）
科技水平	0.0211*** （0.0067）	0.0224** （0.0095）	0.0011 （0.0095）	0.0216*** （0.0067）	0.0222*** （0.0067）
城市化	0.0048 （0.0071）	0.0046 （0.0073）	0.0309*** （0.0084）	0.0050 （0.0071）	0.0041 （0.0072）
就业率	0.3590*** （0.1106）	0.3727*** （0.1123）	1.1440*** （0.2861）	0.3809*** （0.1179）	0.3703*** （0.1139）
常数项	−2.9690*** （0.1696）	−3.7036*** （0.3078）	−4.5478*** （0.2314）	−3.0318*** （0.1659）	−1.1431*** （0.2566）
城市固定效应	控制	控制	控制	控制	控制
时间固定效应	控制	控制	控制	控制	控制
样本量	2256	2256	2256	2256	2256
拟合优度	0.9173	0.9170	0.9621	0.9173	0.9171

把握新一轮科技革命和产业转型加速演进的时代背景,以数字经济推进现代产业体系发展和贸易强国建设,是把深化供给侧结构性改革同构建国内国际双循环新发展格局有机结合,以高质量供给与参与国际合作推动经济高质量发展的关键路径。本章立足数字经济在实现人、机、物三大主体全面互联、高效互通核心特征,依据"供给—需求"框架阐释数字经济影响经济高质量发展协同机制的理论逻辑,利用2013—2020年中国地级及以上城市面板数据对数字经济影响经济高质量发展协同机制的

因果效应和具体效应进行验证。研究结论主要包括以下几点：

第一，数字经济发展对过程维度经济高质量发展具有显著的促进作用，并且通过替换被解释变量测算方法、替换解释变量进行双重差分模型估计、构建工具变量等一系列稳健性检验，这一核心结论仍然稳健。

第二，现阶段，数字经济中的信息经济和平台经济能够显著推动过程维度经济高质量发展，而共享经济和智能经济的正向作用尚未完全显现。

第三，数字经济对过程维度经济高质量发展的促进作用主要是通过供给侧的生产协同效应和需求侧的市场互联效应实现的。

第四，数字经济对过程维度经济高质量发展的促进作用存在显著的异质性表现。具体来说，相较于小规模城市，数字经济对大规模地级市经济高质量发展过程维度指数的提升作用更强烈；与未设立大数据试验区的地级市相比，数字经济对设立大数据试验区地级市经济高质量发展过程维度指数的提升作用更强烈；与老工业基地的城市相比，数字经济对非老工业基地地级市经济高质量发展过程维度指数的提升作用更强烈；相较高校数量较少的地级市，数字经济对高校数量较多地级市经济高质量发展过程维度指数的提升作用更强烈；与非港口城市相比，数字经济对港口地级市经济高质量发展过程维度指数的提升作用更强烈。

第八章　中国数字经济影响经济高质量发展的倍增机制

　　围绕"发展条件—发展过程—发展结果"的理论逻辑框架,接下来,本章内容主要是从发展结果维度来论证数字经济影响经济高质量发展的倍增机制及其具体作用机理。具体研究思路如下:首先,本章在结合前文关于数字经济影响经济高质量发展的文献梳理的基础上,从结果维度对数字经济影响经济高质量发展的倍增机制进行理论分析,并基于网络效应的视角分别从"网络扩张效应""网络关联效应""网络整合效应"三个渠道来具体阐释数字经济时代下如何实现效率提升;其次,本章利用第三章和第四章数字经济与经济高质量发展的测算结果,进一步对上述三个渠道进行了实证检验,以量化识别数字经济对结果维度经济高质量发展的影响机制;最后,本章进一步对数字经济影响结果维度经济高质量发展的异质性进行分析,梳理出数字经济在不同作用情境下的赋能机制及其效果,为充分释放数字经济发展的倍增效应,推动经济高质量发展提供了经验证据。

第一节 数字经济影响经济高质量发展
倍增机制的理论分析

数字经济时代下,经济高质量发展要求提质增效,以高效率要素利用水平推进经济建设,不断推进效率变革,提升资源要素的投入产出效率(任保平,2021[①];金碚,2018[②];魏敏、李书昊,2018[③]),因此,实现经济高质量发展的关键在于提高经济效率(刘思明、张世瑾、朱惠东,2019)[④]。作为继农业经济、工业经济之后的主要经济形态,数字经济以战略性新兴产业为主导,以数据资源为关键要素,以现代信息网络为主要载体,以信息通信技术融合应用、全要素数字化转型为重要推动力,能够有效提高经济效率。现阶段,数字经济已经成为驱动中国经济高质量发展的新引擎(汪东芳、曹建华,2019)[⑤],而发挥数字经济的网络效应红利将是数字经济推动经济效率提升与经济高质量发展的战略基点(冯永晟、张昊,2021)[⑥]。

基于数字经济的"网络效应"和"梅特卡夫法则"(Metcalfe Law),数字经济对经济高质量发展产生的影响往往是非线性效应(赵涛、张智、梁上坤,2020)[⑦]。传统网络效应指随着新一代信息通信产品及服务的使用主体以及

---

① 任保平:《在新发展格局中培育新的经济增长点》,《人民论坛·学术前沿》2021年第6期。

② 金碚:《关于"高质量发展"的经济学研究》,《中国工业经济》2018年第4期。

③ 魏敏、李书昊:《新时代中国经济高质量发展水平的测度研究》,《数量经济技术经济研究》2018年第11期。

④ 刘思明、张世瑾、朱惠东:《国家创新驱动力测度及其经济高质量发展效应研究》,《数量经济技术经济研究》2019年第4期。

⑤ 汪东芳、曹建华:《互联网发展对中国全要素能源效率的影响及网络效应研究》,《中国人口·资源与环境》2019年第1期。

⑥ 冯永晟、张昊:《网络效应、需求行为与市场规模——基于邮政快递业的实证研究》,《中国工业经济》2021年第1期。

⑦ 赵涛、张智、梁上坤:《数字经济、创业活跃度与高质量发展——来自中国城市的经验证据》,《管理世界》2020年第10期。

与之互动的用户数量的增加,其网络价值也呈现倍增的趋势(Calvano 和 Polo, 2020)①。其原理在于用户相互获取价值,因为网络信息产品或服务存在互联互通的内在需要,因此在这种网络信息产品或服务中,每一位用户既是生产者又是消费者,人们生产和使用它们的目的就是更好地收集、交流和传递信息。而数字经济的网络倍增效应具有网络扩张、网络关联和网络整合的特性,首先,网络扩张以零边际成本的方式提高了信息获取的数量、质量和速度。其次,网络关联能有效打破"信息孤岛",提高信息产品与其他生产要素流动的有效性,进而有利于将信息产品与其他生产要素进行融合应用与创新突破,减少资源错配和信息不对称。最终通过网络整合动态共享内外部资源形成价值共创的生产模式,使要素的价值创造潜能够得到极大开发,因此,数字经济对经济高质量发展的助推作用会随着网络倍增效应的扩张而放大(郭家堂、骆品亮,2016)②。

因此,接下来本节将基于数字经济网络效应的视角分别从"网络扩张效应""网络关联效应""网络整合效应"三个渠道来具体阐释数字经济促进结果维度经济高质量发展的倍增机制。

一、数字经济影响经济高质量发展的网络扩张效应

网络扩张效应,指网络价值以用户数量的平方的速度增长。随着数字经济的持续发展,根据"梅特卡夫法则",网络用户与节点数量成正比。依靠新一代网络基础设施的扩张与相关数字技术的快速发展,网络的动态扩张效应通过提供自动化信息处理方式得以发挥,进而改善了网络用户的专业化分工协作模式,有效促进了多元主体之间的高效连接与协同演进。因此,数字经济

---

① Calvano E. and Polo M., "Market Power, Competition and Innovation in Digital Markets", *Information Economics and Policy*, Vol.54, 2020, p.100853.

② 郭家堂、骆品亮:《互联网对中国全要素生产率有促进作用吗?》,《管理世界》2016 年第 10 期。

发展所带来的网络扩张效应能够通过扩大网络节点和用户规模、提高分工协作能力对生产效率提升形成推动合力,从而促进结果维度经济高质量发展。

具体来讲,一方面,网络基础设施是实现数字经济发展行稳致远的坚实底座和核心要素(赵涛、张智、梁上坤,2020)[①],而数字技术是助推网络扩张的编织器(Dobrinskaya,2020)[②]。在网络建设的早期阶段,建设或加入网络的成本要大于其产生的价值。随着时间的推移,连接的节点不断发展,网络利用率不断提高,网络倍增效应开始占据主导地位,网络扩张效应的倍增带来了经济效率的提升。进一步,数字经济的网络扩张效应通过产生庞大的网络节点能够有效扩大信息检索范围、促进信息高效畅通地传播,大大提高了分工协作能力和技术知识溢出(单宇等,2021[③];Vial,2019[④];Fischer等,2019[⑤]),从而促进了地区全要素生产率的提升。另一方面,数字经济的网络扩张效应通过用户的积累使边际成本趋近于零,极大地降低了信息交易成本。通过网络扩张效应的发挥,网络节点和用户积累会越来越多,而边际成本会随着交易次数的增加逐渐降低,最终产品几乎可以实现零边际成本复制(荆文君、孙宝文,2019)[⑥]。

换句话讲,在零边际成本条件下,生产者能够获取的数据信息和高技能人才越多,越容易对产品进行迭代创新(Goldfarb 和 Tucker,2019)[⑦],提高创新研

---

① 赵涛、张智、梁上坤:《数字经济、创业活跃度与高质量发展——来自中国城市的经验证据》,《管理世界》2020 年第 10 期。

② Dobrinskaya D.E.,"Digital Society:Sociological Perspective", *Vestnik Moskovskogo Universiteta*: *Seriâ 18, Sociologiâ i Politologiâ*, Vol.25, No.4, 2020, pp.175–192.

③ 单宇、许晖、周连喜、周琪:《数智赋能:危机情境下组织韧性如何形成?——基于林清轩转危为机的探索性案例研究》,《管理世界》2021 年第 3 期。

④ Vial G.,"Understanding Digital Transformation:A Review and a Research Agenda", *The Journal of Strategic Information Systems*, Vol.28, No.2, 2019, pp.118–144.

⑤ Fischer M., Imgrund F., Janiesch C., Winkelmann A.,"Strategy Archetypes for Digital Transformation:Defining Meta Objectives Using Business Process Management", *Information & Management*, 57, 2019.

⑥ 荆文君、孙宝文:《数字经济促进经济高质量发展:一个理论分析框架》,《经济学家》2019 年第 2 期。

⑦ Goldfarb A. and Tucker C.,"Digital Economics", *Journal of Economic Literature*, Vol.57, No.2, 2019, pp.3–43.

发边际产出,从而有效提升地区生产效率水平(赵宸宇、王文春、李雪松,2021)①。即数字经济的网络扩张效应能够驱使交易成本下降到基本为零,不仅有助于地区信息资本积累不断叠加倍增,同时可以增加对高技能人才、知识的需求,从而有效提升地区全要素生产率,实现经济高质量发展。

据此,本章提出以下假说:

假说一:网络扩张效应的发挥进一步推动了网络节点的增加与用户规模的扩张,专业化分工协作模式迅速升级,极大地降低了信息搜寻成本与交易成本,最终推动经济高质量发展。

二、数字经济影响经济高质量发展的网络关联效应

网络关联效应指信息产品一旦被生产出来,便能够及时关联至其他相似使用主体,并促使那些依据特定逻辑联系在一起的信息动态链网式组织实现倍增。信息产品的非争夺性是数字经济的首要内生特性(张文魁,2022)②,其具备的强外部性与即时性等经济特征更是数字经济时代实现网络关联效应倍增的基础(蔡跃洲、马文君,2021)③。随着数字经济的快速发展,数字技术的应用与进步促使信息产品易于传播的物理特性在优化传统生产要素配置与推动效率提升中发挥了超常的作用,还能够通过连接网络传输设备达到人、机、物的全面互联与高效互通(刘淑春,2019)④。

一方面,信息产品产生后能够被自动关联至与其相关的不同场景与主体,并且在网络关联下被自动累积迭代形成信息倍增,通过与其他生产要素协同

①　赵宸宇、王文春、李雪松:《数字化转型如何影响企业全要素生产率》,《财贸经济》2021年第7期。
②　张文魁:《数字经济的内生特性与产业组织》,《管理世界》2022年第7期。
③　蔡跃洲、马文君:《数据要素对高质量发展影响与数据流动制约》,《数量经济技术经济研究》2021年第3期。
④　刘淑春:《中国数字经济高质量发展的靶向路径与政策供给》,《经济学家》2019年第6期。

作用进一步生成更高层级的信息产品。这种网络关联效应的发挥可以有效克服时间、空间的物理约束,有效聚合共享各类资源并通过云端等网络基础设施极大扩展市场范围、带动大规模协作,在此基础上进一步衍生出新链条、新产业与新业态,进而有效提高要素生产率。另一方面,正是由于信息产品具备非争夺性和即时性的性质,随着信息产品的收集、储存、处理、分析等成本大幅降低,应用规模不断扩大、关联主体与网络关联节点不断倍增,空间上的网络关联也逐渐深化(裴长洪、倪江飞、李越,2018①;Goldfarb 和 Tucker,2019②)。数字经济时代,信息通信和数字技术的迭代更新不断加快(余海华,2021)③,并利用其承载的有效信息促进生产要素的协同作用,进而推动信息化资本生产率、高技能劳动生产率及新的全要素生产率的提升。通过这种网络关联效应倍增带来的信息产品的高速累积迭代促进了信息化资本生产率的提升,同时推动了全要素生产率数据化转变的速度不断加快。

据此,本章提出以下假说:

假说二:网络关联效应促进了信息产品的规模扩张与关联深化,进一步有利于信息产品通过提高要素配置效率所创造的效益提升,进而有效提高要素生产效率,最终推动经济高质量发展。

三、数字经济影响经济高质量发展的网络整合效应

网络整合效应,主要指网络市场进入壁垒的克服、风险的降低或消除,从而将零散资源整合在一起所产生的效应(刘川、范力勇、李飞,2017)④。数字经济时代下,人工智能、大数据等数字技术的大规模应用不仅可以实现数据信息的利用与传输,而且能够有效弱化行业进入壁垒、降低技术门槛。与此同

---

① 裴长洪、倪江飞、李越:《数字经济的政治经济学分析》,《财贸经济》2018 年第 9 期。
② Goldfarb A. and Tucker C.,"Digital Economics",*Journal of Economic Literature*,Vol.57,No.2,2019,pp.3-43.
③ 余海华:《中国数字经济空间关联及其驱动因素研究》,《统计与信息论坛》2021 年第 9 期。
④ 刘川、范力勇、李飞:《网络效应》,新华出版社 2017 年版,第 124—125 页。

时,数字技术的产业与市场转化也不断加速,并逐步向经济社会发展的各领域、全过程渗透,改变原来的生产方式和组织管理方式,最终通过网络整合效应对现有资源和新资源进行整合重构(O'Reilly 和 Tushman,2013)①,从而动态共享内外部资源来推动形成价值共创的生产模式,实现生产效率的提升。

具体来讲,根据长尾理论,网络整合效应主要通过整合零散资源并将其重新进行匹配连接来实现分散要素集合的价值共创生产模式。其要义在于将零散的要素组合在一起,通过资源调整来达到理想配置状态,并最终形成协调统一的有机整体(李海舰、田跃新、李文杰,2014)②,获得效率提升的效果。数字经济的网络整合效应不仅增加了现有资源的获取途径,同时也改变了要素资源的整合方式。一方面,网络整合效应使知识和信息资源在生产活动中更易获取、更迅速地转换、整合和应用,激励要素资源的共享交流学习,推进要素规模效应的倍增,促进要素资源生产效率的提升。另一方面,网络整合效应通过将资源进行重组配置,产生的共创价值远远超过各个零散资源创造价值的总和,通过加强资源的协同合作,形成具有柔性化、共享化和精准化的价值共创生产模式,进而有效促进生产效率提升,推动经济高质量发展。数字经济时代,网络整合效应取代了传统供需对接渠道,以实现要素的集聚与整合(李天宇、王晓娟,2021)③。网约车(例如,滴滴出行)通过网络连接将零散的司机资源进行整合优化后,在满足乘客多样化需求、缩短供需匹配时间、提高服务效率等方面具有明显的优势。根据数据表明,中国网约车用户规模呈指数型增长,截至 2021 年,中国网约车用户规模已增至 4.53 亿人④。因此,数字经济

---

①　O'Reilly C.A.I.,Tushman M.L.,"Organizational Ambidexterity:Past,Present,and Future", *Academy of Management Perspectives*,Vol.27,No.4,2013,pp.324-333.

②　李海舰、田跃新、李文杰:《互联网思维与传统企业再造》,《中国工业经济》2014 年第 10 期。

③　李天宇、王晓娟:《数字经济赋能中国"双循环"战略:内在逻辑宇实现路径》,《经济学家》2021 年第 5 期。

④　中国互联网络信息中心(CNNIC)发布的第 49 次《中国互联网络发展状况统计报告》,第 52 页。

的网络整合效应不仅能够实现网络用户的协作互动,而且能够通过网络应用连接的方式实现网络流程的整合运作,实现低成本高效率的生产组织模式。

假说三:网络整合效应能够通过零散资源的整合重构来实现资源的共享与协同合作,进而推动形成价值共创的生产模式,实现生产效率的提升,推动经济高质量发展。

第二节　中国数字经济影响经济高质量发展倍增机制的研究设计

一、模型设定

为了检验中国数字经济推动结果维度经济高质量发展的倍增机制,本章基于前文理论分析的基本思路,在充分借鉴现有研究并兼顾数据可得性的基础上,将基准回归模型设定如下:

$$res_{it} = \beta_0 + \beta_1 DIG_{it} + \lambda X_{it} + \mu_i + \gamma_t + \varepsilon_{it} \tag{8.1}$$

其中,下标 i 为各个城市的标识($i=1,2,\cdots,282$),下标 t 代表各个年份的标识($t=2013,2014,\cdots,2020$), res_{it} 表示第 i 个地区在 t 时期的效率提升水平, DIG_{it} 代表数字经济发展水平, X_{it} 为影响经济高质量发展的控制变量,分别为政府干预程度($fiscal_{it}$)、外商投资(fdi_{it})、教育投入(edu_{it})、产业结构升级($stru_{it}$)、金融发展(fin_{it})和传统基础设施建设($infra_{it}$)。 μ_i 表示城市层面的地区固定效应,控制了城市所有非时变的异质性, γ_t 表示时间固定效应, ε_{it} 为随机误差项,且服从独立同分布。

二、变量选取

（一）被解释变量

结果维度经济高质量发展（ res_{it} ）。依据前文理论分析内容可知,数字经济时代下经济高质量发展指效率更高的经济发展模式。田秀娟、李睿（2022）[1]认为，面向现阶段中国经济高质量发展的需要，数字经济对提高生产效率能够发挥乘数倍增作用，成为经济发展的新引擎。而网络倍增效应主要促进了效率提升，因此，本章重点从效率提升视角检验数字经济的倍增机制。结合前文第四章对经济高质量发展的测度评价分析，效率提升方面的指标包括基于数据要素测算的全要素生产率、高技能劳动生产率和信息化资本生产率。利用纵横向拉开档次法对 2013—2020 年全国 282 个地级及以上城市的效率提升水平进行了测算，得到各地级市效率提升指数，其中，指标的具体测算框架与测算方法在第四章中进行了说明。

（二）核心解释变量

数字经济发展水平（DIG_{it}）。本章基于前文第三章对数字经济的测算结果，结合各地级市互联网渗透率与数字经济发展存在高度相关性的特点，利用互联网渗透率对省级数字经济发展水平进行分配处理，得到地级市层面数字经济发展水平。其中，关于数字经济的具体测算框架与测算方法在第三章中进行了说明。

（三）控制变量

为了更全面地分析数字经济影响中国经济高质量发展的倍增效应，最大化提升后续实证检验结果的稳健性以及可信度，还需要对经济高质量发展可能产生影响的相关变量进行设定与控制。本章借鉴余泳泽、刘大勇、龚宇（2019）[2]、

①　田秀娟、李睿：《数字技术赋能实体经济转型发展——基于熊彼特内生增长理论的分析框架》，《管理世界》2022 年第 5 期。
②　余泳泽、刘大勇、龚宇：《过犹不及事缓则圆：地方经济增长目标约束与全要素生产率》，《管理世界》2019 年第 7 期。

233

申广军、欧阳伊玲、李力行（2017）[①]以及赵涛、张智、梁上坤（2020）[②]的研究，从以下三个视角出发选取了控制变量：一是从政府行为和公共服务水平的角度出发，选取了政府干预（$fiscal_{it}$），采用各城市财政支出与该城市生产总值的比例来衡量；教育投入（edu_{it}），采用各城市教育支出与该城市财政支出的比例来衡量；传统基础设施（$infra_{it}$），采用各城市单位道路面积的公路建设里程来衡量。二是从对外开放与金融环境的角度出发，选取了外商投资（fdi_{it}），采用各城市外商实际投资额与该城市地区生产总值的比例来衡量；金融发展（fin_{it}），采用各城市年末金融机构各项存贷款余额与该城市地区生产总值的比值进行表征。三是从产业结构调整的角度出发，选取了产业结构升级（$stru_{it}$），采用各城市第三产业产值与第二产业产值的比重来衡量。

三、数据来源与说明

本章剔除了缺失值较为严重的地级市，最终选取了中国的 282 个地级市为考察对象，样本数据区间为 2013—2020 年。本章主要使用的数据包括历年《中国城市统计年鉴》、国泰安数据库、全球统计数据分析平台、《中国研究服务数据平台》、中国碳核算数据库（CEADs）等，同时，对少量缺失数据采用线性插值法进行补充。描述性统计结果见表 8-1。可以发现，结果维度发展指数（res）的均值为 0.3509，中位数为 0.3441，平均值高于中位数，略显右偏属性，其中，最大值为 0.8539，最小值为 0.0241，这表明不同地区间经济高质量发展结果之间存在一定差异性，同时也说明结果维度经济高质量发展的总体趋势略低。控制变量中，政府干预程度、外商投资、产业结构升级、金融发展以及传统基础设施建设均与结果维度经济高质量发展的状态分布相似，均略显

① 申广军、欧阳伊玲、李力行：《技能结构的地区差异：金融发展视角》，《金融研究》2017 年第 7 期。

② 赵涛、张智、梁上坤：《数字经济、创业活跃度与高质量发展——来自中国城市的经验证据》，《管理世界》2020 年第 10 期。

右偏趋势,但教育投入水平的均值与中位数最为接近,说明教育投入水平整体上呈正态分布,分布较为均匀,这表明中国各地区教育投入力度并未形成明显差距。

表8-1　结果维度主要变量的描述性统计

变量	变量说明	样本量	均值	标准差	中位数	最小值	最大值
res	结果维度经济高质量发展	2256	0.3509	0.1192	0.3441	0.0241	0.8539
DIG	数字经济	2256	0.0631	0.0725	0.0411	0.0019	0.7502
fiscal	政府干预	2256	0.2132	0.1397	0.1826	0.0439	2.1761
fdi	外商投资	2256	0.0170	0.0157	0.0124	0.0008	0.0990
edu	教育投入	2256	0.1727	0.0377	0.1725	0.0357	0.3042
stru	产业结构	2256	1.1291	0.5985	0.9984	0.1476	5.3500
fin	金融发展	2256	1.6407	1.2343	1.2230	0.2914	7.2610
infra	传统基础设施	2256	1.3237	1.2615	0.9103	0.1070	8.8521

资料来源:数字经济综合评价指标体系数据来源:Patenthub 全球专利数据库,网址为 www.patenthub.cn;2013—2020 年制造业企业上市公司年报,网址为 http://www.cninfo.com.cn/new/index;国泰安数据库,网址为 data.csmar.com;2013—2020 年政府工作报告,网址为 http://district.ce.cn/。笔者根据 2014—2021 年《中国统计年鉴》整理(中华人民共和国国家统计局:《中国统计年鉴》,中国统计出版社出版)。结果维度经济高质量发展指标数据资料来源:国泰安数据库,网址为 https://data.csmar.com/;全球统计数据分析平台,网址为 https://www.eps-net.com.cn/;中国研究服务数据平台,网址为 https://www.cnrds.com/;中国碳核算数据库,网址为 https://www.ceads.net.cn/。控制变量数据笔者根据 2014—2021 年《中国城市统计年鉴》整理(国家统计城市社会经济调查司:《中国城市统计年鉴》,中国统计出版社出版)。本章以下图表所用资料来源相同,不再一一标注。

第三节　中国数字经济影响经济高质量发展倍增机制的实证检验

为有效识别出数字经济发展对结果维度经济高质量发展的影响效应,首先,进行基准模型估计,对数字经济和结果维度经济高质量发展水平进行初步的经验判定;其次,进行数字经济的分维度检验,分别从信息经济、平台经济、共享经济,智能经济四个方面来检验;再次,进行分位数回归刻画数字经济在不同分位点对结果维度经济高质量发展的边际作用;最后,进行内生性检验与稳健性检验,以增加实证检验结果的准确性与有效性。

一、基准回归结果

理论分析部分分析了数字经济能够通过网络倍增效应推动结果层面经济高质量发展。为了初步检验数字经济发展对经济高质量发展结果层面的影响,本章对模型(8.1)进行了实证检验,基准回归结果见表8-2。列(1)是未加入控制变量且并未控制双向固定效应的回归结果,列(2)是在列(1)基础上加入控制变量的回归结果,列(3)是未增加控制变量且控制了双向固定效应,其拟合系数为0.4047,在1%的显著性水平下显著。列(4)在列(3)的基础上将控制变量引入基准模型,数字经济(DIG)的拟合系数为0.2337,同样在1%的显著性水平下显著。由上可知,在尽可能排除其他影响因素之后,数字经济(DIG)的拟合系数依然显著为正,表明数字经济确实能够有效推动结果维度下的经济高质量发展。同时,也进一步证明了数字经济现已成为促进中国经济高质量发展的核心动能(刘淑春,2019)[①]。

表8-2 结果维度基准回归结果

变量	结果维度经济高质量发展			
	（1）	（2）	（3）	（4）
数字经济	0.5330*** (0.0328)	0.3270*** (0.0299)	0.4047*** (0.0463)	0.2337*** (0.0436)
产业结构		0.0326*** (0.0043)		0.0346*** (0.0065)
教育投入		0.0847 (0.0590)		−0.0525 (0.0993)

---

① 刘淑春:《中国数字经济高质量发展的靶向路径与政策供给》,《经济学家》2019年第6期。

续表

变量	结果维度经济高质量发展			
	（1）	（2）	（3）	（4）
政府干预		-0.3302^{***} （0.0168）		-0.0331 （0.0320）
外商投资		0.6309^{***} （0.1371）		-0.4761^{**} （0.1576）
金融发展		0.0046^{**} （0.0022）		0.0100^{*} （0.0045）
传统基础设施		-0.0149^{***} （0.0018）		-0.0059^{**} （0.0021）
常数项	0.3174^{***} （0.0032）	0.3507^{***} （0.0133）	0.3255^{***} （0.0053）	0.3128^{***} （0.0311）
城市固定效应	否	否	是	是
时间固定效应	否	否	是	是
样本量	2256	2256	2256	2256
拟合优度	0.105	0.334	0.958	0.967

二、数字经济分维度检验结果

根据前文分析可知,数字经济的形态属性分别包含信息经济(INF)、平台经济(PLA)、共享经济(SHA)和智能经济(INT)四个维度,为了更加细致地描述数字经济对经济高质量发展结果的影响,接下来分别从数字经济的四个分维度指数来进行分效应估计,具体回归结果见表8-3。可以发现,信息经济对经济高质量发展结果的影响显著为正,这表明信息经济能够有效促进经济高质量发展。现阶段,我国信息技术产业规模成倍增加,根据工信部发布的《2021年软件和信息技术服务业统计公报》,2021年中国信息技术服务收入60312亿元,其中,云服务、大数据服务共实现收入7768亿元。[1] 在平台经济方面,平台经济对经济高质量发展结果的影响系数虽然为正,但目前来看还不

---

[1]　运行监测协调局、工业和信息化部:《2021年软件和信息技术服务业统计公报》,发布时间:2022年1月21日。

显著,其原因可能是平台经济在发展过程中数据信息安全保护不到位、市场竞争秩序不规范以及监管难度较大等因素制约了平台经济驱动经济高质量发展结果有效性。在共享经济方面,共享经济能够显著促进经济高质量发展,这在一定程度上说明共享经济是推动结果维度经济高质量发展的重要路径,2021年中国全年共享经济市场交易规模约 36881 亿元,同比增长约 9.2%,成为新阶段下我国经济转型发展的突出亮点。[①] 在智能经济方面,相较于信息经济、平台经济、共享经济,智能经济的回归系数最大,且显著为正,这表明,现阶段,以人工智能为核心驱动力的智能经济已成为经济发展新形态,人工智能技术与大数据、云计算等形成了互为支撑、协同演进的技术体系,为中国经济提高全要素生产率提供更为有力的支撑(蔡跃洲、陈楠,2019)[②]。

表 8-3   数字经济分维度回归结果

变量	结果维度经济高质量发展			
	(1)	(2)	(3)	(4)
信息经济	0.0020[*] (0.0011)			
平台经济		0.0009 (0.0014)		
共享经济			0.0109[**] (0.0031)	
智能经济				0.1016[***] (0.0131)
产业结构	0.0011 (0.0037)	0.0006 (0.0043)	0.0424[***] (0.0057)	0.0290[***] (0.0055)
教育投入	0.1089[**] (0.0474)	0.1097 (0.0846)	−0.1492 (0.1075)	−0.0447 (0.1102)
政府干预	−0.0115 (0.0225)	−0.0094 (0.0274)	−0.0572 (0.0397)	−0.0299 (0.0345)

[①]   国家信息中心:《中国共享经济年度报告(2022)》第 2 页。发布时间:2022 年 2 月。

[②]   蔡跃洲、陈楠:《新技术革命下人工智能与高质量增长、高质量就业》,《数量经济技术经济研究》2019 年第 5 期。

续表

变量	结果维度经济高质量发展			
	（1）	（2）	（3）	（4）
外商投资	-0.4136*** (0.1442)	-0.4273** (0.1563)	-0.6416*** (0.1765)	-0.4055** (0.1651)
金融发展	0.0030 (0.0032)	0.0031 (0.0049)	0.0152*** (0.0043)	0.0097* (0.0042)
传统基础设施	0.0017 (0.0017)	0.0019 (0.0019)	-0.0079** (0.0025)	-0.0036 (0.0022)
常数项	0.3308*** (0.0116)	0.3319*** (0.0260)	0.3324*** (0.0348)	0.3058*** (0.0323)
城市固定效应	是	是	是	是
时间固定效应	是	是	是	是
样本量	2256	2256	2256	2256
拟合优度	0.976	0.976	0.963	0.967

三、分位数回归

前文基准回归结果从平均影响效应的视角初步证实了数字经济有助于推动结果维度经济高质量发展,但并未注意到不同地区间经济高质量发展存在较大差异的特征事实。已有研究表明,中国各区域间经济高质量发展水平存在明显差异(单勤琴、李中,2022)①。鉴于此,为了刻画在结果维度经济高质量发展不同条件分布下数字经济影响效应的大小,以期更加全面地反映出数字经济对结果维度经济高质量发展的促进效应,本章拟采用分位数回归方法对数字经济与结果维度经济高质量发展进行再检验,其中,具体计量模型设定如下:

$$Y_{it} = \beta_0 + \beta_1(q) DIGE_{it} + \lambda X_{it} + \mu_i + \gamma_t + \varepsilon_{it} \tag{8.2}$$

其中,选取的分位点主要有 10%、25%、50%、75% 和 90%。回归结果如

---

①　单勤琴、李中:《经济高质量发展水平的地区差异及时空收敛性研究》,《经济地理》2022年第9期。

表8-4所示。在效率提升指数层面,回归结果显示,分位数回归方法得到的系数符号与固定效应模型回归结果一致,各分位点上核心解释变量的拟合系数均在1%的显著性水平下显著。在10%分位点上,数字经济(DIG)的回归系数为0.1816,在25%分位点上,数字经济(DIG)的回归系数为0.2014,在50%分位点上,数字经济(DIG)的回归系数为0.2311,在75%分位点上,数字经济(DIG)的回归系数为0.2634,在90%分位点上数字经济(DIG)的回归系数为0.2858。根据分位数回归的结果总体来看,数字经济对结果维度经济高质量发展的正向促进在条件分布的不同位置而发生变动,随着分位点的提升,数字经济对经济高质量发展的正向促进作用也随之上升。一方面,这基本验证了前文基准回归的结论;另一方面,也说明在经济高质量发展越好的城市,数字经济对城市经济高质量发展的促进作用更大,也间接证明了这一促进作用存在明显的异质性效果。因此,在中国式现代化的本质要求下,需充分挖掘数字经济的红利效应,助力经济发展提质增效,并在此基础上,逐步探索具有中国特色的城市高质量发展道路(林毅夫、付才辉,2022)①。

表8-4 结果维度分位数回归结果

变量	结果维度经济高质量发展				
	(1)	(2)	(3)	(4)	(5)
	10%分位点	25%分位点	50%分位点	75%分位点	90%分位点
数字经济	0.1816 *** (0.0527)	0.2014 *** (0.0385)	0.2311 *** (0.0343)	0.2634 *** (0.0553)	0.2858 *** (0.0756)
产业结构	0.0296 *** (0.0072)	0.0315 *** (0.0053)	0.0344 *** (0.0047)	0.0375 *** (0.0076)	0.0396 *** (0.0104)
教育投入	−0.0255 (0.1070)	−0.0358 (0.0782)	−0.0512 (0.0696)	−0.0678 (0.1123)	−0.0794 (0.1536)
政府干预	−0.0047 (0.0480)	−0.0155 (0.0351)	−0.0317 (0.0312)	−0.0493 (0.0503)	−0.0615 (0.0689)

① 林毅夫、付才辉:《中国式现代化:蓝图、内涵与首要任务——新结构经济学视角的阐释》,《经济评论》2022年第6期。

续表

变量	结果维度经济高质量发展				
	（1）	（2）	（3）	（4）	（5）
	10%分位点	25%分位点	50%分位点	75%分位点	90%分位点
外商投资	−0.6074** （0.2647）	−0.5575*** （0.1935）	−0.4825*** （0.1723）	−0.4011 （0.2779）	−0.3447** （0.3801）
金融发展	0.0145** （0.0069）	0.0128** （0.0051）	0.0102** （0.0045）	0.0075 （0.0073）	0.0055** （0.0100）
传统基础设施	−0.0042 （0.0034）	−0.0049* （0.0025）	−0.0058*** （0.0022）	−0.0069* （0.0036）	−0.0076 （0.0049）
样本量	2256	2256	2256	2256	2256

四、内生性检验

上述分析表明,数字经济的发展能够有效促进结果维度经济高质量发展,但仍有部分混杂因素值得探讨,针对数字经济对经济高质量发展结果的影响可能会受到反向因果等内生性问题的困扰,本章采用工具变量法对内生性问题进行处理。关于工具变量的选取,本章参考黄群慧、余泳泽、张松林(2019)[1]与赵涛、张智、梁上坤(2020)[2]的思路,使用1984年各地级市邮局数与上一年全国信息软件固定投资额的乘积作为工具变量($IV1$)。此外,通过借鉴(Goldsmith 等,2020)[3]的方法,采用巴蒂克(Bartik)工具变量,构建工具变量($IV1$)。这种形式的工具变量称为份额转移,并且这类工具变量的外生性主要由份额($Share$)部分决定,具体如下:

$$BartikIV = \delta_{j\_postoffice} + \Delta e\_internet_j^{2012-2019} \tag{8.3}$$

具体而言,其中 $\delta_{j\_postoffice}$ 即份额,用1984年各地级市的邮局数来表示,以

---

① 黄群慧、余泳泽、张松林:《互联网发展与制造业生产率提升:内在机制与中国经验》,《中国工业经济》2019年第8期。

② 赵涛、张智、梁上坤:《数字经济、创业活跃度与高质量发展——来自中国城市的经验证据》,《管理世界》2020年第10期。

③ Goldsmith P., Sorkin I., Swift H., "Bartik Instruments: What, When, Why, and How", *The American Economic Review*, Vol.110, No.8, 2020, pp.2586−2624.

此作为各地级市数字基建历史发展与建设基础的衡量指标。由于 $\delta_{j\_postoffice}$ 不随时间变化,为赋予其时间趋势,在 $\Delta e\_internet_j^{2012-2019}$ 为转移(Shift)部分,使用上一年全国信息软件固定投资额。采用历史上各地级市的邮局数量能够很好地反映出地区层面的信息联通基础条件与需求程度,一般来讲作为传统信息基础设施建设的主力,历史上邮局数量越多的城市越有可能发展成为数字经济水平较高的城市,因此符合工具变量选取的相关性要求。此外,1984 年的邮局数量对现如今经济高质量发展所产生的直接影响微乎其微,因此也满足外生性假设。但由于历史数据是固定值,无法利用其对本节的基准模型进行工具变量估计,因此,本节构建了各城市 1984 年城市邮局数与上一期全国信息软件固定投资额的交乘项,并将其作为工具变量进行两阶段最小二乘法回归。

表 8-5 的列(1)和列(2)分别给出了使用巴蒂克工具变量方法的两阶段回归结果。第一阶段回归结果显示,可以同时拒绝工具变量识别不足和弱工具变量的原假设,表明此工具变量是有效且理想的工具变量。由回归结果列(2)可知,工具变量对经济高质量发展进行回归后结果依然显著为正,这也表明数字经济显著促进了对效率水平的提升,进而有效地推动了结果维度的经济高质量发展,与基准回归模型所得结论保持一致。

表 8-5 结果维度内生性检验(一)

变量	(1) 工具变量一	(2) 结果维度经济高质量发展
数字经济	0.0011* (0.0006)	
工具变量一		6.9119** (2.9805)
产业结构	-0.0140* (0.0079)	0.1187 (0.0755)
教育投入	0.3239*** (0.0862)	-2.0940 (1.2766)

变量	（1）	（2）
	工具变量一	结果维度经济高质量发展
政府干预	-0.0417 （0.0258）	0.0027 （0.1872）
外商投资	0.0991 （0.3288）	-0.2766 （2.3846）
金融发展	0.0150** （0.0059）	-0.0991 （0.0730）
传统基础设施	-0.0012 （0.0043）	-0.0008 （0.0321）
城市固定效应	是	是
时间固定效应	是	是
样本量	2256	2256
Cragg-Donald Wald F 统计量	19.552	
Kleibergen-Paap rk LM 统计量	5.754 [0.0165]	
Kleibergen-Paap rk Wald F 统计量	5.746 [5.53]	

此外,为了保证本章结论的稳健性,还采用了各城市到杭州市的距离作为第二个工具变量(*IV*2)。主要原因在于浙江省杭州市是我国数字经济发展的领先区域,已经具备全球领先的数字经济竞争力和开展国际化数字交易的良好条件。2021 年,杭州数字经济核心产业实现增加值达到 4905 亿元,连续多年保持两位数增长,占地区生产总值的 27.1%;软件综合竞争力保持全国领先,数字安防入选国家先进制造业集群,云计算大数据产业国内市场份额第一,区块链应用综合实力全国第四[①]。与此同时,地理位置是与经济系统无关的外生变量,各城市到杭州市的距离不会直接影响地区经济高质量发展,因而,满足工具变量的相关性和外生性的条件。由回归结果表 8-6 列(2)可知,工具变量对经济高质量发展进行回归后结果依然显著为正,且与基准

---

① 资料来源:中国新闻网,2022 年 1 月 22 日,http://www.zj.chinanews.com.cn/jzkzj/2022-01-22/detail-ihauwutq9975020.shtml。

回归模型所得结论保持一致,因而本章的核心结论在充分考虑内生性问题后仍然稳健。

表 8-6　结果维度内生性检验(二)

变量	(1) 工具变量二	(2) 结果维度经济高质量发展
数字经济	−0. 0205 *** (0. 0048)	
工具变量二		1. 0455 *** (0. 3542)
产业结构	−0. 0117 (0. 0080)	0. 0368 * (0. 0191)
教育投入	0. 2612 ** (0. 0909)	−0. 1294 (0. 2084)
政府干预	−0. 03612 * (0. 0213)	−0. 2931 *** (0. 1025)
外商投资	−0. 1401 (0. 3533)	0. 5749 (0. 4937)
金融发展	0. 0162 ** (0. 0057)	−0. 0060 (0. 0106)
传统基础设施	−0. 0003 (0. 0043)	−0. 0125 (0. 0091)
城市固定效应	是	是
时间固定效应	是	是
样本量	2256	2256
Cragg-Donald Wald F 统计量	137. 674	
Kleibergen-Paap rk LM 统计量	16. 601 [0. 0000]	
Kleibergen-Paap rk Wald F 统计量	18. 136 [16. 38]	

五、稳健性检验

为了进一步增加基准回归结果的可靠性,本章针对基准回归的结果是否是由数字经济发展的定义驱动、基准回归结果是否由前期趋势驱动以及数字经济对经济高质量发展的促进作用是否受数字经济发达地区的主导等问题，进行了一一验证。

（一）更换数字经济自变量

接下来,本节通过更换数字经济这一自变量再次回归验证结果维度下数字经济能否驱动经济高质量发展。众所周知,数字普惠金融是数字经济发展的一个重要体现,数字经济和数字金融可以改善金融的可得性和普惠性,进而促进包容性增长(张勋等,2019)①。因此,在稳健性研究中本节拟使用北京大学普惠金融指数作为数字经济的替换变量,分别从综合指数、覆盖广度和使用深度三个维度的指标对经济高质量发展进行实证检验。表 8-7 报告了相关的回归结果,根据回归结果可以发现,回归系数分别为 0.0005、0.0005 和0.0003,均在 1% 的统计水平上显著为正,与基准回归模型所得结论一致,表明数字经济确实会提升基于结果维度的经济高质量发展水平,进一步证实了本章基本的核心结论。

表 8-7　结果维度更换数字经济变量的稳健性检验

变量	结果维度经济高质量发展		
	（1）	（2）	（3）
综合指数	0.0005 *** (0.0001)		
覆盖广度		0.0005 *** (0.0001)	
使用深度			0.0003 *** (0.0001)
产业结构	0.0073 (0.0041)	0.0048 (0.0045)	0.0168 ** (0.0060)

---

① 张勋、万广华、张佳佳、何宗樾:《数字经济、普惠金融与包容性增长》,《经济研究》2019年第 8 期。

续表

变量	结果维度经济高质量发展		
	（1）	（2）	（3）
教育投入	0.0836 （0.0870）	0.1157 （0.0841）	0.0039 （0.0878）
政府干预	−0.0108 （0.0283）	−0.0028 （0.0271）	−0.0264 （0.0319）
外商投资	−0.3902* （0.1656）	−0.4099** （0.1627）	−0.4508** （0.1589）
金融发展	0.0048 （0.0045）	0.0043 （0.0048）	0.0071 （0.0042）
传统基础设施	0.0011 （0.0019）	0.0012 （0.0019）	−0.0012 （0.0020）
常数项	0.2365*** （0.0189）	0.2310*** （0.0183）	0.2709*** （0.0246）
城市固定效应	是	是	是
时间固定效应	是	是	是
样本量	2256	2256	2256
拟合优度	0.974	0.975	0.971

（二）更换测算方法

文章进一步采用"熵权—优劣解距离"法重新测算了经济高质量发展水平。相较于其他测算分析方法，"熵值—优劣解距离"法具有熵值法与优劣解距离法的综合优势，不仅可以解决主观赋值偏误的问题，还可以对综合评价指标进行优劣等级的排序，从而刻画出多个指标的综合影响力。表8-8列（1）汇报了采用"熵值—优劣解距离"法测算经济高质量发展的回归结果，可以发现，数字经济的估计系数仍显著为正。本章核心结论仍旧成立。

（三）控制遗漏变量

本章将进一步加入控制变量以缓解其他潜在作用渠道对经济高质量发展产生的影响。一是在原有基础上继续控制城镇化率，主要原因在于城镇化是经济增长的重要推动力之一,城镇化率的提升会快速扩张市场规模,推动市场需求迅速增长和多元化,进而提高经济发展效率。因此,本节将城镇化率作为其他可能存在的影响因素加入控制变量当中,重新对基准模型进行实证检验。二是进一步控制对外开放水平。通过提升对外开放水平、优化对外开放格局,可以提高全球市场竞争力水平,倒逼创新驱动机制,促进经济高质量发展。因此,本部分在基准回归模型的基础上,进一步在控制变量中加入城市层面的城镇化率($city$)和对外开放($open$),以此来增加回归结果的可靠性。表8-8列(2)报告了相关回归结果。可以发现,在加入城镇化率、对外开放水平以及其他控制变量后,数字经济的回归系数为0.2233,依然显著为正,与基准回归的结论保持一致,本节结论依然稳健。

(四)更换数据样本

根据第三章数字经济测算结果发现,北京、浙江和广东三个省份数字经济发展领跑全国,其在提升经济效率水平、驱动经济高质量发展方面具有一定的"先发优势"。鉴于此,为了检验数字经济对经济高质量发展结果促进作用更具一般性,本节更换了数字经济研究样本,具体做法是将北京、浙江和广东三个省份的样本进行剔除,然后将其他地级市数字经济对经济高质量发展结果的影响进行回归分析,表8-8列(3)报告了相关回归结果。其中,无论以哪一个指标作为被解释变量,数字经济(DIG)的回归系数均显著为正。这说明,在更换数据样本后,数字经济仍能够显著驱动结果维度经济高质量发展,本节结论依然保持稳健。

(五)缩尾处理

为了排除结果维度经济高质量发展的极端异常值的影响,本章借鉴李万利、潘文东、袁凯彬(2022)①的做法,将被解释变量和所有连续控制变量在1%

---

① 李万利、潘文东、袁凯彬:《企业数字化转型与中国实体经济发展》,《数量经济技术经济研究》2022年第9期。

和99%分位点的极端异常值进行缩尾处理,根据式(8.1)重新进行回归结果估计。表8-8的列(4)报告了缩尾处理后的回归结果,从表中可以发现,数字经济(*DIG*)的拟合系数依然在1%的显著性水平下为0.2702,与前文回归结果基本保持一致。这也进一步证实了本章结果在进行缩尾处理之后,回归结果依然是稳健的。

表8-8　结果维度其他稳健性检验

变量	结果维度经济高质量发展			
	(1)	(2)	(3)	(4)
数字经济	0.2835*** (0.0365)	0.2233*** (0.0437)	0.3994*** (0.0499)	0.2702*** (0.0400)
产业结构	0.0225*** (0.0054)	0.0331*** (0.0066)	0.0270*** (0.0057)	0.0327*** (0.0060)
教育投入	−0.0716 (0.0547)	−0.0557 (0.0981)	−0.0390 (0.0840)	−0.0441 (0.1001)
政府干预	0.0243 (0.0139)	−0.0350 (0.0316)	−0.0148 (0.0307)	−0.0394 (0.0422)
外商投资	0.0392 (0.1020)	−0.4654** (0.1606)	−0.4614** (0.1884)	−0.4293** (0.1629)
金融发展	0.0048 (0.0028)	0.0102* (0.0044)	0.0100* (0.0050)	0.0115** (0.0044)
传统基础设施	−0.0066*** (0.0017)	−0.0060** (0.0021)	−0.0061** (0.0021)	−0.0066** (0.0022)
城镇化率		0.0211 (0.0117)		
对外开放		0.0002 (0.0002)		
常数项		0.3056*** (0.0319)	0.3015*** (0.0285)	0.3103*** (0.0310)
城市固定效应	是	是	是	是
时间固定效应	是	是	是	是
样本量	2256	2256	1984	2256
拟合优度	0.845	0.967	0.968	0.967

（六）考察数字经济的滞后效应

数字经济的作用效果并非一蹴而就,从数字技术研发到设备投资和行业应用,再到促进经济高质量发展,这一过程存在一定的时滞。因此,为更准确地识别数字经济对结果维度经济高质量发展可能存在的时滞性影响,从而精准判断当年的数字经济是否会在未来1—4年对经济高质量发展有一定影响,本章利用滞后一期和滞后四期的数字经济指数作为核心解释变量重新进行回归。具体结果见表8-9的列（1）—列（4）,分别展示的是滞后1—4年时数字经济对经济高质量发展的滞后效应。从四列结果来看,数字经济的拟合系数均在1%的置信水平下显著为正,并且这一正向影响在滞后一年和滞后两年的效果相差无几,说明数字经济的红利效应存在长期且持续的促进作用;同时,滞后期数字经济的回归系数要大于基准回归中的回归系数0.2337[见表8-2列（4）结果],这说明数字经济对经济效率提升的滞后影响可能更为重要,体现出数字经济发展具有强劲韧性和蓬勃活力,需持续推动中国数字经济持续健康发展。

表8-9 结果维度数字经济滞后效应稳健性检验

变量	结果维度经济高质量发展			
	（1）	（2）	（3）	（4）
数字经济滞后一期	0.2778 *** (0.0450)			
数字经济滞后二期		0.3008 *** (0.0518)		
数字经济滞后三期			0.3384 *** (0.0573)	
数字经济滞后四期				0.4363 *** (0.0502)
产业结构	0.0306 *** (0.0053)	0.0280 *** (0.0064)	0.0234 ** (0.0066)	0.0179 ** (0.0054)

续表

变量	结果维度经济高质量发展			
	（1）	（2）	（3）	（4）
教育投入	−0.0905 （0.1301）	−0.2823* （0.1151）	−0.3586** （0.1020）	−0.4084** （0.0850）
政府干预	−0.0509 （0.0367）	−0.0907** （0.0329）	−0.1010** （0.0310）	−0.1022* （0.0389）
外商投资	−0.4290* （0.1984）	−0.2494* （0.1198）	−0.3508** （0.1209）	−0.3526 （0.1684）
金融发展	0.0069 （0.0047）	0.0021 （0.0051）	−0.0038 （0.0019）	−0.0047 （0.0020）
传统基础设施	−0.0061** （0.0024）	−0.0060** （0.0023）	−0.0056* （0.0023）	−0.0048* （0.0016）
常数项	0.3340*** （0.0363）	0.3875*** （0.0346）	0.4245*** （0.0246）	0.4435*** （0.0217）
城市固定效应	是	是	是	是
时间固定效应	是	是	是	是
样本量	1974	1692	1410	1128
拟合优度	0.970	0.973	0.978	0.980

第四节　中国数字经济影响经济高质量发展倍增机制的进一步检验

本节试图进一步验证数字经济影响结果维度经济高质量发展的网络扩张效应、网络关联效应、网络整合效应，并进一步从区域异质性方面刻画数字经济影响结果维度经济高质量发展的边界条件。

一、机制检验

由前文理论分析可知，数字经济能够通过网络扩张效应以零边际成本的方式提高信息获取的数量、质量和速度，通过网络关联效应能够有效减少资源错配和信息不对称，通过网络整合效应动态整合内外部零散资源发挥其协同

共创效应,促进经济高质量发展。具体机制检验模型设定如下:

$$M_{it} = \beta_0 + \beta_1 DIG_{it} + \lambda X_{it} + \mu_i + \gamma_t + \varepsilon_{it} \tag{8.4}$$

其中,M_{it} 为检验变量,主要包括信息交易成本(transaction)、信息关联程度(connection)和要素整合程度(integration)。其余变量的说明与前文保持一致。

(一)网络扩张效应

理论分析表明,数字经济能够通过网络扩张效应产生庞大的网络节点,能够扩大信息检索范围、能够提高信息传播速度,缩减信息成本和搜索成本,从而实现效率倍增。为了检验此作用机制,本章拟采用信息交易成本(transaction)作为机制变量进行回归。已有研究发现,市场分割程度会阻碍区域间商品、要素的自由流动,加大地区间的信息交流沟通成本,降低信息传输效率(毛其淋、盛斌,2012)[①]。从区域发展来看,要素在区域间的自由流动,不仅能够提高要素流出区域的要素收益率与要素流入区域的劳动生产率,通过提升要素配置效率产生"协调性集聚",而且可以打通先进地区和落后地区之间的市场通道、降低交易成本。基于上述原因,本节选取区域市场分割程度来刻画区域层面的交易成本,市场分割程度越高,交易成本越高。具体回归结果见表8-10。列(1)检验了数字经济对信息交易成本的影响,可以发现,数字经济(DIG)的拟合系数为−0.0834,且负向显著,这揭示了数字经济的网络扩张效应能够通过产生庞大的网络节点降低信息交易成本,实现效率倍增,假说一得到了验证。

(二)网络关联效应

依据前文理论机制可知,网络关联能够极大地增加传输和利用的信息规

[①]　毛其淋、盛斌:《对外经济开放、区域市场整合与全要素生产率》,《经济学(季刊)》2012年第1期。

模,信息产品创造的效益在网络关联作用下被不断派生与放大,从而推动生产效率实现倍增。考虑到百度指数的实时搜索量能有效反映地区间的信息关联程度,因此,为了反映各个城市之间的信息关联程度,本章利用百度指数中的数据信息,以省份名为关键词,手动搜索了考察期内各年份两两地区之间"电脑+移动客户端"的日均搜索量,获取各个地区之间的信息网络关联程度,最终将其进行加总,得到不同年份不同地区的信息关联程度总量(connection),为了反映到城市层面,本章将信息关联程度与地级市互联网用户数进行交乘得到地级市层面的信息关联程度。具体回归结果见表8-10。列(2)回归结果显示数字经济对信息关联程度的拟合系数为 4.5752,且正向显著,这说明数字经济的发展能够提高区域间的信息关联程度,促进网络信息互联互通实现效率倍增,假说二得以验证。

(三)网络整合效应

如前所述,数字经济发展能够通过网络整合效应对现有资源和新资源进行整合重构,从而动态共享内外部资源来推动形成价值共创的生产模式,实现生产效率倍增。为了更好衡量资源整合效应,本章借鉴董保宝、葛宝山、王侃(2011)[①]的探究,将资源整合分为资源识取和资源配置两部分,并利用上市公司数据构建资源整合的指标体系,以当年对外投资总额、并购事件的交易金额表示资源识取过程,以上市公司当年关联交易金额、与其他企业合作的金额表示资源配置过程,通过采用纵横向拉开档次法进行测算,并按照上市公司的注册地址匹配到地级市层面得到资源整合程度(integration),具体回归结果见表8-10。列(3)检验了数字经济对要素整合程度的影响,可以发现,数字经济(DIG)对信息资源整合程度的影响为 0.0617,且正向显著,这说明网络整合效应能够对现有资源和新资源进行整合重构,提高要素资源的整合程度,从而动

---

① 董保宝、葛宝山、王侃:《资源整合过程、动态能力与竞争优势:机理与路径》,《管理世界》2011年第3期。

态共享内外部资源来推动形成价值共创的生产模式,促进经济高质量发展,本节的假说三得到了验证。

表 8-10　结果维度机制检验回归结果

变量	（1）信息交易成本	（2）信息关联程度	（3）资源整合程度
数字经济	−0.0834*** （0.0092）	4.5752*** （0.4066）	0.0617* （0.0349）
产业结构	−0.0128*** （0.0019）	0.6794*** （0.1172）	0.0237 （0.0147）
教育投入	0.0549*** （0.0155）	−1.8828** （0.7660）	−0.0374* （0.0224）
政府干预	0.0022 （0.0050）	−0.8093* （0.3722）	−0.0263* （0.0143）
外商投资	0.0082 （0.0278）	−1.3454 （1.2730）	0.0972* （0.0505）
金融发展	−0.0017** （0.0006）	0.0946*** （0.0173）	0.0137* （0.0073）
传统基础设施	0.0024*** （0.0005）	−0.1912*** （0.0251）	0.0001 （0.0006）
常数项	0.0922*** （0.0038）	18.6728*** （0.2672）	−0.0175 （0.0174）
城市固定效应	是	是	是
时间固定效应	是	是	是
样本量	2256	2256	2256
拟合优度	0.899	0.916	0.175

二、异质性检验

（一）"中心—外围"城市异质性

根据数字经济的测算分析可知,位于不同地理位置的城市,其资本、人才、信息等要素资源等方面存在较大差异,而技术、人才作为推动数字经济发展不可或缺的重要因素,其必然会导致数字经济发展水平的差距,这一现象在前文测算结果中也可以发现。因此,本节尝试从中心—外围城市的视角入手,更加细致化地考察数字经济的异质性作用效果。考虑到省会城市无论在经济发展水平、技术水平还是在政策优惠等方面都优于一般地级市。因此,本节将30个省会城市确定为中心城市,而将其他252个城市确定为外围城市。具体检验结果见表8-11,回归结果显示,中心城市数字经济对效率提升具有更高的显著影响,这一异质性作用产生的主要原因可能在于,相对于外围城市来讲,中心城市的数字经济发展环境条件较为优越且发展速度更为迅速、规模更大,充分释放了数字经济的发展红利。因此,需要更好地发挥数字经济的网络倍增效应,加大中心城市的经济辐射能力,形成对外围城市的"正向溢出效应"(杨慧梅、江璐,2021)[①]和"普惠效应",从而全面协同推动结果维度经济高质量发展。

表8-11 结果维度"中心—外围"城市异质性检验

变量	结果维度经济高质量发展	
	(1)	(2)
	中心城市	外围城市
数字经济	0.2810** (0.0854)	0.2230*** (0.0451)
产业结构	0.0396*** (0.0096)	0.0334*** (0.0082)
教育投入	0.0284 (0.1724)	−0.0665 (0.0997)
政府干预	−0.0425 (0.0281)	−0.0476 (0.0388)
外商投资	0.0232 (0.1942)	−0.6162** (0.1868)
金融发展	0.0008 (0.0044)	0.0155** (0.0056)
传统基础设施	0.0089** (0.0026)	−0.006*** (0.0019)

---

① 杨慧梅、江璐:《数字经济、空间效应与全要素生产率》,《统计研究》2021年第4期。

续表

变量	结果维度经济高质量发展	
	（1）	（2）
	中心城市	外围城市
常数项	0.3655***（0.0447）	0.3095***（0.0308）
城市固定效应	是	是
时间固定效应	是	是
样本量	240	2016
拟合优度	0.979	0.961

（二）创新研发环境的异质性

由于我国不同地区高校数量存在较大差异,其研发环境也存在明显差异(孙鲲鹏、罗婷、肖星,2021)[1],城市创新研发环境的差异一定程度上代表着不同城市在人力资本水平、科研创新能力等方面存在的差异,无论是数字经济还是经济高质量发展都依托于创新要素所带来的驱动作用。为此,本章采用了城市高校数量这一变量来刻画研发环境的异质性影响,其中,高校数量的数据来自中华人民共和国教育部网站。根据城市高校数量中位数将样本划分为创新研发环境较好的地区和创新研发环境较差的地区。回归结果见表8-12的列（1）—列（2）。结果显示,创新研发环境较好的地区,数字经济对城市效率提升的作用效果更大一些。因此,依据数字经济的网络倍增效应,可以加强不同创新主体之间的技术关联形成技术扩散效应和学习追赶效应,使在创新研发环境较差的地区享受到"溢出红利",形成联动发展、协同创新的发展格局(刘丹、闫长乐,2013)[2],进一步缩小地区间创新研发环境的差距,从而更好地发挥数字经济的网络倍增效应。

----

① 孙鲲鹏、罗婷、肖星:《人才政策、研发人员招聘与企业创新》,《经济研究》2021年第8期。

② 刘丹、闫长乐:《协同创新网络结构与机理研究》,《管理世界》2013年第12期。

（三）产业发展基础异质性

由于数字经济的发展离不开产业基础的支撑,若地区的信息化基础产业发展较好,则该地区数字经济发展的产业基础较强,同时,也能进一步推动经济高质量发展。本节将进一步考察在不同产业结构下数字经济对效率提升的影响是否存在异质性。具体地,依据地级市第三产业与第二产业比值的中位数进行分类,高于中位数的划分为产业发展基础较好的地区,低于中位数的划分为产业发展基础较差的地区,根据划分样本进行了回归分析,回归结果见表8-12。由列（3）—列（4）可以发现,产业发展基础较好时,数字经济的回归系数要高于产业结构较低的地区。这在一定程度上说明,在产业发展基础较好的地区,数字经济更加有益于经济高质量发展。"十四五"时期,以促进产业升级为重点,加快产业结构调整升级,提升产业链水平,为经济高质量发展提供产业支撑（郭克莎,2019）[1],与此同时,依据各个城市产业资源禀赋,塑造产业组织新形态、新结构和新模式（陈晓东、杨晓霞,2021）[2],不断壮大实体经济发展根基,助推经济高质量发展。

表8-12 结果维度研发环境和产业基础的异质性检验

变量	结果维度经济高质量发展			
	（1）	（2）	（3）	（4）
	研发环境较差	研发环境较好	产业基础较差	产业基础较好
数字经济	0.2195** （0.0779）	0.2431*** （0.0521）	0.1774** （0.0670）	0.2346*** （0.0609）
产业结构	0.0271** （0.0087）	0.0439*** （0.0068）	0.0774*** （0.0172）	0.0259*** （0.0051）

---

① 郭克莎:《中国产业结构调整升级趋势与"十四五"时期政策思路》,《中国工业经济》2019年第7期。
② 陈晓东、杨晓霞:《数字经济发展对产业结构升级的影响——基于灰关联熵与耗散结构理论的研究》,《改革》2021年第3期。

续表

变量	结果维度经济高质量发展			
	（1） 研发环境较差	（2） 研发环境较好	（3） 产业基础较差	（4） 产业基础较好
教育投入	−0.0883 （0.0763）	−0.0455 （0.1131）	−0.0383 （0.0846）	−0.1811 （0.1055）
政府干预	−0.0382 （0.0526）	−0.0474 （0.0304）	−0.0648 （0.0691）	−0.0456* （0.0204）
外商投资	−0.818*** （0.2255）	0.0440 （0.1305）	−0.1749 （0.1704）	−0.1202 （0.1476）
金融发展	0.0213* （0.0104）	0.0042 （0.0033）	0.0143 （0.0095）	0.0027 （0.0041）
传统基础设施	−0.0070** （0.0025）	0.0006 （0.0036）	−0.007*** （0.0019）	−0.0001 （0.0030）
常数项	0.2648*** （0.0283）	0.3427*** （0.0325）	0.2806*** （0.0329）	0.3506*** （0.0275）
城市固定效应	是	是	是	是
时间固定效应	是	是	是	是
样本量	912	1048	1120	1109
拟合优度	0.939	0.974	0.971	0.977

（四）市场发育程度异质性

理论上,在市场化程度较高的地区,市场发育程度较高、信息不对称程度较低、配置效率也较高,数字经济对经济高质量发展结果在不同的市场环境下的提升作用应该存在异质性。参考樊纲、王小鲁、马光荣（2011）[①]的研究,以市场化指数表征地区的市场化程度,根据上述指标的中位数进行分组,回归结果见表8-13的列（1）—列（2）。根据回归结果,当市场环境较差时,数字经济（DIG）影响经济高质量发展结果的拟合系数更大,这进一步表明数字经济在市场化进程低的地区,能够弥补市场发育程度较差这一劣势,从而促进结果维

[①]　樊纲、王小鲁、马光荣:《中国市场化进程对经济增长的贡献》,《经济研究》2011年第9期。

度经济高质量发展。结合前文分析可知,原因可能在于,数字经济的发展能有效促进创新要素的扩散、改善资源配置效率,并能够有效降低信息交易成本和搜索成本(许恒、张一林、曹雨佳,2020)①,因此,在市场化程度较低时,数字经济的作用会更加显著。

(五)新型基础设施建设水平异质性

事实上,一座城市的数字经济发展水平,往往取决于当地新型基础设施的建设程度,而这些因素又会深刻地影响经济高质量发展。一方面,数字经济的深层次发展离不开新型基础设施的支撑,其中,网络性能和服务质量的提升都依赖于网络基础设施的升级;另一方面,新型基础设施具备跨时空信息传播的能力,带来创新知识的溢出效应,通过信息网络互联互通特征可以有效降低信息不对称,提高城市技术创新效率,促进经济高质量发展。因此,为了检验新型基础设施建设是否对数字经济促进城市的经济高质量发展结果产生异质性影响,本章借鉴毛宁等(2022)②的做法,根据《中国新型基础设施竞争力指数白皮书(2020年)》中的关于"新基建"竞争力指数的测算结果,将全国282个地级市进行分组划分,高于均值水平的划分为"新基建"发达地区,低于均值水平的划分为"新基建"欠发达地区,进一步验证数字经济影响经济高质量发展的异质性效果。回归分析结果见表8-13的列(3)和列(4)。回归结果表明,在"新基建"更为发达的城市,数字经济对结果维度经济高质量发展的促进作用更大,并且在1%的水平下显著。与此同时,这也在一定程度上说明,加快完善新型基础设施建设,能够有助于进一步强化数字经济的网络溢出效应,更好地弥合数字发展鸿沟,助推经济高质量发展和区域协同发展。

---

① 许恒、张一林、曹雨佳:《数字经济、技术溢出与动态竞合政策》,《管理世界》2020年第11期。

② 毛宁、孙伟增、杨运杰、刘哲:《交通基础设施建设与企业数字化转型——以中国高速铁路为例的实证研究》,《数量经济技术经济研究》2022年第10期。

（六）基于时间窗口的异质性分析

数字经济作为一种新型经济形态,随着信息技术的快速发展及其与经济运行方式的不断融合,加之政策环境的支撑,中国数字经济发展规模与日俱增。根据数字经济发展规模数据,2017 年中国数字经济发展规模达到 4.1 万亿美元,首次超过国内生产总值比重的 1/3[①],进入新的裂变式发展阶段。在此基础上,本节进一步考察了数字经济时间窗口的异质性影响,本节进一步将样本区间划分为两个时间窗口,以 2017 年为分界线,回归结果见表 8-13。可以发现,2013—2016 年,数字经济(DIG)的拟合系数为 0.1453,在 10% 的显著性水平下显著;2017—2020 年,数字经济(DIG)的拟合系数为 0.1873,在 1% 的显著性水平下显著。总体而言,数字经济对结果维度经济高质量发展的促进效应大致显现出递增的趋势,这表明数字经济对经济高质量发展的影响具有时间异质性。

表 8-13　结果维度市场发育、新基建与时间窗口的异质性检验

变量	结果维度经济高质量发展					
	（1）	（2）	（3）	（4）	（5）	（6）
	市场发育较差	市场发育较好	新基建欠发达地区	新基建发达地区	2013—2016	2017—2020
数字经济	0.2043** (0.0854)	0.1992*** (0.0544)	0.0079 (0.0942)	0.1765*** (0.0372)	0.1453* (0.0547)	0.1873** (0.0580)
产业结构	0.0372*** (0.0098)	0.0374*** (0.0101)	-0.0033 (0.0046)	0.0548*** (0.0103)	0.0452** (0.0111)	0.0193* (0.0066)
教育投入	0.0347 (0.0684)	-0.2317* (0.1183)	0.1092 (0.0707)	-0.0113 (0.0975)	0.0654 (0.0516)	-0.4162** (0.0845)
政府干预	-0.0209 (0.0314)	-0.1067 (0.0783)	-0.0137 (0.0338)	-0.0836* (0.0402)	0.0131 (0.0239)	-0.1019* (0.0360)

---

① 中国电子报、电子信息产业网,http://www.cena.com.cn/industrynews/20181120/96869.html。

变量	结果维度经济高质量发展					
	（1）	（2）	（3）	（4）	（5）	（6）
	市场发育较差	市场发育较好	新基建欠发达地区	新基建发达地区	2013—2016	2017—2020
外商投资	−0.5576 (0.2958)	−0.3068* (0.1615)	−0.7160*** (0.2436)	−0.0499 (0.1685)	−0.2814 (0.1605)	−0.3562 (0.2043)
金融发展	0.0158** (0.0058)	0.0038 (0.0057)	0.0040 (0.0035)	−0.0005 (0.0057)	0.0139 (0.0063)	−0.0019 (0.0022)
传统基础设施	−0.0024 (0.0027)	−0.0039 (0.0039)	0.0002 (0.0025)	−0.0002 (0.0030)	0.0009 (0.0019)	−0.0050* (0.0020)
常数项	0.2720*** (0.0218)	0.3723*** (0.0327)	0.2910*** (0.0155)	0.3348*** (0.0298)	0.2515*** (0.0210)	0.4364*** (0.0214)
城市固定效应	是	是	是	是	是	是
时间固定效应	是	是	是	是	是	是
样本量	1111	1102	944	1312	1128	1128
拟合优度	0.975	0.972	0.966	0.971	0.988	0.979

数字经济具有高创新性、强渗透性、广覆盖性，是继农业经济、工业经济之后的主要经济形态。发展数字经济，不仅是把握新一轮科技革命和产业变革新机遇的战略选择，也是推动经济社会高质量发展的重要引擎。本章立足于我国数字经济发展与经济高质量发展的现状，基于网络效应视角下分析了数字经济影响结果维度经济高质量发展的倍增机制，通过结合中国 282 个地级及以上城市 2013—2020 年数据，运用面板固定效应模型和中介效应模型检验了数字经济对经济高质量发展的影响及其内在机制，进一步通过采用多种稳健性检验方法增加了结论的可靠性。此外，本章还考察数字经济发展对城市经济高质量发展的异质性影响，主要研究结论为：

第一，在样本考察期内，中国数字经济显著地促进了结果维度的经济高质量发展；进一步通过构建巴蒂克工具变量、替换核心解释变量、控制遗漏变量、考察数字经济的滞后效应、更换数据样本等一系列稳健性检验,上述结论仍然成立。同时,在数字经济分维度的考察中,发现信息经济、共享经济和智能经济对经济高质量发展结果的影响显著为正,而平台经济对经济高质量发展结果的影响目前来看还不显著。

第二,机制分析的结果发现,数字经济能够通过网络扩张效应降低信息交易成本、通过网络关联效应促进网络信息互联互通以及通过网络整合效应能够整合重构零散资源,从而推动经济高质量发展。

第三,进一步异质性分析表明,在"中心—外围"城市异质性方面,中心城市数字经济对效率提升和经济高质量发展结果具有更高的显著影响;在创新研发环境异质性方面,在创新研发环境较好时,数字经济显著促进了城市效率提升和经济高质量发展结果;在产业发展基础异质性方面,在产业发展基础较好的地区,效率水平和经济高质量发展结果更加受益于数字经济的发展;在市场发育程度异质性方面,数字经济对效率水平和经济高质量发展结果的促进作用在市场发育程度较差的地区更为明显;在"新基建"水平异质性方面,在新型基础设施发展更好的城市,数字经济对经济高质量发展的效率指数和综合指数均具有正向显著影响;在时间窗口的异质性方面,发现数字经济对结果维度经济高质量发展的促进效应大致显现出递增的趋势。

第九章　中国数字经济推动经济高质量发展的实现路径

在更大范围、更深层次的科技革命与产业变革中，发展数字经济是推动我国经济实现高质量发展的重要战略选择。基于"数字技术—互联能力—网络溢出"的分析框架，对数字经济影响经济高质量发展的机制与效应进行理论分析和实证检验，研究结果表明，技术扩散视角下，数字经济主要通过创新要素的集聚与创新组织的匹配促进经济高质量发展；互联融合视角下，数字经济通过发挥供给侧生产协同效应和需求侧市场整合效应，促进产业变革调整与贸易转型提升，进而构建经济高质量发展的新引擎；网络倍增视角进一步揭示了数字经济从网络扩张、关联以及整合效应三个渠道形成正反馈溢出，从而实现经济发展成效向高质量转变。

习近平总书记在充分肯定中国数字经济发展成就的基础上深刻指出，"同世界数字经济大国、强国相比，我国数字经济大而不强、快而不优"①。当前我国数字经济发展仍存在数字核心技术创新能力不足，产业链、供应链安全水平亟待提升等短板弱项，还面临着不同地域主体间的"数字鸿沟"尚难缓解且持续扩大、数据要素资源的体量与价值地位不对等以及相关治理体系不完

---

① 《习近平著作选读》第二卷，人民出版社2023年版，第536页。

善等问题。与此同时,现阶段我国在推进经济高质量发展的进程中仍存在许多掣肘与障碍,亟须挖掘与培育新动能。不断做强做优做大我国数字经济,推动经济高质量发展仍然需要针对现实问题和理论机制设计相应的实现路径。充分抓住新趋势中的重大机遇,通过完善科技创新体制机制、依托数字创新带动全局创新,加快数字经济和实体经济融合、推动数字化转型,构建数字网络生态、发挥网络倍增效应,以数字经济塑造经济高质量发展新优势,推动经济高质量发展取得新突破。

第一节 完善科技创新体制机制
依托数字创新带动全局创新

数字经济的发展是新一轮技术创新革命的成果,技术创新逐步改变工业经济的根本,使现代社会进入到数字化经济时代。前文理论研究表明,数字经济的发展能够通过数字技术扩散实现创新要素的集聚和创新组织的优化,以技术和组织的重构实现创新驱动进而推动我国经济高质量发展。但是就目前而言,数字经济的创新带动效应存在较多阻碍,具体表现为:我国数字技术创新本身发展羸弱,核心技术依然受制于人;受限于创新要素流动的限制,数字经济创新的扩散机制有待进一步发挥;微观企业利用数字技术进行创新的能力不足。数字技术从研发到大规模应用具体会经历技术突破、生产协同和应用创新三个阶段,要有效发挥数字经济的技术扩散效应对经济高质量发展的正向促进作用,我们应该从以下四个方面着力:首先,提高数字技术的原始创新能力,为扩散效应的更好发挥提供坚实的技术基础;其次,通过推动信息数据资源的流通共享,加快创新要素在网络以及地理空间中的集聚,从而产生创新生产中的规模经济效应,助力经济高质量发展;再次,支持数字创新平台的建设,加快创新组织模式的开放协同式转变,实现创新能力的提升,推动经济的高质量发展;最后,加快企业利用数字技术进行应用创新,需要转变微观企业的生产组织模式,从过去的链式的、福特式生产组织方式,转向网状的价值共创的模式,促进知识技术的流动。

一、强化数字科技基础研究,突破数字经济核心技术

数字技术作为通用目的技术,实现其自身的原创性、引领性迭代革新是依托数字经济实现全局创新的基础,也是推动经济高质量发展的重要保证。习近平总书记强调,"要牵住数字关键核心技术自主创新这个'牛鼻子',发挥我国社会主义制度优势、新型举国体制优势、超大规模市场优势,提高数字技术基础研发能力,打好关键核心技术攻坚战,尽快实现高水平自立自强,把发展数字经济自主权牢牢掌握在自己手中"①。目前我国突破数字经济核心技术仍面临一系列障碍:数字技术的更新进步较慢,量子科技、区块链、数字孪生等前沿关键技术领域尚待突破,原始创新能力有待提高;高端芯片、操作系统等核心器件与基础软硬件面临部分发达国家遏制掣肘。数字经济对创新要素集聚以及创新组织重构效应的发挥,本质上依赖于数字技术的进步与创新。因此,推动经济高质量发展,我国应以国家战略需求为导向,瞄准世界科技前沿,面向重点领域,前瞻布局一批数字科技基础研究项目,推动数字关键核心技术实现自主可控。

突破数字核心技术,需要从以下两个主要方面着力:一是加强数字科技基础理论研究,集聚力量开展原创性、引领性数字技术攻关。强化数字科技的技术预见研究,以国家战略需求为导向,面向量子计算、人工智能、隐私计算、数字孪生、人机交互等重点领域,前瞻布局一批数字科技基础研究项目。基础研究是数字技术和数字经济的重要基石,当前核心数字技术领域的竞争正加快向基础研究前移,强化基础研究的前瞻性部署,提高关键数字技术的原始创新能力是当务之急。二是提高关键数字软硬件供给能力。高端芯片、传感器、编

---

① 《习近平著作选读》第二卷,人民出版社 2023 年版,第 537 页。

译器、数据中心、工业软件、操作系统等数字软硬件是数字经济实现创新发展的重要载体,然而部分发达国家试图通过出口管制、投资审查等方式限制我国数字基础软硬件的引进,遏制打压我国数字技术和数字产业创新以维护其自身地位,外部环境的不稳定因素上升严重威胁我国数字经济产业链、供应链安全稳定。因此提高数字软硬件供给能力、抓住数字技术发展主动权必要且紧迫。

二、推动数据资源流通共享,实现创新要素集聚整合

在数字经济的背景下,数据作为新的生产要素能够通过与人才、资本等其他创新要素的相互渗透,使不存在人员、物体以及资金转移的非物理移动型经济成为可能,实现各类创新要素在虚拟网络空间低成本高效率地集聚整合(江小涓,2017)①,同时,作为知识与信息的载体,数据以其可复制、可共享、可无限增长的禀赋特性,正作为新的创新要素在网络空间中实现集聚,发挥着创新生产中的规模效应。实证研究证据表明,数字经济的发展对创新要素集聚的影响为正,但不显著,其主要原因在于数据要素等重要资源的流通阻滞限制了创新要素的集聚与规模效应的发挥,进而尚未发展成为数字经济推动经济高质量发展的有效路径。事实上,数据要素不同于其他实体要素,其对技术的支撑能力要求较高,对制度的依赖性较强,当前在数据要素市场生态的建立与管理方面还面临着以下困境:技术规范不一致的问题致使重复存在与相互对峙等问题严重,不同行业、部门之间的数据被普遍隔离,"数据孤岛""数据烟囱"现象普遍存在,可供利用的高质量、高价值密度的"大数据集"难以形成;主要数据主体数据开放意愿不高,市场流通性弱,数据难以发挥自身作为创新要素的作用,更无法有效带动其他实体创新要素的集聚,对经济高质量发展的创新驱动作用无法显现。

---

① 江小涓:《高度联通社会中的资源重组与服务业增长》,《经济研究》2017 年第 3 期。

对此,可从以下方面加以改进:首先,统一制定相应的数据标准。从数据主体标识、数据维度、数据使用约束等方面出发建立统一的数据标准体系。数据标准体系是推进数据资源流通共享的基础性工作,制定统一的数据标准才能够为数据使用者、持有者创造数字化环境下的统一语言规范,畅通数据流通使用全环节。其次,加快推进政府公共数据资源的开发利用。政府数据作为价值密度高,涉足广度宽的数据资源,是国家发展的关键性战略资产,作为数据时代最基础的资源,公共数据在跨业务、跨部门、跨层级、跨区域、跨系统的流通共享,更能够充分实现数据价值转化。因此,在盘活现有政务数据资源的基础上,推动数据跨业务、跨部门、跨层级、跨区域、跨系统的流通共享,同时加快政府数据开放平台建设,进一步优化公共数据共享利用体系。最后,加快完善数据流通共享机制,帮助企业与企业之间、企业与政府之间以及企业与科研机构之间搭建不同模式的数据流通共享机制,促进多元主体实现数据互认、共享,构建常态、有效的数据流通共享机制,创造更大的社会效益。

三、加快数字创新平台建设,实现组织模式开放协同

理论分析表明,数字经济的技术属性能够在纵向组织以及横向组织间进行持续扩散,从而更好地协助供需双方根据自身的需求进行匹配协同,提高创新的应用水平,进而形成经济高质量发展的关键增量。数字经济范式下,创新开发是一个强调组织持续变革价值创造过程、重新定义价值网络以及进行组织架构开放式变革的过程(刘洋、董久钰、魏江,2020)[①]。数字技术的数字化、模块化特征可以使复杂技术相对标准化,加快了显性或隐性知识技术的生产、交流与溢出,降低了整合技能和资本密集型价值链中所需的研发、边做边学以及所需的互补技能的数量,减少技术门槛。创新组织边界由清晰化向模糊化转变,不同部分的制造者之间、消费者与生产者之间的互补性增强,形成了协

---

① 刘洋、董久钰、魏江:《数字创新管理:理论框架与未来研究》,《管理世界》2020 年第 7 期。

调创新的需求。支持数字创新平台的建设,是促使广泛主体以比较优势融入创新环节,加快创新组织模式的开放协同化,并以创新能力的提升推动经济高质量发展的重要路径。

具体而言:一是支持建设数字融合集成的协同创新平台。数字经济条件下,创新活动不再是仅仅依靠企业内部资源所进行的单纯技术创新行为,也是多元创新主体及其环境之间的相互联系和作用的结果(张昕蔚,2019)①。通过鼓励发展产业链科技创新联合体、科技协同创新体、新型研发机构等市场化运作的新型创新平台,使企业、政府、大学、个人开发者等多元创新主体利用网络进行实时数据信息交互,进而实现跨时空、跨领域、跨行业的大协同、大分工与大合作,使创新活力进一步迸发。二是培育建设数字技术赋能的开放创新平台。鼓励发展开源社区等开放式创新平台,突破创新资源约束瓶颈。以开源技术平台为代表的开放创新平台,为更大范围的创新个体和创新创业团队获取、整合和共享创新资源提供了便利,以技术创新并以效率提升、成本降低等方面的优势,成为推动各领域技术发展的重要驱动力。三是围绕关键工艺、工业母机、数字孪生、工业智能等重点领域,支持行业龙头企业联合高校、科研院所和上下游企业建设一批制造业创新载体,鼓励研发机构创新发展机制,加强数据共享和平台共建,开展协同创新。打造数字创新平台具有外部性,是一个投资时间长、不确定性大而且失败率高的高风险活动,在技术引进阶段需要有先驱企业进行尝试,因此针对重点领域,需要发挥产、学、研三者的协同作用。

四、推动组织结构迭代升级,实现数字技术扩散应用

以数字技术赋能企业科创能力建设是经济高质量动力变革的微观基础。数字技术放大了需求引致本土创新的作用,以大数据、云计算以及人工智能为

---

① 张昕蔚:《数字经济条件下的创新模式演化研究》,《经济学家》2019 年第 7 期。

代表的数字技术为企业以较低成本获取与沉淀消费者海量个性化数据,以数据分析与建模直接挖掘客户产品需求,形成柔性化生产模式创造了便利的条件,消费者依托数据流与信息流的实时交换与企业实现产品研发的即时互动也能加快产品技术成熟化迭代,演化出以用户为中心的价值共创的生产模式。然而事实上,由于我国多数本土企业未实现由"产品为核心"向"用户为核心"的思维转变,故在利用数字技术深度挖掘、实时感知消费者需求,依托用户群体的比较优势突破创新瓶颈等方面仍稍显滞后。因此,要想使数字技术扩散真正应用实现,激发微观企业的创新动能,我们必须颠覆传统工业时代 B2C(直接面向消费者销售产品和服务商业的零售模式)模式,基于互联网重构整个商务的全链路,从传统的供应链管理走向网络协同的商业范式革命,即 C2B(企业按消费者的需求提供个性化产品和服务)模式,具体要在连接—赋能—重构三个维度对企业组织结构进行迭代升级:

在连接迭代中,企业依次通过前瞻性认知、适应性重构、创造性搜寻打破资源受限,形成数字资源优势,依托数据将企业后端供应链、前端需求链以及外部合作伙伴连接起来,实现从产品提供商到数字化赋能企业、以产品为中心到以客户为中心的转变;在赋能迭代中,企业依次通过数字资源能力的聚合、数字产业链的衍射、数字生态的共生突破优势选择,发展智能生态。数字经济的开放性模糊了生产与消费的界限,生产者能够深度参与到消费过程中,实现从满足客户现有需求到挖掘客户潜在需求、从产品主导逻辑到服务主导逻辑的转变;在重构数字资源能力后,企业要致力于搭建数字化平台与打造数字生态。企业要为员工搭建内部平台,推动员工在平台上分享前沿知识,通过实时沟通交流,针对具体研究方向和企业能力建设需求,打通科研成果转化的"最后一公里",与企业相互成就、相互补短板。此外,企业也要为客户构建生态平台,通过双方互动反馈的不断强化,有效挖掘客户潜在需求,并联合开发技术工具,共同创造价值。

第二节　加快数字经济和实体经济融合
推动数字化转型

　　数字经济是以数字化知识和信息为关键生产要素,以数字技术为核心驱动力的一系列经济活动的总和,数字技术的应用与扩散能够对传统经济实现全方位的改造升级,并不断衍生出更多类别的产业活动,拓宽实体经济的范围。推动经济高质量发展,要在过程维度建设现代化产业体系,把发展着力点放在实体经济,协同推进"四化同步"。党的二十大报告指出,"坚持把发展经济的着力点放在实体经济上,推进新型工业化,加快建设制造强国、质量强国、航天强国、交通强国、网络强国、数字中国","推动制造业高端化、智能化、绿色化发展",进一步强调要"推动战略性新兴产业融合集群发展,构建新一代信息技术、人工智能、生物技术、新能源、新材料、高端装备、绿色环保等一批新的增长引擎""加快发展数字经济,促进数字经济和实体经济深度融合,打造具有国际竞争力的数字产业集群"①。前文理论与实证研究证实了数字经济能够通过数实融合加速供给侧的生产协同与需求侧的市场互联,作用于产业调整变革、贸易转型提升,进而构建经济高质量发展的新引擎。

　　然而,当前数字经济依托融合属性赋能经济高质量发展的过程中还面临着一些挑战:一是产业非均衡问题,数字经济与服务业的产业关联较为深入,但与工业的融合程度仍有待提升,因此要重点关注工业智能化改造,不断提升我国制造业的竞争力,驱动产业结构向中高端迈进,稳住实体经济发展的"根基";二是数字化转型仍停留在微观企业层面,尚未实现产业链以及产业生态的数字化,故要发挥数字经济的连接功能,依托数字技术重构产业链、供应链和价值链,助力制造业"稳链"和"强链";三是数字经济与实体经济融合的过

---

　　① 习近平:《高举中国特色社会主义伟大旗帜　为全面建设社会主义现代化国家而团结奋斗——在中国共产党第二十次全国代表大会上的报告》,人民出版社 2022 年版,第 30 页。

程中资金、技术与人才的要素供给不足,难以有力推进全面数字化进程,微观层面上,顺应数字化趋势,优化工业企业内部的要素资源配置方式,重构组织管理模式,把握数字化机遇实现转型。互联融合视角下,培育数字经济成为经济高质量发展的关键增量有赖于数字经济与实体经济发展的充分融合,通过打通要素的限制重塑产业与贸易基础。

一、推动工业智能化改造,实现两化融合发展

推动工业进行全产业链条的智能化改造是实现数字经济与实体经济融合发展的首要任务,做强做优实体经济,特别是作为其核心构成的制造行业,对经济高质量发展的实现具有重要意义。依托数字经济的融合属性发挥其对经济高质量发展的促进作用首先需要推动以制造业为核心的数字化、信息化、智能化改造。现阶段,数字化转型正在服务行业领域领先推进,但工业数字化转型进程仍明显滞后,低于国民经济整体水平。一方面,由于国内工业互联网平台处于初期发展阶段,且制造业行业对大数据、人工智能、人机交互等新一代信息技术的吸收应用能力不足,数字化智能化转型进展缓慢,数字经济对制造领域的赋能升级贡献有限;另一方面,传统企业在数字化转型上表现得参差不齐,不敢、不会、不能的"三不"问题仍然大量存在。解决数字经济与工业行业融合不畅通,打通数字经济赋能经济高质量发展的堵点,可以从以下三个方面着力:

第一,实施产业基础再造工程,深入实施工业互联网创新发展战略,提高工业互联网在产业体系中的覆盖水平。工业互联网通过全要素的全面连接实现了产业的网络化、数字化、智能化,重塑了工业生产流程体系,是未来产业发展的基石(陈晓东、杨晓霞,2021)①。在数字经济范式下,传统产业亟须借助于工业互联网的生态系统实现越级式升级,应加快推进制造场景模式拓展,着

---

① 陈晓东、杨晓霞:《数字经济发展对产业结构升级的影响——基于灰关联熵与耗散结构理论的研究》,《改革》2021年第3期。

力开发一批对制造业各领域可复制、可落地的数字化解决方案,针对数字化智能化升级需求开发工业互联网平台。第二,推动"工业互联网+先进制造业"模式的发展,构建基于工业互联网的全新产业生态。尽管当前工业互联网平台总体布局稳步推进且在制造行业呈现出几何级的渗透效应,但其目前整体处于发展的初期阶段,其应用也主要聚焦于传统制造业设备运行过程中的成本节约和效率提升(李燕,2019)[①]。先进制造业是我国制造业转型升级的重要途径,以工业互联网平台拓展"智能+",引领工业互联网在先进制造企业研发设计、生产制造、经营管理、市场服务等全流程环节的转型升级赋能,对制造强国的打造具有重要意义。第三,大力鼓励并支持工业领域中的领军企业作为工业互联网生态系统的主导者和建构者,打造以自身为核心的生态系统,通过共建共享机制吸引关联企业融入,实现价值共创(马永开、李仕明、潘景铭,2020)[②],缓解传统企业的"三不"顾虑,从整体上加快传统工业企业的数字化转型进程。

二、依托数字经济,提升我国产业链、供应链、价值链的现代化水平

现代制造业生产体系已经演变成基于产业链分工而形成的社会分工协作网络。党的二十大报告中明确强调要"着力提升产业链供应链韧性和安全水平"[③]。产业链、供应链的现代化水平提升应包括创新能力更强、附加价值更高、更加可持续、更加数字化、更加安全可靠、更加公平、更加协调顺畅等维度(中国社会科学院工业经济研究所课题组、张其仔,2021)[④]。我国现阶段已经

---

① 李燕:《工业互联网平台发展的制约因素与推进策略》,《改革》2019 年第 10 期。
② 马永开、李仕明、潘景铭:《工业互联网之价值共创模式》,《管理世界》2020 年第 8 期。
③ 习近平:《高举中国特色社会主义伟大旗帜 为全面建设社会主义现代化国家而团结奋斗——在中国共产党第二十次全国代表大会上的报告》,人民出版社 2022 年版,第 28 页。
④ 中国社会科学院工业经济研究所课题组、张其仔:《提升产业链供应链现代化水平路径研究》,《中国工业经济》2021 年第 2 期。

建成世界最完备的工业体系,推动制造业高质量发展过程中需要有系统的观念,同时世界经济的不确定性也凸显了我国稳链、延链、强链工作的重要性和紧迫性。数字经济能够依托数据要素,充分释放原本被信息成本约束或抑制的经济活力,推进上下游企业供需精准对接,同时以数字技术实现人机物的联结协同,加快产业链、供应链现代化、价值链高端化的演进。依托数字经济,提升我国产业链、供应链、价值链的现代化水平需从以下方面扎实推进:

首先,利用数据要素将产业链、供应链整合成具有凝聚力的数字连接,充分发挥其价值潜能作用。作为一种新型基础性生产要素,数据能够通过与传统要素的深度融合成为价值创造与竞争力提升的关键增量,强化对产业链、供应链全环节数据的采集获取与存储挖掘,促进数据要素与劳动、资本等传统要素深度融合(中国社会科学院工业经济研究所课题组、张其仔,2021),为产业链、供应链向附加值更高、更加可持续的方向延伸发展提供要素支持。其次,以新一代数字技术融合为创新点,增强供给与需求动态平衡。新一代数字技术能够进一步挖掘消费者的潜在需求,促进生产要素投入与市场需求的精准对接,实现产销者一体化,促进需求结构、层级和产业链、供应链精确匹配,推动产业链、价值链发展更为协调顺畅。最后,以数字技术重塑商业运行模式,实现产业链、供应链向高附加值延伸,依托数字化转型在产业链、供应链主体之间形成广泛连接、联结与协同,以运行过程中所降低的成本为产业链、供应链高级化发展积累资金,并利用数字技术感知响应客户需求,激发新的潜在需求,以高端需求质量推动产业链、供应链、价值链现代化水平的提升。

三、推动贸易数字化转型,培育贸易竞争新优势

上文的理论分析与实证经验表明,数字经济能够依托互联融合属性,以传统产业的数字化转型以及新兴贸易模式的培育壮大扩展消费边界市场,激发需求端市场的整合效应,进而实现贸易结构的优化与国际分工地位的提升,最终在过程维度给经济高质量发展带来正向影响。然而当前,数字经济依托需

求市场整合效应赋能经济高质量发展还存在若干现实阻碍：一方面，我国传统制造产业长期以来主要依赖劳动与资源密集型要素参与国际分工，集中从事加工、组装等低附加值环节贸易，距离消费端较远且附加值获取能力低下，贸易数字化转型动力不足。此外，传统服务行业贸易数字化转型进程缓慢，数字技术尚未实现对传统服务行业生产、传播、交易、消费全链条赋能。另一方面，基于数字流动的新兴贸易形态发展缓慢，以数字服务贸易为代表的商业模式尚未形成发展优势，依托虚拟空间连接生产消费主体的能力较弱。在过程维度实现贸易升级，还需要加速推动我国传统产业贸易的数字化转型和新兴贸易形态的培育，进一步发挥数字经济所引致的需求市场整合效应，不断提升全球价值链分工地位，提升附加值获取能力，以出口贸易升级带动经济高质量发展，具体而言：

首先，引导传统制造企业的贸易数字化转型。鼓励并支持企业重塑生产模式、创新传统贸易方式，大力推广大规模个性化定制、网络化协同、服务型制造以及共享制造等新模式，构建全球化的协同生产体系与需求响应体系，建立基于数字技术的弹性供应链，大力发展跨境电商贸易，力争在产品生产渠道、品牌经营以及定价能力等方面拥有更多自主权。其次，持续推进传统服务行业的数字化转型，实现传统服务行业由不可贸易向"高度可贸易"转变。传统服务行业天生具有固定时间限制与空间到场的硬约束（刘斌、甄洋、李小帆，2021）①，具有不可远距离贸易的衍生特点，数字技术的发展扩大了服务贸易的内容和规模，拓展了新的贸易空间。我国应该高度重视数字技术对服务贸易创新发展的作用，依托数字技术对传统服务进行全方位、多角度的改造。最后，加快发展以跨境电子商务和数字服务贸易为代表的新型数字贸易形态。进一步加快制度创新，推行数字贸易支持政策，依托跨境电子商务综合试验区、数字服务出口基地等打造数字贸易公共服务平台、会展交易平台、数据流

---

① 刘斌、甄洋、李小帆：《规制融合对数字贸易的影响：基于 WIOD 数字内容行业的检验》，《世界经济》2021 年第 7 期。

通平台,丰富和繁荣数字贸易生态,开拓新的贸易发展空间。

四、强化资金、人才等要素支持力度,破解数字化转型困境

大规模实现微观企业数字化转型,构建产业数字生态,以数实结合实现经济高质量发展还需要强化资金、人才等关键要素的支持力度。数字化转型是一个复杂而艰难的长期过程,其并非能够通过信息技术与工具的简单叠加便可实现,也不可能在朝夕之间一蹴而就,企业仅仅依靠自身资源或难以突破转型瓶颈。因此有效发挥资金要素的引导撬动作用,提高数字化转型的人才供给、支持能力对数字化转型困局的破解十分重要。从多个层面出发打造强化适应数字化转型需求的要素支持体系对加快数字经济与实体经济的融合,培育经济高质量发展的关键引擎具有重要意义,具体而言:

一是强化数字化转型的资金支持。企业数字化转型是资本深化的过程(宁光杰、张雪凯,2021)①,新兴技术是一个投资时间长、不确定性大而且失败率高的高风险活动,存在激励不足的情况。因此,面临可能存在的融资约束和外部性问题,需要政府精准组合各类靶向性政策工具,综合发挥财税金融政策作用,通过设立企业数字化转型专项贷款以及税收优惠减免等途径加大对企业数字化转型的金融支持力度,鼓励和带动民营资金等社会性资源的汇聚和投入,畅通"资金流"。二是强化数字化转型的人才支撑。智能制造作为"任务驱动型"技术创新,实现人才与技术的生产协同需要高技能人才能够和不同生产任务进行匹配(余玲铮等,2021)②,这既提升了企业对高技能人才的需求,也要求人才与任务之间拥有更高的匹配效率。故而打造适应数字化转型需求的人才培养体系,探索高端数字经济人才的培养模式,并根据不断发展的

---

① 宁光杰、张雪凯:《劳动力流转与资本深化——当前中国企业机器替代劳动的新解释》,《中国工业经济》2021 年第 6 期。

② 余玲铮、魏下海、孙中伟、吴春秀:《工业机器人、工作任务与非常规能力溢价——来自制造业"企业—工人"匹配调查的证据》,《管理世界》2021 年第 1 期。

数字经济人才需求动态调整培养方案,加快推进面向数字经济的新工科、新文科建设,发展新兴交叉专业,为转型发展储备人力资本显得十分必要。三是组织管理形式重构。"组织"要素在企业生产函数中具有重要意义,资本、人才扶持是企业数字化转型的外部条件,实现数字化转型还需要从内部出发围绕数字化对企业组织管理进行重构,从而在微观层面上实现数字要素与传统生产要素的融合发展。故企业可以借助数字化的技术进行组织结构管理,形成去中心化、去中介化的网格组织,搭建开放式、生态式的基层自治组织,减少管理层与普通员工之间的代理成本(戚聿东、肖旭,2020)[1]。同时,将数字技术赋予的管理思想和内部控制方法嵌入企业日常运营,降低委托人计量、控制管理行为的监督成本(刘政等,2020)[2]。

第三节　构建数字网络生态　发挥网络倍增效应

对大国经济而言,超大规模市场是发挥经济增长规模报酬递增机制的重要动力,推动经济高质量发展,需要增强国内大循环内生动力。前文研究表明,数字经济网络倍增效应产生的前提是数据信息或者数据资源若干个数量级的提升,同时与数据相加相伴的是节点之间网络式连接的形成,网络互联下的辐射范围呈几何倍增,能够通过网络扩张效应、网络关联效应与网络整合效应形成巨大的正反馈溢出,从而提升经济系统整体运行效率,实现经济高质量发展的效率变革。数字经济倍增溢出效应的实现有赖于更大范围内的市场主体接入到网络节点之中,形成普惠化生态共同体,我国虽拥有体量较大的本土市场优势,但享受这一规模红利仍然存在一定的现实阻碍。

一方面,因数字技术发展的区间传播极不平衡,使不同区域群体之间无法

---

①　戚聿东、肖旭:《数字经济时代的企业管理变革》,《管理世界》2020年第6期。

②　刘政、姚雨秀、张国胜、匡慧姝:《企业数字化、专用知识与组织授权》,《中国工业经济》2020年第9期。

均等地享受数字技术进步所带来的红利,也阻碍了数字经济网络倍增效应的发挥;另一方面,由于市场分割等制度性因素,我国国内统一大市场建设并未完成,要素流动仍然受制度性限制,阻碍我国本土市场优势的发挥,数字经济区域联动性较弱。因此,发挥数字经济的网络效应,需要在区域层面促使政府加大数字基础设施的普及,弥合"数字鸿沟",在产业层面把数字经济建设的重点放在中小企业上,同时发挥数字经济的普惠性和效率性,从而实现经济高质量发展"公平"与"效率"的统一。与此同时,政府需要加强制度层面的顶层设计,加快国内统一大市场建设,打破市场分割带来的市场扭曲,尤其是数据要素统一市场的建设,在数字经济形成的虚拟网络市场的环境下,欠发达地区依照比较优势参与国内市场分工,需要寻求"差异化"的竞争策略,可以充分发挥要素集约效应和规模市场效应。

一、加快布局数字基础设施,有序推进迭代升级

党的二十大报告指出:要"优化基础设施布局、结构、功能和系统集成,构建现代化基础设施体系"①。其中数字基础设施是数字经济时代下现代基础设施体系的重要组成部分,也是我国未来发展阶段的基础设施的投资重点。前文的实证结果证实数字经济作用于经济高质量发展的倍增机制与数字技术设施建设情况紧密相关,因此加快布局数字基础设施,实现更大范围内的市场主体接入到数字网络节点之中,并以数字基础设施的迭代升级优化网络关联整合效应,对充分释放数字经济依托网络倍增效应推动经济高质量发展具有重要意义。当前加快推进布局数字基础设施还存在几个值得关注的问题:第一,区域间的一级与二级"数字鸿沟"仍然存在,数字网络节点还存在进一步扩张空间。部分地区由于数字技术设施的低普及率带来了数字节点的低接入率,形成一级数字鸿沟,部分群体对数字信息的使用能力不足而形成二级数字

---

① 习近平:《高举中国特色社会主义伟大旗帜　为全面建设社会主义现代化国家而团结奋斗——在中国共产党第二十次全国代表大会上的报告》,人民出版社 2022 年版,第30页。

鸿沟(张勋、万广华、吴海涛,2021)。① 第二,日益扩张的节点网络对数字基础设施的处理能力提出了更高的要求,前沿数字基础设施布局进程仍需加速推进。"宽带中国"战略实施以来,我国建成了全球规模领先的信息通信网络,以网络连接设施为代表的数字基础设施得到了极大的发展,但以第五代通信技术网络、千兆固网、卫星互联网、区块链平台为代表的新型数字基础设施覆盖范围仍然较小。因此,加快推进数字基础设施布局,有序推动基础设施迭代升级需要从以下方面入手:

首先,通过强化政策支持力度妥善解决欠发达地区网络接入的"数字鸿沟",进一步扩大网络接入节点。数字基础设施是资本偏向性技术投资(郭凯明、潘珊、颜色,2020)②,通过设立国家专项行动资金等方式充实欠发达地区数字技术设施建设的财政资金池,缓解数字基础设施建设过程中的资金压力。进一步地,地方政府还可通过互联网教育的强化,对知识水平低、认知能力差、数字素养低的群体进行专业培训,破解由于人力资本因素带来的"二级数字鸿沟"。其次,超前布局前沿数字基础设施,有序推进数字基础设施迭代升级,以适应节点扩张所带来的信息倍增的发展需要。深入实施新型基础设施建设专项,以新型感知基础设施、新型算力基础设施以及融合基础设施的超前布局满足高速增长的信息资源对更高算力能力的需求,带动网络信息实时高效互通,加快零散资源信息的高速整合,进一步放大数字经济的网络关联与整合效应,推动经济高质量发展。

二、增强中小企业互联互通能力,发挥工业网络的倍增机制

数字经济的倍增效应在消费网络中得到了充分显现,不断完善的数字基

---

①　张勋、万广华、吴海涛:《缩小数字鸿沟:中国特色数字金融发展》,《中国社会科学》2021年第8期。

②　郭凯明、潘珊、颜色:《新型基础设施投资与产业结构转型升级》,《中国工业经济》2020年第3期。

础设施使消费者快速接入到消费网络节点之中,依托平台实现与供方数据信息的关联与整合,最终实现消费网络的倍增(马永开、李仕明、潘景铭,2020)①,与蓬勃发展的消费网络不同,当前我国工业网络的主体接入水平较低、网络内部的关联整合效应较弱,仍然存在较大的价值增值空间。中小企业是我国国民经济和社会发展的重要力量,推动中小企业数字化转型并接入工业网络,有利于扩大网络节点与用户规模,提高产业各个环节的信息协同度,通过零散资源的整合实现规模效应,提高分工协作能力,构建全链条、全流程数字化生态,对生产效率提升形成推动合力,最终促进结果维度的经济高质量发展。但由于中小企业受数字化基础差、融资能力较弱、应用型人才严重不足等问题的掣肘,在数字化转型浪潮中处于劣势地位,工业网络的接入水平较低,制约了数字经济工业网络扩张、关联与整合效应的发挥。因此,增强中小企业互联互通能力,对依托工业网络实现效率倍增,推进经济高质量发展具有重要意义,应从以下两个方面扎实推进:

一方面,政府要主动作为,针对中小企业数字化转型的痛点问题,推动中小微企业"上云",推行普惠性的云服务支持政策,助其跨越企业层级的"数字鸿沟"。以专项资金、金融扶持形式鼓励平台服务商为中小企业提供"云量贷",缓解融资约束,并以零成本或较低成本获取云计算、大数据、人工智能等技术支持,推动低成本、模块化工业互联网设备和系统在中小企业中的部署应用,提升中小企业数字化、网络化基础能力。另一方面,则全面推进"用数"和"赋智",在企业"上云"突破资金技术掣肘的基础上,更深层次推进大数据的融合运用。平台化能够通过探索性桥接、资源蓄能、数据激活等关键环节助力中小企业跨越企业层级的数字鸿沟(杜勇、曹磊、谭畅,2022)②。鼓励中小企业充分利用工业互联网平台的云化研发设计、生产管理和运营优化软件,实现

---

① 马永开、李仕明、潘景铭:《工业互联网之价值共创模式》,《管理世界》2020年第8期。
② 杜勇、曹磊、谭畅:《平台化如何助力制造企业跨越转型升级的数字鸿沟?——基于宗申集团的探索性案例研究》,《管理世界》2022年第6期。

业务系统向云端迁移,降低数字化、智能化改造成本。引导中小企业开放专业知识、设计创意、制造能力,依托工业互联网平台开展供需对接、集成供应链、产业电商、众包众筹等创新型应用,提升社会制造资源配置效率。多个数字化企业形成数字化产业链,多个产业链利用数据池构成强大的工业数字网络,进而形成生命力的数字生态,在更为广泛的企业群体接入网络节点的条件下,充分发挥数字经济的网络倍增效应,带动经济高质量发展。

三、加快全国统一数据要素市场建设

数字经济时代,数据要素成为经济活动中最为活跃的一个基本要素,其能以近乎于零的边际成本进行复制、存储以及传输,克服信息交流的空间障碍,是数字经济发展的关键核心要素。倍增视角下,数字经济网络扩张、关联以及整合效应的发挥很大程度上依赖于数据要素的自由流动。前文实证经验证据也表明,良好的市场环境是发挥数字经济促进经济高质量发展倍增机制的重要一环。然而,当前我国商品统一市场基本完善,但受制于市场分割等制度性因素以及地方政府竞争等因素的影响,要素统一市场的建设仍然处于滞后状态,数据要素市场也正处于建设初期。数据要素市场一体化程度低、难以形成规模整合。数据要素资源的自由配置受阻等现实问题使数据要素的潜能与价值无法得到充分释放,数字经济以网络倍增机制促进经济高质量发展的路径也受到阻滞。《中共中央　国务院关于构建更加完善的要素市场化配置体制机制的意见》中提出,除了完善土地、劳动力、资本等传统要素以外,还要加快培育统一的数据要素市场。需要从健全数据要素市场顶层立法、打造统一化数据交易生态体系等方面入手,着力建立健全全国统一数据要素市场,促进数字经济网络扩张、关联以及整合效应的发挥,进而推动经济高质量发展,具体而言:

一是加速推进数据要素市场顶层立法,明确界定数据要素权属与监管底线。产权清晰是数据市场经济活动有序开展的基础,推进公共数据、企业数据、个人数据分类分级确权授权使用,建立数据资源持有权、数据加工使用权、数据产品经营权等分置的产权运行机制。同时,在立法层面充分关注数据安全保护问题,建立健全数据安全保障体系,明确数据市场化的监管底线,即数据监管的通用规则、各行业监管机构制定相应的实施细则。二是推进完善数据市场交易机制,打造统一化的数据交易生态体系。一体化建设确权登记、交易结算、资产托管等服务平台,鼓励和支持大数据交易所创新发展,明确各地区交易所的功能定位,强化交易所间数据流动与资源整合。依托北京国际大数据交易所、贵阳大数据交易所、上海数据交易中心、浙江大数据交易中心等现有数据交易平台,构建"国家+区域"的分级数据交易体系,打造一体化数据要素交易平台。

四、依托"虚拟数字网络",形成优势互补、分工有序的区域经济布局

对中国这样的大国而言,在数字经济形成的虚拟网络市场下,发挥数字经济的规模报酬递增机制在于区域经济要遵循比较优势发展优势产业,从而在全国层面形成分工体系,而这与推动经济高质量发展的均衡协调的内在要求存在契合性,推动区域经济协调发展在于构建优势互补、高质量发展的区域经济布局和国土空间体系。根据斯密—杨格定理,"分工取决于市场规模,而市场规模又取决于分工,经济进步的可能性就存在于上述条件之中"。异质性企业的比较优势理论指出,市场一体化导致各个城市更进一步地进行专业化生产、推动资源进行再配置,具有比较优势的行业会更多地获得市场一体化的有利影响进而扩张规模,缺乏比较优势的行业会面临市场一体化的不利影响从而收缩规模。黄群慧、余泳泽、张松林(2019)[1]的研究指出,互联网平台的介入促使本地区优势产业延伸至更宽阔的空间,推动其发展水平跃升一个新

---

[1] 黄群慧、余泳泽、张松林:《互联网发展与制造业生产率提升:内在机制与中国经验》,《中国工业经济》2019年第8期。

台阶。事实上,近年来随着数字技术的普及,可以观察到我国数字经济发展的一个典型事实是,以电商、直播等为代表的数字经济新形态形成了"一镇一品""一县一品"的现代产业分工集群集聚,有力地促进当地企业发展和产业升级(吴一平、杨芳、周彩,2022)①,该有利影响在欠发达地区的经济发展中得到了充分的体现。因此,在全国统一大市场建设中,需要中央政府发挥统领协调的作用,深化市场化改革,优化地方官员激励机制,以长三角一体化等国家重大区域发展战略为试点抓手,破除区域间分工协作的制度性障碍,进而逐步在全国层面推动统一市场建设。不同地区也要依照自身禀赋发展具有比较优势的产业部门,参与区域间的竞争与合作,进而形成优势互补、分工有序的区域经济布局和区域良性发展机制(李兰冰、刘秉镰,2020)②。

技术变迁并不是连续的,数字经济发展也不是一蹴而就的,迈向数字化需要经历一个"创造性破坏"式的转型升级过程。从发展实际来看,中国数字经济发展还存在不少短板和弱项,存在"大而不强、快而不优"的问题,现阶段中国在推进经济高质量发展的进程中仍存在许多掣肘与障碍,亟须挖掘与培育新动能。不断做强做优做大中国数字经济,推动经济高质量发展仍然需要针对现实问题和理论机制设计相应的实现路径。基于"数字技术—互联能力—网络溢出"的分析框架,本章提出以数字经济推动经济高质量发展的路径选择:

第一,完善科技创新体制机制,依托数字创新带动全局创新,重塑经济高质量发展的动力机制;强化数字科技基础研究,突破数字经济核心技术。推动数据资源流通共享,实现创新要素集聚整合。加快数字创新平

---

① 吴一平、杨芳、周彩:《电子商务与财政能力:来自中国淘宝村的证据》,《世界经济》2022年第3期。
② 李兰冰、刘秉镰:《"十四五"时期中国区域经济发展的重大问题展望》,《管理世界》2020年第5期。

台建设,实现组织模式开放协同,推动组织结构迭代升级,实现数字技术扩散应用。

第二,加快数字经济和实体经济融合。推动数字化转型,从产业结构优化,内外联动两个角度推动经济高质量发展的平衡和协调。推动工业智能化改造,实现两化融合发展。依托数字经济,提升中国产业链供应链价值链的现代化水平。推动贸易数字化转型,培育贸易竞争新优势。强化资金、人才等要素支持力度,破解数字化转型困境。

第三,发挥出数字经济网络效应,构建普惠化数字网络生态,发掘经济高质量发展的规模报酬递增机制,要加快数字基础设施建设倾斜于欠发达地区、工业互联网服务倾向服务中小企业、打破市场分割等,实现更大范围的主体与区域接入到数字网络中,并以数据资源的自由流动进一步放大数字经济的网络扩张、关联以及整合效应,助力经济高质量发展。

参 考 文 献

1. [苏]卡马耶夫:《经济增长的速度和质量》,湖北人民出版社 1983 年版。

2. 柏培文、张云:《数字经济、人口红利下降与中低技能劳动者权益》,《经济研究》2021 年第 5 期。

3. 蔡昉:《中国经济增长如何转向全要素生产率驱动型》,《中国社会科学》2013 年第 1 期。

4. 蔡海亚、徐盈之:《贸易开放是否影响了中国产业结构升级?》,《数量经济技术经济研究》2017 年第 10 期。

5. 蔡继明、刘乐易:《数字经济时代知识要素参与分配方式探析》,《河北学刊》2022 年第 4 期。

6. 蔡跃洲、陈楠:《新技术革命下人工智能与高质量增长、高质量就业》,《数量经济技术经济研究》2019 年第 5 期。

7. 蔡跃洲、马文君:《数据要素对高质量发展影响与数据流动制约》,《数量经济技术经济研究》2021 年第 3 期。

8. 蔡跃洲、牛新星:《中国数字经济增加值规模测算及结构分析》,《中国社会科学》2021 年第 11 期。

9. 蔡跃洲:《数字经济的增加值及贡献度测算:历史沿革、理论基础与方法框架》,《求是学刊》2018 年第 5 期。

10. 曹勇、刘弈、东志纯、王子欣:《动态能力视角下组织惯性对制造企业数字化转型的影响研究》,《中国科技论坛》2022 年第 10 期。

11. 钞小静、廉园梅、罗鎏锴:《新型数字基础设施对制造业高质量发展的影响》,《财贸研究》2021 年第 10 期。

12. 钞小静、廉圆梅：《劳动收入份额与中国经济增长质量》，《经济学动态》2019 年第 9 期。

13. 钞小静、任保平：《中国经济增长质量的时序变化与地区差异分析》，《经济研究》2011 年第 4 期。

14. 钞小静、沈路、廉园梅：《人工智能技术对制造业就业的产业关联溢出效应研究》，《现代财经（天津财经大学学报）》2022 年第 12 期。

15. 钞小静、王宸威：《数据要素对制造业高质量发展的影响——来自制造业上市公司微观视角的经验证据》，《浙江工商大学学报》2022 年第 4 期。

16. 钞小静、薛志欣、孙艺鸣：《新型数字基础设施如何影响对外贸易升级——来自中国地级及以上城市的经验证据》，《经济科学》2020 年第 3 期。

17. 钞小静、薛志欣、王宸威：《中国新经济的逻辑、综合测度及区域差异研究》，《数量经济技术经济研究》2021 年第 10 期。

18. 钞小静、薛志欣、王昱璎：《中国新经济的测度及其经济高质量发展效应分析》，《人文杂志》2021 年第 8 期。

19. 钞小静、薛志欣：《新时代中国经济高质量发展的理论逻辑与实践机制》，《西北大学学报（哲学社会科学版）》2018 年第 6 期。

20. 钞小静：《新型数字基础设施促进我国高质量发展的路径》，《西安财经大学学报》2020 年第 2 期。

21. 钞小静：《以数字经济与实体经济深度融合赋能新形势下经济高质量发展》，《财贸研究》2022 年第 12 期。

22. 陈建、邹红、张俊英：《数字经济对中国居民消费升级时空格局的影响》，《经济地理》2022 年第 9 期。

23. 陈景华、陈姚、陈敏敏：《中国经济高质量发展水平、区域差异及分布动态演进》，《数量经济技术经济研究》2020 年第 12 期。

24. 陈琳琳、徐金海、李勇坚：《数字技术赋能旅游业高质量发展的理论机理与路径探索》，《改革》2022 年第 2 期。

25. 陈梦根、周元任：《数字不平等研究新进展》，《经济学动态》2022 年第 4 期。

26. 陈诗一、陈登科：《雾霾污染、政府治理与经济高质量发展》，《经济研究》2018 年第 2 期。

27. 陈维宣、吴绪亮：《跨越中等收入陷阱：基于产业互联网发展战略视角的评述》，《产业经济评论（山东大学）》2020 年第 4 期。

28. 陈晓东、杨晓霞：《数字经济发展对产业结构升级的影响——基于灰关联熵与耗散结构理论的研究》,《改革》2021 年第 3 期。

29. 陈晓红、李杨扬、宋丽洁、汪阳洁:《数字经济理论体系与研究展望》,《管理世界》2022 年第 2 期。

30. 陈尧、王宝珠:《以数字经济发展畅通国民经济循环——基于空间比较的视角》,《经济学家》2022 年第 6 期。

31. 陈子曦、青梅:《中国城市群高质量发展水平测度及其时空收敛性研究》,《数量经济技术经济研究》2022 年第 6 期。

32. 陈宗胜、赵源:《不同技术密度部门工业智能化的就业效应——来自中国制造业的证据》,《经济学家》2021 年第 12 期。

33. 程文:《人工智能、索洛悖论与高质量发展:通用目的技术扩散的视角》,《经济研究》2021 年第 10 期。

34. 迟明园、石雅楠:《数字经济促进产业结构优化升级的影响机制及对策》,《经济纵横》2022 年第 4 期。

35. 单勤琴、李中:《经济高质量发展水平的地区差异及时空收敛性研究》,《经济地理》2022 年第 9 期。

36. 单宇、许晖、周连喜、周琪:《数智赋能:危机情境下组织韧性如何形成?——基于林清轩转危为机的探索性案例研究》,《管理世界》2021 年第 3 期。

37. 邓荣荣、张翱祥:《中国城市数字经济发展对环境污染的影响及机理研究》,《南方经济》2022 年第 2 期。

38. 邓翔、黄志:《人工智能技术创新对行业收入差距的效应分析——来自中国行业层面的经验证据》,《软科学》2019 年第 11 期。

39. 董保宝、葛宝山、王侃:《资源整合过程、动态能力与竞争优势:机理与路径》,《管理世界》2011 年第 3 期。

40. 董香书、王晋梅、肖翔:《数字经济如何影响制造业企业技术创新——基于"数字鸿沟"的视角》,《经济学家》2022 年第 11 期。

41. 杜勇、曹磊、谭畅:《平台化如何助力制造企业跨越转型升级的数字鸿沟?——基于宗申集团的探索性案例研究》,《管理世界》2022 年第 6 期。

42. 杜勇、娄靖:《数字化转型对企业升级的影响及溢出效应》,《中南财经政法大学学报》2022 年第 5 期。

43. 段博、邵传林、段博:《数字经济加剧了地区差距吗?——来自中国 284 个地级市的经验证据》,《世界地理研究》2020 年第 4 期。

44. 樊纲、王小鲁、马光荣:《中国市场化进程对经济增长的贡献》,《经济研究》2011

年第 9 期。

45. 费越、张勇、丁仙、吴波,《数字经济促进我国全球价值链地位升级——来自中国制造业的理论与证据》,《中国软科学》2021 年第 S1 期。

46. 冯科:《数字经济时代数据生产要素化的经济分析》,《北京工商大学学报(社会科学版)》2022 年第 1 期。

47. 冯永晟、张昊:《网络效应、需求行为与市场规模——基于邮政快递业的实证研究》,《中国工业经济》2021 年第 1 期。

48. 干春晖、郑若谷、余典范:《中国产业结构变迁对经济增长和波动的影响》,《经济研究》2011 年第 5 期。

49. 高国伟、龚掌立、李永先:《基于区块链的政府基础信息协同共享模式研究》,《电子政务》2018 年第 2 期。

50. 高洁、汪宏华:《教育经费投入对科研创新影响的实证研究》,《科研管理》2020 年第 7 期。

51. 高培勇、袁富华、胡怀国、刘霞辉:《高质量发展的动力、机制与治理》,《经济研究》2020 年第 4 期。

52. 高培勇:《理解、把握和推动经济高质量发展》,《经济学动态》2019 年第 8 期。

53. 高一铭、徐映梅、季传风、钟宇平:《我国金融业高质量发展水平测度及时空分布特征研究》,《数量经济技术经济研究》2020 年第 10 期。

54. 耿子恒、汪文祥、郭万福:《人工智能与中国产业高质量发展——基于对产业升级与产业结构优化的实证分析》,《宏观经济研究》2021 年第 12 期。

55. 龚强、班铭媛、张一林:《区块链、企业数字化与供应链金融创新》,《管理世界》2021 年第 2 期。

56. 辜胜阻、曹冬梅、李睿:《让"互联网+"行动计划引领新一轮创业浪潮》,《科学学研究》2016 年第 2 期。

57. 辜胜阻、吴华君、吴沁沁:《创新驱动与核心技术突破是高质量发展的基石》,《中国软科学》2018 年第 10 期。

58. 谷军健、赵玉林:《中国海外研发投资与制造业绿色高质量发展研究》,《数量经济技术经济研究》2020 年第 1 期。

59. 关会娟、许宪春、张美慧、郁霞:《中国数字经济产业统计分类问题研究》,《统计研究》2020 年第 12 期。

60. 郭丰、杨上广、金环:《数字经济对企业全要素生产率的影响及其作用机制》,《现代财经(天津财经大学学报)》2022 年第 9 期。

61. 郭丰、杨上广、任毅:《数字经济、绿色技术创新与碳排放——来自中国城市层面的经验数据》,《陕西师范大学学报(哲学社会科学版)》2022 年第 3 期。

62. 郭家堂、骆品亮:《互联网对中国全要素生产率有促进作用吗?》,《管理世界》2016 年第 10 期。

63. 郭凯明、潘珊、颜色:《新型基础设施投资与产业结构转型升级》,《中国工业经济》2020 年第 3 期。

64. 郭凯明:《人工智能发展、产业结构转型升级与劳动收入份额变动》,《管理世界》2019 年第 7 期。

65. 郭克莎:《突破结构性制约的中国探索与创新》,《中国社会科学》2022 年第 10 期。

66. 郭克莎:《中国产业结构调整升级趋势与"十四五"时期政策思路》,《中国工业经济》2019 年第 7 期。

67. 郭芸、范柏乃、龙剑:《我国区域高质量发展的实际测度与时空演变特征研究》,《数量经济技术经济研究》2020 年第 10 期。

68. 韩健、李江宇:《数字经济发展对产业结构升级的影响机制研究》,《统计与信息论坛》2022 年第 7 期。

69. 韩君、高瀛璐:《中国省域数字经济发展的产业关联效应测算》,《数量经济技术经济研究》2022 年第 4 期。

70. 韩永辉、黄亮雄、王贤彬:《产业政策推动地方产业结构升级了吗?——基于发展型地方政府的理论解释与实证检验》,《经济研究》2017 年第 8 期。

71. 韩兆安、赵景峰、吴海珍:《中国省际数字经济规模测算、非均衡性与地区差异研究》,《数量经济技术经济研究》2021 年第 8 期。

72. 何大安:《企业数字化转型的阶段性及条件配置——基于"大数据构成"的理论分析》,《学术月刊》2022 年第 4 期。

73. 洪银兴:《改革开放以来发展理念和相应的经济发展理论的演进——兼论高质量发展的理论渊源》,《经济学动态》2019 年第 8 期。

74. 胡山、余泳泽:《数字经济与企业创新——突破性创新还是渐进性创新》,《财经问题研究》2022 年第 1 期。

75. 黄群慧、余泳泽、张松林:《互联网发展与制造业生产率提升:内在机制与中国经验》,《中国工业经济》2019 年第 8 期。

76. 黄雨婷、潘建伟:《电商下乡促进了县域经济增长吗?》,《北京工商大学学报(社会科学版)》2022 年第 3 期。

77. 江飞涛:《技术革命浪潮下创新组织演变的历史脉络与未来展望——数字经济时代下的新思考》,《学术月刊》2022 年第 4 期。

78. 江小涓:《高度联通社会中的资源重组与服务业增长》,《经济研究》2017 年第 3 期。

79. 金碚:《关于"高质量发展"的经济学研究》,《中国工业经济》2018 年第 4 期。

80. 金灿阳、徐蔼婷、邱可阳:《中国省域数字经济发展水平测度及其空间关联研究》,《统计与信息论坛》2022 年第 6 期。

81. 荆文君、孙宝文:《数字经济促进经济高质量发展:一个理论分析框架》,《经济学家》2019 年第 2 期。

82. 柯蕴颖、王光辉、刘勇:《城市群一体化促进区域产业结构升级了吗》,《经济学家》2022 年第 7 期。

83. 李斌、黄少卿:《网络市场渗透与企业市场影响力——来自中国制造业企业的微观证据》,《经济研究》2021 年第 11 期。

84. 李海刚:《数字新基建、空间溢出与经济高质量发展》,《经济问题探索》2022 年第 6 期。

85. 李海舰、李燕:《对经济新形态的认识:微观经济的视角》,《中国工业经济》2020 年第 12 期。

86. 李海舰、田跃新、李文杰:《互联网思维与传统企业再造》,《中国工业经济》2014 年第 10 期。

87. 李健、张金林、董小凡:《数字经济如何影响企业创新能力:内在机制与经验证据》,《经济管理》2022 年第 8 期。

88. 李兰冰、刘秉镰:《"十四五"时期中国区域经济发展的重大问题展望》,《管理世界》2020 年第 5 期。

89. 李平、付一夫、张艳芳:《生产性服务业能成为中国经济高质量增长新动能吗》,《中国工业经济》2017 年第 12 期。

90. 李三希、黄卓:《数字经济与高质量发展:机制与证据》,《经济学(季刊)》2022 年第 5 期。

91. 李天宇、王晓娟:《数字经济赋能中国"双循环"战略:内在逻辑与实现路径》,《经济学家》2021 年第 5 期。

92. 李万利、潘文东、袁凯彬:《企业数字化转型与中国实体经济发展》,《数量经济技术经济研究》2022 年第 9 期。

93. 李小青、何玮萱、霍雨丹、周建:《数字化创新如何影响企业高质量发展——数字金融水平的调节作用》,《首都经济贸易大学学报》2022 年第 1 期。

94. 李晓华:《数字经济新特征与数字经济新动能的形成机制》,《改革》2019 年第 11 期。

95. 李燕:《工业互联网平台发展的制约因素与推进策略》,《改革》2019 年第 10 期。

96. 李政、杨思莹、何彬:《抑制还是提升了中国区域创新效率? ——基于省际空间面板模型的分析》,《经济管理》2017 年第 4 期。

97. 李治国、王杰:《经济集聚背景下数字经济发展如何影响空间碳排放?》,《西安交通大学学报(社会科学版)》2022 年第 5 期。

98. 李治国、王杰:《数字经济发展、数据要素配置与制造业生产率提升》,《经济学家》2021 年第 10 期。

99. 李宗显、杨千帆:《数字经济如何影响中国经济高质量发展?》,《现代经济探讨》2021 年第 7 期。

100. 林木西、肖宇博:《数字金融、技术创新和区域经济增长》,《兰州大学学报(社会科学版)》2022 年第 2 期。

101. 林毅夫、付才辉:《中国式现代化:蓝图、内涵与首要任务——新结构经济学视角的阐释》,《经济评论》2022 年第 6 期。

102. 刘斌、甄洋、李小帆:《规制融合对数字贸易的影响:基于 WIOD 数字内容行业的检验》,《世界经济》2021 年第 7 期。

103. 刘秉镰、陈诗一:《增长动力转换与高质量发展》,《经济学动态》2019 年第 6 期。

104. 刘秉镰、秦文晋:《中国经济高质量发展水平的空间格局与动态演进》,《中国软科学》2022 年第 1 期。

105. 刘诚:《数字经济与共同富裕:基于收入分配的理论分析》,《财经问题研究》2022 年第 4 期。

106. 刘川、范力勇、李飞:《网络效应》,新华出版社 2017 年版。

107. 刘丹、闫长乐:《协同创新网络结构与机理研究》,《管理世界》2013 年第 12 期。

108. 刘方、孟祺:《数字经济发展:测度、国际比较与政策建议》,《青海社会科学》2019 年第 4 期。

109. 刘洪愧:《数字贸易发展的经济效应与推进方略》,《改革》2020 年第 3 期。

110. 刘军、杨渊鋆、张三峰:《中国数字经济测度与驱动因素研究》,《上海经济研究》2020年第6期。

111. 刘乃全、邓敏、曹希广:《城市的电商化转型推动了绿色高质量发展吗?——基于国家电子商务示范城市建设的准自然实验》,《财经研究》2021年第4期。

112. 刘平峰、张旺:《数字技术如何赋能制造业全要素生产率?》,《科学学研究》2021年第8期。

113. 刘淑春:《中国数字经济高质量发展的靶向路径与政策供给》,《经济学家》2019年第6期。

114. 刘思明、张世瑾、朱惠东:《国家创新驱动力测度及其经济高质量发展效应研究》,《数量经济技术经济研究》2019年第4期。

115. 刘伟:《现代化经济体系是发展、改革、开放的有机统一》,《经济研究》2017年第11期。

116. 刘鑫鑫、惠宁:《数字经济对中国制造业高质量发展的影响研究》,《经济体制改革》2021年第5期。

117. 刘亚雪、田成诗、程立燕:《世界经济高质量发展水平的测度及比较》,《经济学家》2020年第5期。

118. 刘艳霞:《数字经济赋能企业高质量发展——基于企业全要素生产率的经验证据》,《改革》2022年第9期。

119. 刘洋、陈晓东:《中国数字经济发展对产业结构升级的影响》,《经济与管理研究》2021年第8期。

120. 刘洋、董久钰、魏江:《数字创新管理:理论框架与未来研究》,《管理世界》2020年第7期。

121. 刘政、姚雨秀、张国胜、匡慧姝:《企业数字化、专用知识与组织授权》,《中国工业经济》2020年第9期。

122. 刘志彪、凌永辉:《结构转换、全要素生产率与高质量发展》,《管理世界》2020年第7期。

123. 吕承超、崔悦:《中国高质量发展地区差距及时空收敛性研究》,《数量经济技术经济研究》2020年第9期。

124. 吕海萍、化祥雨、池仁勇、刘洪民:《研发要素空间联系及其对区域创新绩效的影响——基于浙江省的实证研究》,《华东经济管理》2018年第5期。

125. 吕铁、李载驰:《数字技术赋能制造业高质量发展——基于价值创造和价值获取的视角》,《学术月刊》2021年第4期。

126. 吕炜、邵娇:《转移支付、税制结构与经济高质量发展——基于277个地级市数据的实证分析》,《经济学家》2020年第11期。

127. 吕越、谷玮、包群:《人工智能与中国企业参与全球价值链分工》,《中国工业经济》2020年第5期。

128. 马丽梅、张晓:《中国雾霾污染的空间效应及经济、能源结构影响》,《中国工业经济》2014年第4期。

129. 马飒、黄建锋:《数字技术冲击下的全球经济治理与中国的战略选择》,《经济学家》2022年第5期。

130. 马永开、李仕明、潘景铭:《工业互联网之价值共创模式》,《管理世界》2020年第8期。

131. 毛宁、孙伟增、杨运杰、刘哲:《交通基础设施建设与企业数字化转型——以中国高速铁路为例的实证研究》,《数量经济技术经济研究》2022年第10期。

132. 毛其淋、盛斌:《对外经济开放、区域市场整合与全要素生产率》,《经济学(季刊)》2012年第1期。

133. 宁光杰、张雪凯:《劳动力流转与资本深化——当前中国企业机器替代劳动的新解释》,《中国工业经济》2021年第6期。

134. 潘为华、贺正楚、潘红玉:《中国数字经济发展的时空演化和分布动态》,《中国软科学》2021年第10期。

135. 裴长洪、倪江飞、李越:《数字经济的政治经济学分析》,《财贸经济》2018年第9期。

136. 裴长洪、倪江飞:《论习近平新时代中国特色社会主义经济思想的主题》,《财贸经济》2019年第12期。

137. 彭硕毅、张营营:《区域数字经济发展与企业技术创新——来自A股上市公司的经验证据》,《财经论丛》2022年第9期。

138. 戚聿东、褚席:《数字经济发展、经济结构转型与跨越中等收入陷阱》,《财经研究》2021年第7期。

139. 戚聿东、肖旭.《数字经济时代的企业管理变革》,《管理世界》2020年第6期。

140. 屈小娥、刘柳:《环境分权对经济高质量发展的影响研究》,《统计研究》2021年第3期。

141. 渠慎宁:《区块链助推实体经济高质量发展:模式、载体与路径》,《改革》2020年第1期。

142. 任保平、钞小静:《从数量型增长向质量型增长转变的政治经济学分析》,《经济学家》2012年第11期。

143. 任保平、何厚聪:《数字经济赋能高质量发展:理论逻辑、路径选择与政策取向》,《财经科学》2022 年第 4 期。

144. 任保平、文丰安:《新时代中国高质量发展的判断标准、决定因素与实现途径》,《改革》2018 年第 4 期。

145. 任保平:《"十四五"时期转向高质量发展加快落实阶段的重大理论问题》,《学术月刊》2021 年第 2 期。

146. 任保平:《从中国经济增长奇迹到经济高质量发展》,《政治经济学评论》2022 年第 6 期。

147. 任保平:《新时代高质量发展的政治经济学理论逻辑及其现实性》,《人文杂志》2018 年第 2 期。

148. 任保平:《新时代中国经济从高速增长转向高质量发展:理论阐释与实践取向》,《学术月刊》2018 年第 3 期。

149. 任保平:《在新发展格局中培育新的经济增长点》,《人民论坛·学术前沿》2021 年第 6 期。

150. 上官绪明、葛斌华:《科技创新、环境规制与经济高质量发展——来自中国 278 个地级及以上城市的经验证据》,《中国人口·资源与环境》2020 年第 6 期。

151. 邵帅、李欣、曹建华、杨莉莉:《中国雾霾污染治理的经济政策选择——基于空间溢出效应的视角》,《经济研究》2016 年第 9 期。

152. 邵帅、张可、豆建民:《经济集聚的节能减排效应:理论与中国经验》,《管理世界》2019 年第 1 期。

153. 申广军、欧阳伊玲、李力行:《技能结构的地区差异:金融发展视角》,《金融研究》2017 年第 7 期。

154. 盛斌、刘宇英:《中国数字经济发展指数的测度与空间分异特征研究》,《南京社会科学》2022 年第 1 期。

155. 盛磊:《数字经济引领产业高质量发展:动力机制、内在逻辑与实施路径》,《价格理论与实践》2020 年第 2 期。

156. 师博:《人工智能助推经济高质量发展的机理诠释》,《改革》2020 年第 1 期。

157. 师军利、王庭东:《RCEP 区域双循环构想——基于数字技术扩散视角的实证研究》,《经济与管理评论》2022 年第 4 期。

158. 史代敏、施晓燕:《绿色金融与经济高质量发展:机理、特征与实证研究》,《统计研究》2022 年第 1 期。

159. 史丹:《数字经济条件下产业发展趋势的演变》,《中国工业经济》2022 年第

11 期。

160. 宋德勇、朱文博、丁海:《企业数字化能否促进绿色技术创新？——基于重污染行业上市公司的考察》,《财经研究》2022 年第 4 期。

161. 宋傅天、卫平、姚东旻:《共享经济的统计测度:界定、困境与展望》,《统计研究》2018 年第 5 期。

162. 宋旭光、何佳佳、左马华青:《数字产业化赋能实体经济发展:机制与路径》,《改革》2022 年第 6 期。

163. 孙鲲鹏、罗婷、肖星:《人才政策、研发人员招聘与企业创新》,《经济研究》2021 年第 8 期。

164. 孙黎、许唯聪:《数字经济对地区全球价值链嵌入的影响——基于空间溢出效应视角的分析》,《经济管理》2021 年第 11 期。

165. 孙祁祥:《基于四大发展规律推动改革与发展》,《经济科学》2019 年第 3 期。

166. 孙文浩、张杰:《高铁网络能否推动制造业高质量创新》,《世界经济》2020 年第 12 期。

167. 孙伍琴、王培:《中国金融发展促进技术创新研究》,《管理世界》2013 年第 6 期。

168. 唐晓华、景文治、张英慧:《人工智能赋能下关键技术突破、产业链技术共生与经济"脱虚向实"》,《当代经济科学》2021 年第 5 期。

169. 陶良虎、郑炫、王格格:《创新要素流动与区域创新能力——基于政府和市场的调节作用》,《北京邮电大学学报(社会科学版)》2021 年第 6 期。

170. 滕磊、马德功:《数字金融能够促进高质量发展吗?》,《统计研究》2020 年第 11 期。

171. 田鸽、张勋:《数字经济、非农就业与社会分工》,《管理世界》2022 年第 5 期。

172. 田秀娟、李睿:《数字技术赋能实体经济转型发展——基于熊彼特内生增长理论的分析框架》,《管理世界》2022 年第 5 期。

173. 佟孟华、褚翠翠、李洋:《中国经济高质量发展的分布动态、地区差异与收敛性研究》,《数量经济技术经济研究》2022 年第 6 期。

174. 汪东芳、曹建华:《互联网发展对中国全要素能源效率的影响及网络效应研究》,《中国人口·资源与环境》2019 年第 1 期。

175. 王定祥、黄莉:《我国创新驱动经济发展的机制构建与制度优化》,《改革》2019 年第 5 期。

176. 王慧艳、李新运、徐银良:《科技创新驱动我国经济高质量发展绩效评价及影响因素研究》,《经济学家》2019 年第 11 期。

177. 王佳元:《数字经济赋能产业深度融合发展:作用机制、问题挑战及政策建议》,《宏观经济研究》2022 年第 5 期。

178. 王建冬、童楠楠:《数字经济背景下数据与其他生产要素的协同联动机制研究》,《电子政务》2020 年第 3 期。

179. 王军、朱杰、罗茜:《中国数字经济发展水平及演变测度》,《数量经济技术经济研究》2021 年第 7 期。

180. 王开科、吴国兵、章贵军:《数字经济发展改善了生产效率吗》,《经济学家》2020 年第 10 期。

181. 王鹏、岑聪:《市场一体化、信息可达性与产出效率的空间优化》,《财贸经济》2022 年第 4 期。

182. 王伟玲、王晶:《我国数字经济发展的趋势与推动政策研究》,《经济纵横》2019 年第 1 期。

183. 王伟玲、吴志刚、徐靖:《加快数据要素市场培育的关键点与路径》,《经济纵横》2021 年第 3 期。

184. 王蔚:《数字资本主义劳动过程及其情绪剥削》,《经济学家》2021 年第 2 期。

185. 王一鸣:《百年大变局、高质量发展与构建新发展格局》,《管理世界》2020 年第 12 期。

186. 王永钦、李蔚、戴芸:《僵尸企业如何影响了企业创新?——来自中国工业企业的证据》,《经济研究》2018 年第 11 期。

187. 王岳龙、袁旺平:《地铁开通、知识溢出与城市创新——来自中国 289 个地级市层面的证据》,《经济科学》2022 年第 2 期。

188. 王泽宇:《企业人工智能技术强度与内部劳动力结构转化研究》,《经济学动态》2020 年第 11 期。

189. 韦东明、顾乃华、刘育杰:《雾霾治理、地方政府行为和绿色经济高质量发展——来自中国县域的证据》,《经济科学》2022 年第 4 期。

190. 魏丽莉、侯宇琦:《数字经济对中国城市绿色发展的影响作用研究》,《数量经济技术经济研究》2022 年第 8 期。

191. 魏敏、李书昊:《新时代中国经济高质量发展水平的测度研究》,《数量经济技术经济研究》2018 年第 11 期。

192. 温军、邓沛东、张倩肖:《数字经济创新如何重塑高质量发展路径》,《人文杂志》2020 年第 11 期。

193. 文书洋、刘浩、王慧:《绿色金融、绿色创新与经济高质量发展》,《金融研究》2022 年第 8 期。

194. 吴非、胡慧芷、林慧妍、任晓怡:《企业数字化转型与资本市场表现——来自股票流动性的经验证据》,《管理世界》2021 年第 7 期。

195. 吴一平、杨芳、周彩:《电子商务与财政能力:来自中国淘宝村的证据》,《世界经济》2022 年第 3 期。

196. 武晓婷、张恪渝:《中国数字经济产业与制造业融合测度研究》.《统计与信息论坛》2022 年第 12 期。

197.《习近平著作选读》第二卷,人民出版社 2023 年版。

198. 习明明、梁晴、傅钰:《数字经济对城市经济增长的影响研究》,《当代财经》2022 年第 9 期。

199. 肖红军、李平:《平台型企业社会责任的生态化治理》,《管理世界》2019 年第 4 期。

200. 谢富胜、吴越、王生升:《平台经济全球化的政治经济学分析》,《中国社会科学》2019 年第 12 期。

201. 徐翔、赵墨非:《数据资本与经济增长路径》,《经济研究》2020 年第 10 期。

202. 徐晔、赵金凤:《中国创新要素配置与经济高质量耦合发展的测度》,《数量经济技术经济研究》2021 年第 10 期。

203. 徐政、左晟吉、丁守海:《碳达峰、碳中和赋能高质量发展:内在逻辑与实现路径》,《经济学家》2021 年第 11 期。

204. 许恒、张一林、曹雨佳:《数字经济、技术溢出与动态竞合政策》,《管理世界》2020 年第 11 期。

205. 许宪春、张钟文、关会娟:《中国新经济:作用、特征与挑战》,《财贸经济》2020 年第 1 期。

206. 阳镇、陈劲、李纪珍:《数字经济时代下的全球价值链:趋势、风险与应对》,《经济学家》2022 年第 2 期。

207. 杨德明、刘泳文:《"互联网+"为什么加出了业绩》,《中国工业经济》2018 年第 5 期。

208. 杨慧梅、江璐:《数字经济、空间效应与全要素生产率》,《统计研究》2021 年第 4 期。

209. 杨继军、艾玮炜、范兆娟:《数字经济赋能全球产业链供应链分工的场景、治理与应对》,《经济学家》2022 年第 9 期。

210. 杨立勋、王涵、张志强:《中国工业数字经济规模测度及提升路径研究》,《上海经济研究》2022 年第 10 期。

211. 杨伟、劳晓云、周青、张璐:《区域数字创新生态系统韧性的治理利基组态》,《科学学研究》2022 年第 3 期。

212. 杨伟中、余剑、李康:《金融资源配置、技术进步与经济高质量发展》,《金融研究》2020 年第 12 期。

213. 杨文溥:《数字经济与区域经济增长:后发优势还是后发劣势?》,《上海财经大学学报》2021 年第 3 期。

214. 杨振兵、严兵:《对外直接投资对产能利用率的影响研究》,《数量经济技术经济研究》2020 年第 1 期。

215. 余海华:《中国数字经济空间关联及其驱动因素研究》,《统计与信息论坛》2021 年第 9 期。

216. 余玲铮、魏下海、孙中伟、吴春秀:《工业机器人、工作任务与非常规能力溢价——来自制造业"企业—工人"匹配调查的证据》,《管理世界》2021 年第 1 期。

217. 余泳泽、刘大勇、龚宇:《过犹不及事缓则圆:地方经济增长目标约束与全要素生产率》,《管理世界》2019 年第 7 期。

218. 余泳泽、刘大勇:《我国区域创新效率的空间外溢效应与价值链外溢效应——创新价值链视角下的多维空间面板模型研究》,《管理世界》2013 年第 7 期。

219. 余泳泽、杨晓章、张少辉:《中国经济由高速增长向高质量发展的时空转换特征研究》,《数量经济技术经济研究》2019 年第 6 期。

220. 余泳泽:《创新要素集聚、政府支持与科技创新效率——基于省域数据的空间面板计量分析》,《经济评论》2011 年第 2 期。

221. 虞义华、赵奇锋、鞠晓生:《发明家高管与企业创新》,《中国工业经济》2018 年第 3 期。

222. 袁惠爱、赵丽红、岳宏志:《数字经济、空间效应与共同富裕》,《山西财经大学学报》2022 年第 11 期。

223. 张军扩、侯永志、刘培林、何建武、卓贤:《高质量发展的目标要求和战略路径》,《管理世界》2019 年第 7 期。

224. 张柯贤、黎红梅:《城市群数字经济发展水平的空间差异及收敛分析》,《经济地理》2022 年第 9 期。

225. 张美慧:《数字经济供给使用表:概念架构与编制实践研究》,《统计研究》2021 年第 7 期。

226. 张涛：《高质量发展的理论阐释及测度方法研究》，《数量经济技术经济研究》2020 年第 5 期。

227. 张文魁：《数字经济的内生特性与产业组织》，《管理世界》2022 年第 7 期。

228. 张昕蔚：《数字经济条件下的创新模式演化研究》，《经济学家》2019 年第 7 期。

229. 张勋、万广华、吴海涛：《缩小数字鸿沟：中国特色数字金融发展》，《中国社会科学》2021 年第 8 期。

230. 张勋、万广华、张佳佳、何宗樾：《数字经济、普惠金融与包容性增长》，《经济研究》2019 年第 8 期。

231. 张毅、肖聪利、宁晓静：《区块链技术对政府治理创新的影响》，《电子政务》2016 年第 12 期。

232. 张占斌、毕照卿：《经济高质量发展》，《经济研究》2022 年第 4 期。

233. 赵宸宇、王文春、李雪松：《数字化转型如何影响企业全要素生产率》，《财贸经济》2021 年第 7 期。

234. 赵东方、张晓冬、周宏丽：《面向并行制造的多生产单元协同调度研究》，《中国管理科学》2020 年第 8 期。

235. 赵剑波、史丹、邓洲：《高质量发展的内涵研究》，《经济与管理研究》2019 年第 11 期。

236. 赵涛、张智、梁上坤：《数字经济、创业活跃度与高质量发展——来自中国城市的经验证据》，《管理世界》2020 年第 10 期。

237. 中国社会科学院工业经济研究所课题组、张其仔：《提升产业链供应链现代化水平路径研究》，《中国工业经济》2021 年第 2 期。

238. 周茂、陆毅、杜艳、姚星：《开发区设立与地区制造业升级》，《中国工业经济》2018 年第 3 期。

239. 周卫华、刘一霖：《管理者能力、企业数字化与内部控制质量》，《经济与管理研究》2022 年第 5 期。

240. 朱红根、陈晖：《中国数字乡村发展的水平测度、时空演变及推进路径》，《农业经济问题》2022 年第 11 期。

241. 诸竹君、黄先海、王煌：《交通基础设施改善促进了企业创新吗？——基于高铁开通的准自然实验》，《金融研究》2019 年第 11 期。

242. 祝合良、王春娟：《"双循环"新发展格局战略背景下产业数字化转型：理论与对策》，《财贸经济》2021 年第 3 期。

243. 祝合良、王春娟:《数字经济引领产业高质量发展:理论、机理与路径》,《财经理论与实践》2020 年第 5 期。

244. Acemoglu D., Restrepo P., "Robots and Jobs: Evidence from U.S.Labor Markets", *Journal of Political Economy*, Vol.128, No.6, 2020.

245. Acemoglu D., Restrepo P., "The Race Between Man and Machine: Implications of Technology for Growth, Factor Shares, and Employment", *American Economic Review*, Vol.108, No.6, 2018.

246. Andreoni, Antonio, H.J. Chang, M. Labrunie, "Natura Non Facit Saltus: Challenges and Opportunities for Digital Industrialisation Across Developing Countries", *The European Journal of Development Research*, Vol.33, No.2, 2021, pp.330−370.

247. Zlatko B., Adler, Paul S., "The Evolution of Management Models: A Neo−Schumpeterian Theory", *Administrative Science Quarterly*, Vol.63, No.1, pp.85−129.

248. Calvano E., Polo M., "Market Power, Competition and Innovation in Digital Markets", *Information Economics and Policy*, Vol.54, 2020.

249. Carlota P., "Technological Revolutions and Techno − Economic Paradigms", *Cambridge Journal of Economics*, Vol.34, No.1, 2010.

250. Dagum C., "Decomposition and Interpretation of Gini and the Generalized Entropy Inequality Measures", *Statistica*, Vol.57, No.3, 1997.

251. Dobrinskaya D.E., "Digital Society: Sociological Perspective", *Vestnik Moskovskogo Universiteta: Seriâ 18, Sociologiâ i Politologiâ*, Vol.25, No.4, 2020.

252. Fischer M., Imgrund F., Janiesch C., Winkelmann A., "Strategy Archetypes for Digital Transformation: Defining Meta Objectives using Business Process Management", *Information & Management*, Vol.57, 2019.

253. Glawe, L., H. Wagner, "The Middle − Income Trap 2.0: The Increasing Role of Human Capital in the Age of Automation and Implications for Developing Asia", *Asian Economic Papers*, Vol.19, No.3, 2020, pp.40−58.

254. Goldfarb A., Tucker C., "Digital Economics", *Journal of Economic Literature*, Vol.57, No.2, 2019.

255. Goldsmith P., Sorkin I., Swift H., "Bartik Instruments: What, When, Why, and How", *The American Economic Review*, Vol.110, No.8, 2020.

256. Graetz G., Michaels G., "Robots at Work", *Review of Economics and Statistics*, Vol.100, No.5, 2018.

257. Haltiwanger J., Jarmin R.S., "Measuring the Digital Economy", *Understanding the Digital Economy: Data, Tools and Research*, Vol.8, 2001.

258. Hanelt André., Bohnsack René., Marz David., Antunes Marante Cláudia, " A Systematic Review of the Literature on Digital Transformation: Insights and Implications for Strategy and Organizational Change", *Journal of Management Studies*, Vol. 58, No. 5, 2021, pp.1159–1197.

259. Romer P.M., "Endogenous Technological Change", *Journal of Political Economy*, Vol.98, No.5, 1990.

260. Landefeld J.S., Fraumeni B.M., "Measuring the New Economy", *Survey of Current Business*, Vol.81, No.3, 2001.

261. Pil S.H., Duk H.L., "Evolution of the Linkage Structure of ICT Industry and its Role in the Economic System: The Case of Korea", *Information Technology for Development*, Vol.25, No.3, 2019, pp.424–454.

262. Markovic S., Bagherzadeh M., " How Does Breadth of External Stakeholder Co-creation Influence Innovation Performance? Analyzing the Mediating Roles of Knowledge sharing and Product Innovation", *Journal of Business Research*, Vol.88, 2018.

263. Tapscott D., "The Digital Economy: Promise and Peril in the Age of Networked Intelligence", *New York: McGraw-Hill*, 1996.

264. Vial G., " Understanding Digital Transformation: A Review and a Research Agenda", *The Journal of Strategic Information Systems*, Vol.28, No.2, 2019.

后　记

2021 年我申报的国家社会科学基金项目《数字经济推动经济高质量发展的机制及路径研究》(项目号:21BJL002)被立项,本书是该项目的最终成果。

早期,我主要从事经济增长质量的相关研究;进入新发展阶段后,我基于经济增长质量与经济高质量发展一脉相承的逻辑关系,将经济高质量发展的本质明确为在追求质的有效提升中实现量的合理增长。随着数字经济的快速发展,数字经济成为经济高质量发展的新引擎,为此我将研究方向进一步凝聚在数字经济推动高质量发展问题上。围绕这一问题,我和我的团队进行了系列研究,其中有关数字经济、经济高质量发展水平测算的多篇论文发表于《数量经济技术经济研究》《财经问题研究》等学术期刊,共被引用 83 次,被《中国人民大学复印报刊资料》全文转载,获得陕西省第十六次哲学社会科学优秀成果二等奖等奖项;有关数字经济及其关键要素产生的经济效应的 10 余篇论文发表于《经济学动态》《经济科学》等学术期刊,共被引用 399 次,其中 4 篇被《新华文摘》《中国社会科学文摘》《中国人民大学复印报刊资料》全文转载或转摘,先后获得西安市哲学社会科学一等奖、第七届兴华优秀论文奖等奖励10 余项。2023 年 6 月,该项目以"优秀"等级结项。本书是在这些研究成果的基础上进行反复打磨、深入扩展而成的。

在本书的写作过程中,我首先依据国家社会科学基金项目的设计,确定了研究的基本框架,进一步带领课题组主要成员薛志欣、廉园梅细化研究大纲,组织研究团队进行资料收集与分析、文献梳理与整合,并指导完成各章初稿的具体撰写与修改,各章分工如下:

导论:钞小静;第一章:钞小静、廉园梅、沈路、王宸威;第二章:钞小静、王灿、薛志欣、王宸威;第三章、第四章:钞小静、沈路、薛志欣;第五章:钞小静、王宸威;第六章:钞小静、薛志欣、王可;第七章:钞小静、元茹静、薛志欣;第八章:钞小静、周文慧、刘亚颖;第九章:钞小静、王灿、黄冶娜。本书初稿完成以后,我对初稿的内容进行了整体加工修改、补充和完善,同时对文字格式进行调整和润色。本书由课题组成员集体合作而成,在此我由衷感谢课题组成员的辛勤劳动!

感谢南京大学原党委书记、文科资深教授洪银兴老师长期以来的指点与帮助,感谢我的导师任保平教授在本书的选题、撰写与出版过程中给予的悉心指导,并在百忙之中为本书作序。感谢人民出版社经济与管理编辑部主任郑海燕编审,她对本书的精心编校使本书增色生辉。

数字经济推动经济高质量发展是一个重大理论和实践问题,我将继续沿着这个方向不懈努力,热切期盼学术界的各位师长提出宝贵意见和建议。

钞小静
2024 年 1 月于西北大学长安校区

策划编辑：郑海燕
封面设计：石笑梦
版式设计：胡欣欣
责任校对：周晓东

图书在版编目（CIP）数据

数字经济推动经济高质量发展的机制及路径研究/钞小静 著. —北京：
　人民出版社,2024.5
ISBN 978－7－01－026397－7

Ⅰ.①数…　Ⅱ.①钞…　Ⅲ.①信息经济-经济发展-研究-中国②中国经济-
经济发展-研究　Ⅳ.①F492②F124

中国国家版本馆 CIP 数据核字（2024）第 051627 号

数字经济推动经济高质量发展的机制及路径研究

SHUZI JINGJI TUIDONG JINGJI GAOZHILIANG FAZHAN DE JIZHI JI LUJING YANJIU

钞小静　著

人民出版社 出版发行
（100706　北京市东城区隆福寺街 99 号）

中煤（北京）印务有限公司印刷　新华书店经销

2024 年 5 月第 1 版　2024 年 5 月北京第 1 次印刷
开本：710 毫米×1000 毫米 1/16　印张：19.5
字数：280 千字

ISBN 978－7－01－026397－7　定价：100.00 元

邮购地址 100706　北京市东城区隆福寺街 99 号
人民东方图书销售中心　电话（010）65250042　65289539